Die Kleinbürger

Eines der schillerndsten Schlagworte des politischen Vokabulars steht zur Debatte. Der Begriff »Kleinbürger« ist zwar seit dem 19. Jh. gängige Münze, allerdings mit sehr wechselhaften und kaum jemals auch nur ansatzweise geklärten Bedeutungen. Die Vagheit des Begriffs stellt wohl einen nicht unerheblichen Grund seiner Beliebtheit dar: Sie erlaubt Provokation ohne Begründung.

Franke führt in diesem Buch den Nachweis, daß die Kleinbürger nicht, wie vielfach angenommen, eine sozialhistorische Größe bzw. eine klassen- oder auch nur schichtentheoretische Kategorie, sondern vor allem ein politisch-ideologisches Konstrukt sind. Er nähert sich der Geschichte dieses »Ideologiekomplexes«, indem er aus den großen politischen Strömungen des 19. und beginnenden 20 Jhs. die jeweiligen Verwendungsweisen des Kleinbürgerbegriffs herausfiltert. Liberalismus, Anarchismus, Nationalsozialismus – welche polemischen Kampfformeln, welche Bilder des Kleinbürgerlichen entwerfen sie?

Es sind vor allem drei Selbstinterpretationen, die – quer zu allen Diskursen – die kleinbürgerliche Befindlichkeit kennzeichnen. In sozialer Hinsicht reklamiert der idealtypische Kleinbürger die »Mitte« für sich; in ökonomischer beruft er sich auf seine Selbstständigkeit qua Arbeitseigentum; im politischer fühlt er sich obdachlos und sehnt, als rückwärtsgewandte Utopie, den Ständestaat herbei.

Franke beschließt seine Arbeit mit einem essayistisch gehaltenen »Psychogramm« des kleinbürgerlichen Lebensstils.

Berthold Franke, geb. 1956, studierte Sozialwissenschaften und Germanistik. Er ist Mitarbeiter am Institut für Politische Wissenschaft der RWTH Aachen. Zusammen mit Kurt Lenk veröffentlichte er 1987 bei Campus *Theorie der Politik. Eine Einführung.*

Berthold Franke

Die Kleinbürger

Begriff, Ideologie, Politik

Campus
Frankfurt/New York

Die Entstehung dieser Arbeit wurde gefördert durch ein Stipendium
der Graduiertenförderung Nordrhein-Westfalen. Eine erste Fassung ist von der
Philosophischen Fakultät der Rheinisch-Westfälischen Technischen
Hochschule Aachen als Dissertation angenommen worden.

D 82 (Diss. T. H. Aachen)

CIP-Titelaufnahme der Deutschen Bibliothek

Franke, Berthold:
Die Kleinbürger : Begriff, Ideologie, Politik / Berthold Franke.
– Frankfurt/Main ; New York : Campus, 1988
Zugl.: Aachen, Techn. Hochsch., Diss.
ISBN 3-593-33908-0

Copyright © 1988 Campus Verlag GmbH, Frankfurt/Main
Umschlaggestaltung: Atelier Warminski, Büdingen
Satz: Typo Forum Gröger, Büdingen
Druck und Bindung: Druckhaus Beltz, Hemsbach
Printed in Germany

Inhalt

Vorwort

Eine der schillerndsten Vokabeln der politischen Sprache steht zur Debatte. Der Begriff »Kleinbürger« ist zwar im politisch-sozialen Wortschatz Deutschlands seit dem 19. Jahrhundert beheimatet, allerdings mit immer unterschiedlichen, kaum jemals wirklich geklärten Bedeutungen.

Gegenstand dieses Buches sind die wechselnden Verwendungsweisen, die Varianten politischer, historischer und theoretischer Fassungen dieses Begriffs. Die Realgeschichte des Kleinbürgers, genauer: die historische Soziologie der Mittelstände, bildet hierfür nur den Hintergrund. Zu zeigen ist, daß der Kleinbürger keine sozialhistorische, sondern wesentlich eine politisch-ideologische Größe ist. Deren Analyse geschieht in Form einer Diskursgeschichte.

Die Rekonstruktion des liberalen, des sozialistischen und des konservativen Kleinbürgerdiskurses in Deutschland seit Beginn des 19. Jahrhunderts führt zu den Begriffen »Mitte«, »Arbeitseigentum« und »Stand«. In der sozialen Dimension sehen sich die Kleinbürger als ausgleichende Mitte zwischen oben und unten; in ökonomischer Hinsicht leben sie von der Idee der Selbständigkeit aus dem persönlichen Arbeitseigentum; im politischen Bereich hegen sie rückwärtsgewandte Utopien vom Ständestaat.

Die These ist, daß diese drei Begriffe als ideologische Selbstinterpretationen die eigentliche Identität des Kleinbürgers ausdrükken. Dies erweist sich unter anderem auch daran, daß sowohl im kleinbürgerlichen Anarchismus als auch im Faschismus die gleichen ideologischen Bindungen im Spiel sind. So wird sich neben den drei Zentralideologien eine Reihe politischer Grundpositionen des Kleinbürgers finden, die zum Standardrepertoire der neueren politischen Geschichte Deutschlands gehören. Darüber hinaus werden Konturen einer typisch kleinbürgerlichen Verarbeitung politischer Realität deutlich, die diese Positionen bestimmt.

Die ursächliche Tiefenstruktur, die Bedeutungsdimension und die politische Handlungslogik des Kleinbürgerlichen bilden das Thema der Untersuchung. In dieser Anordnung erweist sich ihr Erkenntnisinteresse als kategorial. Sie versucht über Begriffe, Ideologie und Politik eine sozialwissenschaftliche Theorie des Kleinbürgers.

Mein Dank gilt dem Lehrer Kurt Lenk und der ersten Leserin, Andrea Mork.

Aachen, im Oktober 1987   B. F.

Einleitung

Die Vagheit des Begriffs »Kleinbürger« stellt wohl einen nicht unerheblichen Grund seiner Beliebtheit dar, sie erlaubt Provokation ohne Begründung. Genau diese Eigenschaft scheint die wissenschaftliche Analyse bislang verhindert zu haben. Zu stark mit ideologischem und polemischem Gehalt aufgeladen, ist der Kleinbürger als analytische Kategorie von vornherein disqualifiziert.[1] Immer haftet diesem Begriff etwas von dem unseriösen Geruch der Sphäre seiner Herkunft an, der des politischen Kampfs. Dort dient er vornehmlich als Schimpfwort, oft mit ironischem Beigeschmack. Der Kleinbürger ist hier zumeist der nicht recht Mitgekommene, der Hinterwäldler und ewig Gestrige, der Träumer oder Spinner, jedenfalls der von allen Belächelte.

Komplementär zu dieser oft mit Häme verbundenen Geringschätzung existiert eine Tendenz zur Stilisierung des Kleinbürgers zu monströser Gestalt. Aus der ironisierten Figur des zurückgebliebenen Biedermannes wird unversehens das Schreckbild des Untertanen und »ewigen Spießers« (Ö. v. Horvath), in dem sich alle dämonischen Eigenschaften eines verhängnisvollen deutschen Syndroms verdichten; aus dem tölpelhaften Opfer wird eine geschichtsmächtige Potenz, die eine Naturgewalt des Regressiven zum »furor teutonicus« entfesselt.

»Man bezeichnet das kleinbürgerliche Element nicht umsonst als Elementargewalt, denn es ist tatsächlich etwas höchst Formloses, Unbestimmtes und Unbewußtes.« (Lenin 1970,1: 270) Dieses Urteil verdeutlicht die Ursache der hohen Ambivalenz in der Bewertung des Kleinbürgers. Sie liegt in der Unbestimmtheit des Begriffs, verursacht nicht zuletzt durch die Leichtfertigkeit derer, die sich seiner polemischen Kraft versichern. Der Funktion des

Kleinbürger-Begriffs als Schlagwort zur Stigmatisierung des politischen Gegners bediente und bedient man sich mit Vorliebe im linken Spektrum. In der Marxschen Tradition sind die Kleinbürger der willfährige Bundesgenosse des eigentlichen Klassenfeindes, der Bourgeoisie, vor allem aber diejenigen, welche als Renegaten oder Abweichler in der inneren Auseinandersetzung den Sozialismus nicht vom proletarischen Klassenstandpunkt aus vertreten, kurz: diejenigen, die die Revolution verhindern.

Die internen Richtungskämpfe des Sozialismus sind ohne die wechselseitigen Beschuldigungen der Kleinbürgerlichkeit nicht zu denken. Meist nennt man hier denjenigen Kleinbürger, von dem man eine ebensolche Charakterisierung zu erwarten hat. So erschöpft sich die Bedeutung des Begriffs in seiner Funktion der negativen Abgrenzung. Dem Sog des gefürchteten Syndroms trachtet man dadurch zu entkommen, daß man es dem Gegner zuschiebt.[2] Dennoch können auch solche Polemiken noch einen sachlichen Kern enthalten, der zumeist vom klassentheoretischen Begriff des Kleinbürgertums herrührt. Allerdings zeigt sich rasch dessen begrenzte Reichweite, denn weder die Eingrenzung noch die zu fordernde Korrelation von sozialem Sein und Bewußtsein dieser Klasse läßt sich mit der geforderten Eindeutigkeit durchführen. Die Feststellung, das Kleinbürgertum würde »zum Härtetest für jede Klassenanalyse« (vgl. Haupt 1978: 22)[3], löst sich folgerichtig in einen eher skeptischen Schluß auf: »Wenn dadurch das Auseinanderklaffen von Klassenlage und Bewußtsein zur ›Normalität‹ der Klasse würde, so müßte wohl auch der Klassenbegriff selbst zur Debatte gestellt werden.« (Haupt 1978: 21)

Die Konsequenz hieraus besteht in der Abkehr vom klassentheoretischen Konzept des Kleinbürgertums. Weder mit hinreichender Präzision noch mit der notwendigen Flexibilität ausgestattet, verfehlt es den Kern des Kleinbürgerlichen, dessen soziologischer Aspekt ein weitaus bunteres Panorama bietet als etwa nur die traditionell als Kleinbürgertum klassifizierten kleinen Selbständigen in Handwerk und Handel. Die als typischer Repräsentant des Kleinbürgerlichen so bedeutsame Gruppe der Angestellten muß einer solchen Perspektive z.B. entgehen; und selbst wenn es gelänge, die Vielzahl der relevanten sozialen Schichten, Freiberufler, Beamte, Künstler und Intelligenz, Angestellte, Kleinhändler und Kleingewerbetreibende in einer eindeutigen Kategorie des Kleinbürgertums zusammenzufassen, bliebe – neben der Skepsis gegenüber dem in der Tat höchst kleinbürgerlichen Suffix »tum« – die Frage, ob die Bestimmung dessen, was das Kleinbürgerliche ausmacht, überhaupt soziologisch gelingen kann.

Diesem Problem versucht die nicht klassentheoretisch orientierte soziologische Forschung nach zwei Richtungen hin auszuweichen. Die eine besteht in der mentalitären oder sozialpsychologischen Ausmalung des Kleinbürgers als sozialem Typus, wobei die bekannten Charakterisierungen vom Spießer und Untertan wieder zum Tragen kommen; die andere entwickelt Zugriffsmöglichkeiten auf politische und ideologische Faktoren über die sozialhistorische Detailanalyse. Wenn dabei nicht einzelne Sektoren wie Handwerk oder Angestelltenschaft thematisiert werden, dienen jedoch als Referenzbegriffe in erster Linie »Mittelstand« und »Mittelschicht«.[3] Der Umstieg auf den Mittelstandsbegriff scheint von unnötigem Ballast zu befreien. Er ermöglicht die Aufgabe der beargwöhnten Klassentheorie, die im emotionalen und polemischen Bedeutungsgehalt der Kleinbürger-Kategorie noch durchscheint, und erlaubt dennoch die Beibehaltung der stratifikatorischen Perspektive. Doch dieser Gewinn bleibt vorläufig. Der unter »Mittelstand« gefaßte soziologische Gegenstand steht dem des Kleinbürgers an Vieldeutigkeit kaum nach.

Selbst wenn dieser Mittelstandsbegriff nach Abklärung entsprechender gesellschaftstheoretischer Hintergrundannahmen einzugrenzen wäre, bliebe immer noch die Frage, was über die im einzelnen zu bestimmenden soziologischen Gemeinsamkeiten (Einkommen, Bildung, Beruf etc.) hinaus das Verbindende dieses Mittelstandes sei. Diese Frage enthält nichts anderes als das alte Problem des Zusammenspiels von sozialem Sein und Bewußtsein und bleibt auch Thema der Mittelstandssoziologie – allerdings mit wechselndem Erfolg. So kommt einer ihrer frühen Vertreter zu dem eher resignierenden Schluß: »Wer Zugang zu den Mittelschichten finden will, der muß das Wirre, das Dunkle ihres Weges in sich aufnehmen.« (Küstermeier 1933: 56)

Ob in klassen- oder schichtungstheoretischer Perspektive, die Suggestivität von Themenstellungen wie etwa »Mittelstand und Nationalsozialismus« beruht auf ihrer Logik der Verknüpfung von Soziologie und Politik, auf der Vorstellung, ein soziales Feld sei vorab präzise abzugrenzen, dem daraufhin entsprechende politische oder ideologische Charakteristika zugeordnet werden können. Diese Anordnung erfordert allerdings die Mittel empirischer Sozialforschung, deren sich z. B. Theodor Geiger bedient. Geiger verknüpft einen über die Sozialstatistik differenzierten Mittelstandsbegriff mit dem der Mentalität. Das Ergebnis ist eine Kleinbürgersoziologie als Studie spezifisch mittelständischer (vor allem ökonomischer) Mentalitäten. Die methodisch zentrale These der vorliegenden Arbeit ist nun, daß dieses mentalitäre Syndrom in der Erweiterung auf seinen ganzen ideologischen und politischen Gehalt den Begriff des Kleinbürgerlichen erfordert, ja ihn konstituiert. Implizit liegt nämlich ein solcher primär ideologischer Kleinbürger-Begriff auch der marxistischen Analyse zugrunde: »Das Kleinbürgertum nährt sich buchstäblich selbst von der Ideologie, die es zusammenkittet.« (Poulantzas 1973: 262)[4]

Die Rekonstruktion dessen, was kleinbürgerlich ist, besteht folglich in der Feinanalyse eines ideologischen Komplexes, der sozialhistorisch im Mittelstand verankert ist, aber längst nicht darin aufgeht und sich virtuell auch auf andere soziale Felder erstrecken kann. In diesem Sinne bedeutet die Bestimmung des Begriffs Kleinbürger die Kondensierung eines ideologischen Systems. Strenggenommen ist damit der Gegenstand nicht länger »der« oder »die« Kleinbürger, sondern eigentlich »das Kleinbürgerliche«. Wenn dennoch weiterhin vom Kleinbürger die Rede sein wird, dann figurativ: als Träger einer in idealtypischer Überspitzung vorgestellten Ideologie in so real nie vorhandener Reinform.

Das Festhalten am Kleinbürger-Begriff entspringt indes nicht einer persönlichen Vorliebe, sondern ist sachlich legitimiert. Daß seine Bedeutung nicht beliebig, sondern der näheren Bestimmung nach dem skizzierten Verfahren würdig ist, leitet sich aus der bis heute ungebrochenen Stich-Haltigkeit und Schlag-Kraft des politischen Kampfbegriffs ab, die im Vergleich zu ähnlichen Begriffen, die aus der gleichen Ära – dem 19. Jahrhundert – stammen, wie etwa »Bourgeois« oder »Prolet«, eher zu- als abgenommen hat. Diese hohe Wirkung und die sich hieraus herleitende hohe Verwendungsfrequenz des Wortes Kleinbürger allein scheinen seine Beibehaltung zu rechtfertigen.

»Was wäre, wenn das Kleinbürgertum seine Homogenität der Ideologie zu verdanken hätte, in welcher es versucht, sich für sich selbst darzustellen? Wenn der Begriff ›kleinbürgerlich‹ seinen vollen Sinn erst dann erreichen würde, wenn man ihn ideologisch faßt? Wenn die Ideologie der Zement dieser Klasse oder dieser Klassen und ihrer zuverlässigsten Darstellung nach außen hin wäre?« (»Kleinbürgertum...« 1986: 643)

In dieser Frage ist die zugleich theoretische und empirische Seite des Problems erfaßt. Wenn das Kleinbürgerliche wesentlich als Ideologiekomplex zu fassen ist, dann bilden sich entsprechende Teilideologien im Kontext der politischen Geschichte nach einer doppelten Logik. Zum einen finden sich bedeutsame Gehalte des Kleinbürgerlichen in den je nach politischem Lager variierenden theoretischen Positionen zur sozialen und ökonomischen Rolle des Mittelstandes. Zugleich aber – und damit natürlich eng verwebt – enthalten die wechselvollen Beteiligungs- und Abstoßungsverhältnisse entsprechender Bevölkerungsgruppen zu den unterschiedlichen politischen Bewegungen die Elemente einer empirischen Geschichte mittelständischer Politikoptionen, in denen der Kleinbürger als historischer Akteur sichtbar wird.

Die im folgenden zu erhärtende These ist, daß die Bestimmung des ideologischen Kleinbürger-Begriffs nur als Rekonstruktion der wechselseitigen Durchdringung dieser beiden Entwicklungsstränge gelingen kann. Dieser Annahme versucht die vorliegende Arbeit in ihrer Systematik Rechnung zu tragen, die nicht die politische von der theoretischen Geschichte des Kleinbürgers trennt, sondern jeweils beides unmittelbar aneinander entwickelt. Dabei folgt sie einem Ordnungsschema nach den in der Politischen Theorie relevanten großen politischen Richtungen der Moderne (Liberalismus, Anarchismus, Sozialismus, Konservatismus, Faschismus). Ergebnis kann von hier aus eine Sammlung der zentralen Standards kleinbürgerlicher Ideologie sein, die sowohl genetisch als auch inhaltlich nach politiktheoretischen Gesichtspunkten differenziert. So ist denn diese Arbeit auch als Vorschlag anzusehen, den Begriff des Kleinbürgers aus seiner bislang primär soziologischen Heimat in die politikwissenschaftliche Diskussion zu überführen.

Dieser Perspektivwechsel weist den Disziplinen der Soziologie, der Wirtschafts- und Sozialgeschichte, der Politischen Ökonomie und anderen wichtige Nebenrollen zu. Unerläßliche Bezugsquelle auch des politisch-ideologischen Kleinbürger-Begriffs bleibt die historische Soziologie, in erster Linie die in vielen Facetten schillernde Mittelstandssoziologie. Die dort entwickelten Theorien erschließen bei kritischer Abfrage einen Großteil dessen, was schließlich das zu schildernde Syndrom ausmacht; allerdings ist die Begrifflichkeit, unter denen der Kleinbürger hier firmiert, höchst vielgestaltig. So findet man neben den angesprochenen Begriffen Kleinbürger, Kleinbürgertum und Mittelstand auch: petite bourgeoisie, Mittelschicht, Mittelklasse sowie unterer Mittelstand, neuer, alter Mittelstand, Zwischenklasse, Zwischenschicht. Diese Auswahl läßt sich beliebig erweitern durch die spielerische Kombination der Präfixe »Mittel«, »Klein« und »Zwischen« mit den Suffixen »Bürger«, »Stand«, »Klasse« und »Schicht«. Nicht die klinische Trennung dieser großen Zahl von Begriffen verspricht aber den analytischen Gewinn, sondern die pragmatische Entwicklung ihrer ideologischen Valeurs auf die verbindenden Faktoren hin.

»Niemals nennen sich Kleinbürger untereinander so, beschimpfen sich nicht einmal so. . . . Wer nicht mittanzt, wird von ihnen nicht Klein-, sondern Spießbürger genannt. . . « (Bloch 1979: 41) Dem bleibt nur hinzuzufügen, daß sich die Kleinbürger, wenn sie sich nicht beschimpfen, vorzugsweise Mittelstand nennen. Dieser Begriff wird damit zur Leitmetapher für die angesprochene soziologische Quellenkunde. Er ist der Begriff der kleinbürgerlichen Selbstdefinition gerade da, wo von einer »mittleren« Existenz weder sozial noch ökonomisch kaum mehr die Rede sein kann, ein Faktum, das bereits auf den Kern kleinbürgerlicher Ideologiebildung hinweist.

Die Mittelstandssoziologie ist damit einer der zentralen Bezüge der vorliegenden Arbeit, indem sie dort entwickelte Theorien ideologiekritisch analysiert und als wesentliche Momente kleinbürgerlicher Weltsicht und Politik verfügbar macht. Eine ähnliche Rolle spielen die angesprochenen hiermit konkurrierenden Konzeptionen von Kleinbürgertum und Mittelkassen aus klassentheoretischer Perspektive. Desgleichen werden sozio-ökonomische Bestimmungen etwa aus dem Hintergrund der Handwerks- oder der Angestelltenforschung zu berücksichtigen sein, jedoch immer als Grundlage des politisch–ideologischen Kleinbürger-Begriffs. Dessen realsoziologische Substanz als typisches (mittelständisches) Rekrutierungsfeld für bestimmte (kleinbürgerliche) Ideologien wird erst im Verlauf der Argumentation sichtbar, nicht auf der Grundlage irgendwelcher Klassen- oder Schichtungstheorien vorausgesetzt und dann bearbeitet.

Für die Verwendung der wichtigsten Begriffe gilt damit folgende Leitlinie: Mittelstand ist der kritisch zu wendende soziologische Begriff, der dazu dienen soll, die Kategorie vom Kleinbürger als ideologisches Syndrom im politischen Kräftespiel zu entfalten. Kleinbürger ist insofern, durchaus im Sinne Max Webers, ein historischer Idealtypus ideologischen Inhalts, ein Begriff als Forschungsmittel, der im Gang der Untersuchung seine Tiefenschärfe unter Beweis zu stellen hat und nicht vorab mitbringt. Die hierzu eingeschlagene politikwissenschaftliche Argumentationsform braucht dabei, wie gesagt, soziologisch nicht im luftleeren Raum vonstatten zu gehen. Es soll gerade gezeigt werden, wie das ideologische Syndrom des Kleinbürgers aus einer spezifischen Form der Wahrnehmung sozialer, ökonomischer und historischer Erfahrung erwächst.

Gegenstand ist die Ideologie des deutschen Kleinbürgers, wie sie sich mit den Mitteln der Politischen Theorie erfassen läßt innerhalb eines historischen Rahmens, der das 19. und das 20. Jahrhundert bis zum Machtantritt des Nationalsozialismus umfaßt. Im Hintergrund steht dabei eine von materialistischen Grundannahmen geprägte Erkenntnistheorie, die bezüglich des Kleinbürgers in besonderem Maße die symbolischen und normativen Momente des sozialen Prozesses systematisch einbezieht, anstatt sie aus einem angeblich basalen sozio–ökonomischen Geschehen »abzuleiten«. Diese Perspektive, wie sie beispielsweise Barrington Moores Sozialgeschichte der Klassenkämpfe zugrunde liegt, läßt sich auch für die Ideologiekritik des Kleinbürgers übernehmen.[5]

Gesellschaftstheoretische Referenz bietet hierzu das von Ernst Bloch ausgeführte Modell des »ungleichzeitigen« Ganges gesellschaftlicher Entwicklung. Ungleichzeitig, d.h. sektoral in ungleichem Entwicklungstempo verläuft der ökonomische Prozeß, ungleichzeitig gestaltet sich analog das soziale Panorama der modernen Gesellschaft und ihrer verschiedenen Klassen, Schichten und

Stände; entsprechend ungleich – inhaltlich und strukturell – die aus verschiedenen historischen Epochen stammenden Ideologien.[6] Dieser Materialismus historischer Ungleichzeitigkeit überwindet die im orthodoxen Historischen Materialismus gepflegte Vorstellung einer quasi monolithisch geschlossenen Entwicklung der Gesellschaft als Ganzes im Sinne einer zielgerichteten naturähnlichen Gesetzlichkeit. So ergibt sich ein »lockerer« Materialismus, der über die historische Interpretation zur Differenzanalyse des Ungleichzeitigen gelangt. Nicht von einem fixierten Endpunkt aus, sondern von seinen inneren Widersprüchen her kann so der historische Prozeß analysiert werden: als Ideologiekritik der Nuancen, als Dialektik der Übergänge ohne universales Fortschrittskonzept.

Diese Ideologiekritik verzichtet auf Geschichtsphilosophie, ihre Ergebnisse bestehen im Aufweis der Widersprüche, der Tendenzen und Latenzen sozialer Entwicklung ohne prognostischen Anspruch. Sie bevorzugt prinzipiell keinen bestimmten Materialtypus; alles kann zur Grundlage der Interpretation werden. Insofern legt die vorliegende Arbeit zwar einen gewissen Schwerpunkt auf die Analyse historischer Kleinbürger- und Mittelstandstheorien, versucht des weiteren aber auch – u.a. durch reichhaltige Zitation – eine möglichst breite und anschauliche Mixtur relevanter Quellen zu erschließen. So werden neben sozialwissenschaftlichen Klassikern aktuelle Forschungen, neben wissenschaftlichen Theorien politische Pamphlete, neben theoretischen Konzepten empirische Fakten zur Sprache kommen. Die Auswahl bestimmt der betreffende Gegenstand.

»In den begrifflich fragwürdigsten, unartikuliertesten Regungen des allgemeinen Bewußtseins ist neben der Lüge die Spur jener Negativität der Sache selbst geborgen, deren die Bestimmung des Gegenstandes nicht entraten kann.« (Adorno 1958: 21)

Dem hiermit angesprochenen erkenntnislogischen Stellenwert der ideologischen Oberflächenstruktur, der sicherlich beim Thema Kleinbürger voll zum Tragen kommt, scheint aber im Ganzen auch die vorliegende Arbeit nicht gerecht werden zu können. Zu groß ist die Versuchung, in vorschnelle Polemik abzurutschen. Entsprechende Assoziationen sind wohl unausweichlich, sollen aber möglichst der Phantasie der Leser vorbehalten bleiben. Der Gefahr eines ausufernden Begriffs des Kleinbürgers wird wohl nie ganz zu entgehen sein, wenn, wie hier angestrebt, das Projekt einer eindeutigen soziologischen Verankerung des Kleinbürgerlichen in bestimmten Schichten der Klassen endgültig verabschiedet wird. Der Kleinbürger als ideologischer Idealtypus erscheint von nun an in mancherlei Gestalt, ja er ist geradezu durch den hohen Grad seiner Assimilationsfähigkeit an verschiedene soziale Lagen definiert. Die vielberufene Wandlungsfähigkeit des Kleinbürgers, die bisweilen auf die Behauptung völliger Nichtidentität gestützte Weigerung, überhaupt noch vom Kleinbürger zu sprechen, hat hierin ihren logischen Grund. Geiger z. B. konstatiert bereits 1931 unter der Metapher »Verspießerung« die Anfänge einer Verkleinbürgerlichung des Proletariats, wie sie später zum Trauma der Linken in der Bundesrepublik wird:

> »Ein Spiesser ist ein Mensch, der sich in der Enge des ihm gegebenen Rahmens wohl fühlt, sich in einem festgefügten Gehäuse konventioneller Lebensformen, Anschauungen und Wertmaßstäbe sicher weiß und selbstgerecht darin beharrt. Wir kennen alle den *Spiessbürger* – wir müssen offen zuzugeben lernen, dass es auch den *Spiessproletarier* gibt; die Kritiker der proletarischen Bewegung aber müssen lernen, dass der Spiessproletarier noch lange kein Bürger ist, und mehr: dass der Spiesser – mag er einem als Typus sympathisch sein oder nicht – eine Größe ist, mit der wir überall zu rechnen haben.« (Geiger 1931 a: 549)

In der Tat ist der Kleinbürger eine in ihrer konkreten sozialen Gestalt äußerst variable »Größe«; Ideologien sind mobiler als Klassen. Das bedeutet aber keineswegs die Beliebigkeit dieser Gestalt und erst recht nicht, daß sie ubiquitär ist. Von dieser Annahme aus würde nämlich der Kleinbürger vollends zur Schimäre, der sachlichen Analyse unzugänglich. Einer solchen Haltung gegenüber soll hier gezeigt werden, daß es die Mühe lohnt, sich dem Begriff kritisch anzunähern, denn der Kleinbürger ist in Wirklichkeit weder tot noch eine quantité négligeable, sondern ein Phänomen, mit dem wir, ganz wie Geiger es sieht, »überall zu rechnen haben«. Diese Tatsache reflektiert auch die Vorstellung einer Universalisierung des Kleinbürgerlichen, die sich z.B. in der Koketterie einer Überschrift wie »Wir Kleinbürger« ausdrückt, in der wo-

möglich so etwas wie eine heimliche linksintellektuelle Kleinbürgertheorie unserer Tage enthalten ist (vgl. *Kursbuch* 45, 1976). Der
Kleinbürger wird an der Spitze der Regierung ausgemacht und im
Vorgarten nebenan, er sitzt an allen Stammtischen und in allen Redaktionen, er hat seinen Stempel der Konsum-, Freizeit- und Kulturindustrie, damit der gesamten Zivilisation aufgedrückt und
verliert im Zeichen der Gleichberechtigung der Geschlechter sogar seine traditionell männlich imaginierten Züge. So fragt z.B.
das *Kritische Wörterbuch des Marxismus*: »Und wenn die kleinbürgerliche Ideologie nichts anderes wäre als die herrschende Ideologie,
d.h. die Ideologie der größeren Zahl, und darin genau der Natur
des Kleinbürgertums entspräche? (»Kleinbürgertum...« 1986: 644)

Dieser Inflationierung versucht die folgende Analyse dadurch
zu entgehen, daß sie sich ihren Gegenstand historisch etwas vom
Leibe hält. In der Tat verspricht die Aktualisierung des Kleinbürgerbegriffs wichtigen Aufschluß etwa über das Wesen des »real
existierenden Sozialismus« oder der sogenannten Neuen Sozialen
Bewegungen. Für solche Arbeiten sind aber zunächst die notwendigen Voraussetzungen in Gestalt historischer Ideologieforschung
zu schaffen, wie sie hier im Mittelpunkt stehen soll.

Einen der originellsten Ansätze zu einer aktuellen Kleinbürger-
Theorie liefert Pierre Bourdieu. Von seiner symbolisch orientierten
Soziologie der feinen Unterschiede aus entwickelt er u.a. eine treffende
Interpretation des Kleinbürgers als Propädeutik des Kleinen.

»Nicht zufällig kann das Adjektiv ›klein‹ oder eines seiner mehr oder
weniger pejorativen Synonyme allem angehängt werden, was der Kleinbürger sagt, denkt, tut, hat oder ist, sogar seiner Moral, die doch seine
Stärke ist: in ihrer konsequenten Strenge hat sie etwas Enges und Forciertes, Verkrampftes und Reizbares, Engherziges und Steifes, weil sie eben
nur aus Formalismus und Skrupelhaftigkeit besteht. Kleine Sorgen,
kleine Nöte – der Kleinbürger ist ein Bürger, der auf kleinem Fuße lebt.
Seine ganze Erscheinung, in der sich seine objektive Beziehung zur Gesellschaft zeigt, ist die eines Menschen, der sich klein machen muß, um
durch die enge Pforte zu passen, die zur Bourgeoisie führt...« (Bourdieu
1984: 530f.)[7]

Die Welt des Kleinbürgers ist klein, sie ist von vornherein beengt, was Roland Barthes dazu veranlaßt, ihn als Gefangenen der

eigenen monadologischen Wahrnehmungsstruktur zu charakterisieren:

»Der Kleinbürger ist ein Mensch, der unfähig ist, sich den Anderen
vorzustellen. Wenn der Andere sich seinen Blicken zeigt, wird der Kleinbürger blind, oder er ignoriert oder leugnet ihn, oder aber er verwandelt
ihn in sich selbst. Im kleinbürgerlichen Universum sind alle Fakten der
Konfrontierung solche der Rückstrahlung, jedes Andere wird auf dasselbe zurückgeführt.« (Barthes 1964: 141 f.)

Mit Betreten des »kleinbürgerlichen Universums« wird der
Raum knapp. Allerdings mögen bei der Analyse dieser engen
Welt im Spiegelbild des Kleinbürgerlichen bisweilen Umrisse des-
sen aufscheinen, was als gesellschaftstheoretische Bezugsgröße
dieser Arbeit notwendigerweise verbunden ist: die bürgerliche
Gesellschaft. Diese Logik der Reflexion ist als Erkenntnispotential
der spezifisch kleinbürgerlichen Blindheit ideologiekritisch zu
nutzen, gemäß der Feststellung Max Horkheimers und Theodor
W. Adornos: »Blindheit erfaßt alles, weil sie nichts begreift.«
(Horkheimer/Adorno, 1947: 203)

In dieser Wendung ist schließlich eine Chance gegeben, jenem
aufzudeckenden Zusammenhang zu entkommen, in dessen Bann-
kreis zunächst möglicherweise auch der Kritiker steht. Ein gewis-
ser Effekt des Selbstreflexiven wird nämlich bei der Beschäfti-
gung mit dem Kleinbürger kaum je ganz auszuschalten sein.
Doch dies betrifft nicht nur den Autor dieses Buches, sondern
selbst die Klassiker der Sozialwissenschaft, wie ein vergessener
Kenner der Materie weiß. Sein Kommentar: »Marx war kein Proletarier und Adam Smith kein Kapitalist.« (Marbach, 1942: 58)[8]

Kapitel 1

Die verlorene Mitte:
Kleinbürger und Liberalismus

Unwiderruflich gehört zur bürgerlichen Gesellschaft die Spaltung der Klasse, die ihr den Namen gegeben hat. Die bürgerliche Gesellschaft kennt nicht das eine Bürgertum, sondern außer der bürgerlichen Oberschicht zusätzlich ein Konglomerat mittlerer, bis an die Unterklassen grenzender Schichten: die soziale Heimat des Kleinbürgers. Der möchte ein Bürger sein, ökonomisch selbständig und politisch souverän, doch er bleibt Kleinbürger, ökonomisch bedroht und politisch heimatlos.

Der Liberalismus als ökonomische und politische Idee des historischen Bürgertums – derjenigen Klasse, der auch der Kleinbürger entstammt, die ihn aber auf dem Wege ihrer Emanzipation hinter sich läßt – enthält diese Entwicklung in Gestalt seines immanenten Widerspruchs; er tritt an als Idee individueller Freiheit, deren ökonomische Wirkung jedoch zugleich ihre politische Realisierung sabotiert. Die Geschichte des deutschen Liberalismus ist die einer Idee, die den realen ökonomischen Prozeß formuliert, sich aber politisch nie voll entfalten kann. Sie beginnt mit der liberalen Bewegung seit den Befreiungskriegen und der Vormärzzeit, einer Bewegung, die Kleinbürger und Bürger in der Forderung nach ökonomischer Freizügigkeit, nationaler Einigung und demokratischem Staat eint und die im dezidierten Antiliberalismus sowohl des Wilhelminischen Kaiserreichs als auch der Weimarer Republik endet. Dieser sich als fehlendes demokratisches Potential in der deutschen Politik auswirkende Antiliberalismus ist Resultat dreier Faktoren: der in Deutschland überaus resistenten feudalen Strukturen, des seit 1848 und der Bismarck-Ära gebrochenen politischen Selbstbewußtseins der bürgerlichen Oberklasse und des von reaktionärer Ideologie geprägten Mittelstandes.

Die Entstehung dieser kleinbürgerlich-reaktionären Ideologie ist das Thema dieser Arbeit. Sie versucht im ersten Schritt den Verlust der kleinbürgerlichen Schichten für den Liberalismus zu analysieren. Die These ist hierbei, daß in dem Maße, wie der Kleinbürger im Liberalismus jene politische Bewegung entdeckt, die seiner Chance auf Freiheit ökonomisch entgegenwirkt, er sich politisch von ihr abwendet. Er träumt nicht mehr von der Existenz als Bürger in der vollen Gestalt ökonomischer (»bourgeois«) und politischer (»citoyen«) Emanzipation, sondern er zählt sich zum Mittelstand, zum Herzstück der Gesellschaft zwischen oben (Bourgeoisie) und unten (Proletariat). So endet die kleinbürgerliche Emanzipationshoffnung als Ideologie von Mitte und Mittelstand. Hierüber erteilt die Begriffsgeschichte Auskunft. Sie reflektiert exakt diesen Strukturwandel, sowohl in seiner sozialgeschichtlichen als auch in seiner ideologischen Dimension.

1
Bürgertum und Mittelstand

Der Kleinbürger führt in der Begriffsgeschichte eine Schattenexistenz. Als Abkömmling von »Bürger« und »Bürgertum« ist er seit dem 18. Jahrhundert bekannt und etabliert sich im 19. Jahrhundert als politischer und sozialer Terminus (vgl. Riedel 1972: 714). Der Wortstamm signalisiert die Herkunft aus dem Bürgertum, und in der Tat bezeichnet der historische Bürgerbegriff jene soziale Gruppe der Kaufleute und Handwerker, die seit dem 11. Jahrhundert im Zuge der Stadtentwicklung in das soziale Gefüge eintritt. Der Bürger des Mittelalters ist der mit bürgerlichen Freiheitsrechten versehene städtische Gewerbetreibende, der Vertreter einer neuen Ökonomie der einfachen, handwerklichen Warenproduktion und -verteilung. Dieser politisches Recht und sozialen Stand beschreibende Begriff zerfällt allerdings mit der feudalen Gesellschaftsordnung, der er entstammt.

Parallel zur sozio-ökonomischen Entwicklung seit dem 16. Jahrhundert wird der Begriff des Bürgers und des Bürgertums zunächst ein politischer Kampfbegriff für die damit bezeichnete Klasse, die auf dem Wege ist, die traditionale Gesellschaft zu revolutionieren. Diese Revolution ist zuallererst eine ökonomische, sie betrifft die Kapitalisierung der gewerblichen Produktion durch Anwendung von Lohnarbeit, sodaß sich Teile des Bürgertums zu einer neuen wirtschaftlichen Führungsschicht ausbilden können. »Wo es in Europa zu einem ›Frühkapitalismus‹ kommt, tritt ein unternehmerisches *Großbürgertum* auf, das vom Bürgertum der mittelalterlichen Stadt scharf unterschieden ist...« (Freyer 1959: 454).

Dennoch lebt die moderne bürgerliche Emanzipationsbewegung von einem Selbstverständnis als »Dritter Stand«, das nicht lediglich den Interessen einer schmalen bürgerlichen Kapitalistenklasse entspricht. Vielmehr sollen im Namen eines von »Finanzkapitalisten und Großunternehmern über die bürgerlichen Beamten bis zum handwerklichen und kommerziellen Kleinbürgertum und zum Bauerntum« reichenden »Bürgertums« die allgemeinen Interessen des Volks, ja der Menschheit, gegen die der Feudalaristokratie ins Spiel gebracht werden (vgl. Freyer 1959: 454). Der Traum dieser Emanzipationsbewegung ist die »Verbürgerlichung« der gesamten Gesellschaft, was schließlich in der Französischen Revolution in der Konstitution von 1793 zur vollständigen Identifikation von Volk und Bürger führt.

»Die letzten Trennungen zwischen ›Mensch‹ und ›Bürger‹ schwanden... die souveräne Nation umfaßte die Gesamtheit der französischen Bürger: *›Le peuple souverain est l'universalité des citoyens français‹.*« (Riedel 1972: 690)

Diese Universalisierung wird aber von Beginn an konterkariert durch die sozio-ökonomische Entwicklung. Tatsächlich ist nämlich die neue bürgerliche Gesellschaft eine Klassengesellschaft und das Bürgertum nur eine ihrer Klassen, die zur eigenen Existenz einer Klasse von Lohnarbeitern bedarf und gleichzeitig in sich zerfällt in die eine Gruppe der modernen, die neue Ökonomie repräsentierenden industriellen Groß-Bürger und die andere der weiterhin der vorkapitalistischen einfachen Produktionsweise verhafteten Klein-Bürger. Terminologisch bewirkt dies eine »bereits während des 18. Jahrhunderts entstandene Unterteilung des städtischen Bürgerstandes in ›Groß‹- und ›Kleinbürger‹« (vgl. Riedel

1972: 714). Sie ist Konsequenz der Akzentverschiebung innerhalb des Bürgerbegriffs von einem vornehmlich durch rechtliche Kriterien abzugrenzenden mittelalterlichen Bürgerstand zu einer vorab ökonomisch definierten Bürgerklasse im Kapitalismus und reflektiert so die Entwicklung von der ständischen zur Klassengesellschaft.

Im Zuge des politischen und ökonomischen Aufstiegs des Bürgertums, mit der Durchsetzung des bürgerlichen Klassenprinzips als Antagonismus zwischen Kapital und Arbeit, verengt sich der Bedeutungsgehalt des Bürgerbegriffs zusehends auf die obere Bürgerklasse, die »Bourgeoisie«, während die große Zahl der zwar ökonomisch selbständigen, aber nicht direkt dem kapitalistischen Verwertungszusammenhang angehörigen mittleren und unteren Bürger damit nicht mehr erfaßt wird. Zumal in Deutschland, mit seinen dem andernorts erreichten Niveau gesellschaftlicher Entwicklung hinterherhinkenden sozialen und politischen Zuständen, wo der skizzierte Scheidungsprozeß viel später und unvollkommener eintritt als etwa in England, ist entsprechend der Nichteindeutigkeit der Klassenlage »die Ausbildung eines einheitlichen Bürgerbegriffs gehemmt bzw. verhindert worden« (vgl. Riedel 1972: 724).

Schon früh – seit der Mitte des 17. Jahrhunderts – zirkuliert hier parallel zum Begriff des Bürgertums ein stärker den sozialen denn den rechtlichen Aspekt fassender Begriff: »Mittelstand«. Analog zum französischen »tiers etat« und seinem emphatischen Anspruch (Abbe Sièyes), wird dieser Begriff verwendet, um, dem neuen bürgerlichen Selbstbewußtsein gemäß, ein dreischichtiges soziales Modell begrifflich fassen zu können, das über die alte Dreiständelehre hinausgeht. »Im Maße, wie der Adel als Institution abgewertet oder gänzlich in Frage gestellt wurde, wurde der ›Mittelstand‹, d.h. das Volk der kleinen und größeren nicht adeligen Eigentümer, aufgewertet...« (Conze 1978: 55)

Auch dieser Begriff unterliegt einem raschen Bedeutungswandel. Zunächst das obere, besitzende und gebildete Bürgertum bezeichnend, umfaßt er bis zur Mitte des 19. Jahrhunderts das mittlere Bürgertum, dem bereits eine neue, gleichfalls bürgerliche Oberschicht gegenübersteht. Letzte Station ist ein Mittelstandsbegriff, der nur noch das untere, kleine und mittlere Bürgertum

meint, das dicht oberhalb der neuen Klasse des Industrieproleta-
riats existiert. Im Ursprung fast identisch mit »Bürgertum«, bezeichnet »der herrschende Sprachgebrauch seit der Jahrhundertmitte (sc. des 19. Jahrhunderts) mit ›Mittelstand‹ nicht mehr das
gebildete und besitzende Bürgertum, sondern die Kleingewerbetreibenden vor allem im Handwerk und Handel« (vgl. Winkler
1972: 22f.).[9] Nimmt man zu diesem selbständigen Mittelstand
noch die Masse der seit dieser Zeit entstehenden Schichten des sogenannten »neuen« Mittelstandes hinzu, so ergibt sich in etwa das
soziale Rekrutierungsfeld des hier als politischer Idealtypus angesprochenen Kleinbürgers. T. Nipperdey resümiert die sozialge-
schichtliche Seite dieser Entwicklung entsprechend:

> »Das vorindustrielle Gewerbe war... kleingewerblich organisiert, es
> war Handwerk. Sozial gesehen ist das Handwerk, mit dem Kleinhandel
> zusammen, das tragende Element des ›alten Mittelstandes‹, im Grunde,
> trotz Landhandwerk und handwerklicher Hausindustrie auf dem Lande,
> das tragende Element des ›alten‹ städtisch-bürgerlichen Wesens, der alten
> Stadtbürger. Im 19. Jahrhundert wird es dann oft zu der neu erfundenen
> soziologischen Kategorie ›Kleinbürger‹ gerechnet.« (Nipperdey 1983:
> 210)

Doch nicht die soziologische Feinanalyse ist hier von Interesse,
sondern die in der Begriffsgeschichte reflektierten sozialen und
politischen Prozesse. Die skizzierte Entwicklung geht von einem
rechtlichen Begriff des Bürgerstandes aus und endet in der Koexistenz der sozio-ökonomischen Begriffe von Bürger-Klasse und
Mittel-Stand (seltener: Kleinbürgertum) für die auseinandergefal-
lenen Hälften des einstigen städtischen Bürgertums (wobei allerdings in vielen Fällen dem Mittelstand auch die mittleren bäuerlichen Existenzen zugerechnet werden).

Bedeutsamer als der immer zur Unschärfe neigende klassen-
und schichtungssoziologische Gehalt des Mittelstandsbegriffs ist
ohne Zweifel seine politisch-ideologische Semantik.[10] In ähnli-
cher Weise, wie sich nämlich der Bedeutungsschwerpunkt des
Bürgerbegriffs im Zuge der revolutionären Ereignisse vom sozialen auf den politischen Akzent verschiebt, unterliegt seit der zweiten Hälfte des 19. Jahrhunderts auch der Mittelstandsbegriff einer
»Politisierung«, allerdings unter umgekehrten Vorzeichen. Dieser

Prozeß ist aufs innigste mit der Geschichte des Liberalismus verknüpft, indem der zunächst (vor 1848) noch mit dem Bürgertum als Ganzem identifizierte Mittelstand der authentische Adressat liberaler Politik ist. So ist es das erklärte Ziel der deutschen Liberalen, »das Bürgertum als zahlreichen ›Mittelstand‹ sozial zu verbreitern und damit dessen verfassungspolitische Basis zu verstärken« (Conze 1978: 68).

»Im sozialen Verständnis war daher der Mittelstand nicht nur ein Teil der Gesellschaft, sondern der soziale Standort der wahren Interessen der Gesellschaft; politisch gesehen war der Liberalismus nicht nur ein Teil des Meinungsspektrums im Gemeinwesen, sondern der politische Ausdruck des Gemeinwohls. « (Sheehan 1980: 222)[11]

Gerade in der liberalen »Idealvorstellung mittelständischer, entproletarisierter und damit staatstragender Massen«, die gegen die Vorstellung einer »exklusiven Bourgoisie« gerichtet ist, lebt die Idee des ungeteilten Bürgertums als Vorstellung einer Verbürgerlichung der ganzen Gesellschaft fort (vgl. Conze 1978: 69). So versteht sich die liberal-demokratische Bewegung der Vormärzzeit als Bewegung des Mittelstandes. Es geht um das Recht der »Mitte« auf Teilhabe an der politischen und ökonomischen Macht, zumal im Deutschland des 19. Jahrhunderts unter »oben« immer noch in erster Linie die in ihrer politischen Stellung weithin unangefochtene Aristokratie zu verstehen ist.

»In der liberal-konstitutionellen Bewegung des Vormärz war die dem Begriff ›Mittelstand‹ ursprünglich anhaftende *politische* Qualifikation ebenso wie die ihr zugrunde liegende Vorstellung der *sozialen* ›Mitte‹ aktualisiert worden. « (Conze 1978: 73)

Hiermit ist bereits eine wichtige Verschiebung angedeutet, die für die zweite Hälfte des 19. Jahrhunderts das Ende des mittelständischen Liberalismus und des ungeteilten Mittelstandsbegriffs signalisiert. Die ideologische Stilisierung der sozialen Mitte seit der Bismarck-Ära bedeutet u.a. auch das Ende des bürgerlichen Fortschrittsoptimismus in Deutschland, denn das obere Extrem bezeichnet schließlich immer weniger den langsam schwindenden Feudaladel, als eine zumindest ökonomisch erfolgreiche bürgerliche Führungsschicht, die Bourgoisie. Ihr gegenüber werden dem Mittelstand die wichtigen politischen Tugenden des Ausgleichs und ein Wächteramt im sozialen Kampfgeschehen zuerkannt.

»Der ›Mittelstand‹ wurde als staatserhaltend und für die Stabilität von Reich und Monarchie als unersetzbar, zugleich aber im Zangengriff der Bourgeoisie, vor allem des Bankkapitals einerseits, des Proletariats... andererseits, gesehen.« (Conze 1978: 84)

Diese komplementäre Charakterisierung aus politischer Stabilisierungs- und Ausgleichsfunktion und sozio-ökonomischer Existenzbedrohung ist von nun an maßgebend für den vom Bürgertum (gleich Bourgeoisie) endgültig abgespaltenen Mittelstand, sowohl Rollenzuschreibung als auch Selbstverständnis der damit Bezeichneten. Eine Dialektik des Bürgerlichen erweist sich hiermit darin, daß gerade jener Prozeß, der die Verbürgerlichung der Gesellschaft herbeiführen sollte, im Moment seiner Verwirklichung als reale »bürgerliche Gesellschaft« die Aufspaltung des Bürgertums in eine kapitalistische Bourgeoisie und ein Schichtenkonglomerat des mittleren und kleinen Bürgertums bewirkt, für das sich späterhin der Begriff Mittelstand findet. Das Prinzip jener bürgerlichen Gesellschaft ist nämlich nicht die Universalisierung der »Mitte«, sondern der Antagonismus der Extreme. Das Bestreben, diesen Antagonismus zu verdecken, drückt sich in der bürgerlichen Soziologie als Schwenk zu den diversen Schichtungstheorien aus:

»Aus dem Begriff der Mitte zwischen zwei Extremen ergibt sich eine Polarität des Mittelstands, die Unterscheidung zwischen ›upper‹ und ›lower middle classes‹, die Aussonderung des Kleinbürgertums aus der Bourgeoisie.« (Gablentz 1961: 393)[12]

Was sich in der Folge Mitte nennt, ist nurmehr negativ zu definieren; es ist künstlich gegen die immanenten Zentrifugalkräfte eingedämmt: von oben (Bourgeoisie) und von unten (Proletariat), von rechts (Konservatismus) und von links (Sozialismus). Der Mittelstand ist weder Kapital noch Arbeit; mehr ist nicht zu sagen, wie zahlreiche fehlgeschlagene Definitionsversuche zeigen. Proportional zur Bedrohung der sozialen Mitte wächst also die »voluntaristische Komponente« (Conze) des Begriffs Mittelstand. Damit ist dieser aber vollends als Projektionsfläche für ideologische Zwecke freigegeben – und der Bedarf hierfür ist beträchtlich: »Die Suggestivkraft des zum politischen Schlagwort abgenutzten Begriffs war so groß, daß er auch dort noch unentbehrlich schien, wo er logisch fehl am Platze war.« (Conze 1978: 87)

Auch die bürgerliche Oberschicht kann sich für diesen staatstragenden Mittelstand erwärmen, doch in erster Linie natürlich die Betroffenen selbst. Ihnen verspricht das Selbstverständnis als Mitte auf dem Wege ideologischer Überhöhung die real gefährdete soziale Sicherheit. Von hier aus ist aber der Irrationalisierung dieser Mittelstandsidee Tür und Tor geöffnet. Auch die andere Worthälfte übt hohe Anziehungskraft aus. »Stand« ist in der Klassengesellschaft der Begriff der heilen Welt in guten alten Zeiten und wird, verknüpft mit ständischen Gesellschaftsutopien, zu einem Fluchtpunkt kleinbürgerlicher Ideologie vor allem unter konservativer Flagge.

»Indessen muß doch der Handwerkerstand als ein überlebender Berufsstand angesehen werden und er pflegt sich mit ausgeprägtem ständischen Stolz den Mittelstand zu nennen, der wiederum der Kern des Bürgerstandes sein will, wozu aber auch die Kleinhändler sich rechnen und neuerdings (in Deutschland) ein sogenannter neuer Mittelstand gerechnet wird, der besonders aus der Schicht der ›Angestellten‹ industrieller und kommerzieller Großbetriebe sich gebildet haben soll.« (Tönnies 1959: 620)

Der Bedeutungswandel des Mittelstandsbegriffs von bürgerlicher Emanzipation zu ideologischer Kompensation ist als Ausdruck der Abkehr der schließlich damit bezeichneten Schichten vom politischen und ökonomischen Programm des Liberalismus zu verstehen. Wo das Bürgertum sich zur herrschenden Klasse aufgeschwungen hat, enthält der Begriff des Mittelstands die Abwehr des im Begriff des Bürgerlichen enthaltenen Klassenprinzips. Den vom bürgerlichen Emanzipationsprogramm enttäuschten Kleinbürgern verspricht nurmehr die Mitte sicheren Stand auf dem unsicheren Terrain der modernen Gesellschaft.

»Zusammenfassend kann gesagt werden, daß, im Maße wie der *Handwerker-* und *Gewerbestand* sowie andere *Berufsstände*, wie es schon 1848 hieß, sich ihres ›Standes‹ inmitten der wirtschaftlichen Unrast und sozialen Bewegung der Zeit bewußt wurden, ›Mittelstand‹ für sie zum verbindenden Oberbegriff wurde.« (Conze 1978: 83)

Als Werner Sombart zu Beginn des 20. Jahrhunderts resümierend diese Verschiebung als »Spielerei mit dem Worte Mittelstand« bezeichnet, ist die Zeit des mittelständischen Liberalismus vorbei.[13] Noch 1863 hatte Friedrich Julius Stahl festgestellt: »Träger der liberalen Parteirichtung ist vorherrschend der *Mittelstand...*« (Stahl 1863: 71). Doch der Mittelstand im Wilhelminischen Reich steht bereits mehrheitlich im national-konservativen Lager. Gewiß ist dies ein anderer Mittelstand – eben der kleinbürgerliche. Die Begriffsgeschichte spiegelt jedoch einen realen Prozeß wider. Genau in dem Maße nämlich, wie der Begriff des Mittelstands sich von dem des Bürgertums ablöst, wie beide zur Bezeichnung für eine aufgestiegene und eine deklassierte Klasse auseinanderdriften, hat sich im Kapitalismus die soziale Ausdifferenzierung des alten, mittelalterlichen Bürgertums vollzogen.

Proportional zum Erfolg der bürgerlich-liberalen Idee des Kapitalismus, der mit dem Bedeutungswandel des Begriffs Mittelstand in Richtung auf die »kleine Bourgeoisie« (Handwerker etc.) parallel läuft, wenden sich diese Schichten, die fortan »Mittelstand« heißen, vom Liberalismus ab. Der diesem verbliebene Ansprechpartner, das Bürgertum, ist zahlenmäßig klein und zusätzlich in sich noch einmal gespalten zwischen liberaler (freisinniger) und konservativer (nationalliberaler) Einstellung. Der politische Liberalismus hat vor diesem Hintergrund in Deutschland kaum je eine reale Machtchance. Es ist zu zeigen, auf welchen ökonomischen Faktoren diese Konstellation beruht.

2
Liberaler Kapitalismus

Keineswegs ist der Liberalismus einfach als politische Variante des Kapitalismus anzusehen. Seine sozialhistorische Verankerung im vorkapitalistischen Stadtbürgertum weist darauf hin, daß er ökonomisch in der kleinen, handwerklichen Produktionsweise verwurzelt ist (vgl. Leppert-Fögen 1974: 114–134). Die Interessen der dieser Produktionsweise verhafteten neuentstehenden Bürgerklasse sind in den drei Aspekten, Religion, Ökonomie und Politik des liberalen Freiheitspostulats identisch ausgedrückt und münden in die Vorstellung eines nach privater und öffentlicher Seite zu trennenden autonomen Wirtschafts- und Staatsbürgers. Weltanschaulich-religiöse »Gedankenfreiheit«, freie wirtschaftliche Betätigung (Gewerbefreiheit) und demokratische Verrechtlichung (politisches Vertragsdenken) sind die legitimen Forderungen der Bürger, die über selbständige produktive Arbeit zu Eigentum und Wohlstand gelangt sind.

Das Kriterium dieser ökonomischen Selbständigkeit ist hierbei von entscheidender Bedeutung, denn es allein gewährleistet die dem feudalen System exterritoriale Stellung der Bürger, aus dem heraus erst ihr fortschrittsorientiertes Selbstbewußtsein erwachsen kann. Selbständigkeit bedeutet das Verfügenkönnen des Produzenten über die Mittel und die Früchte seiner Arbeit. Diese ökonomische Selbständigkeit verlangt ein System des unantastbaren persönlichen Eigentums, das durch Rechtsinstitutionen garantiert ist, und konstituiert im gesellschaftlichen Rahmen einen Markt, auf dem autonome Produzenten miteinander in Verkehr treten. Dieses System der einfachen Güterproduktion und -verteilung ist vorerst noch nicht dasjenige der kapitalistischen Waren- und Konkurrenzwirtschaft, obwohl es dessen embryonales Stadium verkörpert. Diese Differenz ist festzuhalten, denn sie markiert in den damit verbundenen ökonomischen Ideologien die Bruchstelle zwischen kleinbürgerlichem und bürgerlichem Standpunkt.

Eine paradigmatische Formulierung der ursprünglichen Einheit von Arbeit und Eigentum findet sich bei John Locke. Die gattungsgeschichtliche Notwendigkeit der Naturbearbeitung wird hier als eigentumskonstituierend gedacht, eine Vorstellung, in der zugleich die persönliche Freiheit und die Begrenzung des Eigentums auf ein durch die Schranken der individuellen Arbeitskraft gesetztes »natürliches« Maß mitenthalten sind.[14]

»Denn da diese *Arbeit* das unbestreitbare Eigentum des Arbeiters ist, kann niemand außer ihm ein Recht auf etwas haben, was einmal mit seiner Arbeit verbunden ist. Zumindest nicht dort, wo genug und ebenso gutes den anderen gemeinsam verbleibt.« (Locke 1977: 217)

Für Konfliktstoff ist also von Beginn an gesorgt: durch Knappheit der Güter und ungerechtfertigte Ansprüche jener Unvernünftigen, die ohne eigene Leistung das redlich erarbeitete Eigentum anderer beanspruchen. Zu deren Schutz ist nun der bürgerliche Staat angetreten, definiert durch die vertraglich geregelte Machtabtretung der Individuen (Gewaltmonopol), die Kontrolle durch demokratische Institutionen und die Gewaltenteilung. Seine vornehmste Aufgabe ist der Schutz des Eigentums »durch Vertrag und Übereinkunft«, und zwar desjenigen Eigentums, »das seinen Ursprung in der Arbeit und im Fleiß« hat (vgl. Locke 1977: 228). Diese Konzeption mündet in das bekannte liberale Modell einer durch »natürlichen« Ausgleich der verschiedenen Privatarbeiten hergestellten Harmonie auf gesellschaftlicher Ebene unter den Bedingungen des freien Austauschs, wie es die klassische liberale Nationalökonomie formuliert.

Von Bedeutung ist hier der Aspekt einer »natürlichen« Beschränkung des Arbeitseigentums und die damit verbundene Konzeption einer Gesellschaft autonomer Kleineigentümer, die zur Überwindung des Bildes der feudalen hierarchischen Pyramide eine Vorstellung von der Verallgemeinerung der sozialen Mitte entwirft. Diese ursprünglich liberale Idee des persönlichen Eigentums durch eigene Arbeit bedeutet weder Ausbeutung noch Monopol, sondern immer auch die Verantwortlichkeit diesem Eigentum gegenüber. Sie ist noch ganz dem Kosmos einer vorkapitalistischen »moral economy« (E.P. Thompson) und dem Geist traditionaler Wirtschaftsethik verhaftet, was schon Locke zusammenfassend notiert.

»Und so, glaube ich, ist es leicht zu begreifen, *wie zuerst die Arbeit einen Rechtsanspruch auf Eigentum* an den gemeinsamen Dingen der Natur begründen konnte und wie dieses Eigentum durch die Verwendung zu unserem persönlichen Gebrauch begrenzt war. ... Recht und Bequemlichkeit wirkten zusammen: denn da die Menschen ein Recht auf alles hatten, worauf sie mit ihrer Arbeit einwirken konnten, so kamen sie auch nicht in Versuchung, mehr zu erarbeiten, als sie verwenden konnten.« (Locke 1977: 231)

Festzuhalten bleibt der Zusammenhang der liberalen Vorstellung von harmonischer Selbstbalancierung der Ökonomie mit einem Gesellschaftsmodell kleiner Warenproduzenten. Doch Locke blickt hier (1689) bereits zurück, denn die reale ökonomische Entwicklung seit dem 16. Jahrhundert geht einen anderen Weg; die moderne Ökonomie dementiert die Intentionen ihrer Autoren und politischen Befürworter. Die freie Konkurrenz der vielen kleinen Kapitale bewirkt von Anbeginn eine Tendenz der Konzentration, die der ursprünglichen Ideen der breiten Streuung des Besitzes entgegensteuert.

Die Wirkung dieses Prozesses besteht darin, daß der Liberalismus mit dem Versprechen antritt, potentiell alle Wirtschaftssubjekte zu kleinen Selbständigen, zu »kleinen Bürgern« zu machen, wohingegen er doch real eine Entwicklung initiiert, an deren Ende eine Gesellschaft steht, in der viele zu Proletariern und nur wenige zu kapitalbesitzenden Bürgern geworden sind – dazwischen die große Zahl der vom Abstieg bedrohten und irrealen Aufstiegshoffnungen nachhängenden Kleinbürger. Die an der Begriffsgeschichte von Bürgertum und Mittelstand gezeigte Entwicklung ist soziologisch die der realen Klassenteilung:

> »Dieser Prozeß führt einerseits zur Spaltung des Bürgertums, das unter feudalabsolutistischen Verhältnissen und gegenüber den unter ihnen herrschenden Schichten insgesamt den Block des Mittelstandes verkörpert hatte: Dieser ›Mittelstand‹ wird nunmehr nur noch durch das Kleinbürgertum repräsentiert, das vom anderen Teil des Bürgertums, der Bourgeoisie, sozial scharf geschieden ist. Zum anderen treibt derselbe Prozeß der kapitalistischen Entwicklung zur Absonderung des Proletariats vom Kleinbürgertum...« (Leppert-Fögen 1974: 115)

Die Verantwortung des Liberalismus für diese Entwicklung steht außer Zweifel. Daß der Kleinbürger ihm von hier aus mit zunehmender Antipathie gegenübersteht, ist eine durchaus logische Konsequenz. Statt der versprochenen Harmonie herrscht das Gesetz der Entfremdung, statt der Stabilität der Mitte der Antagonismus. Der liberale Staat kann seine Aufgabe, das kleine und mittlere Eigentum zu schützen (wie bei Locke gefordert), nie erfüllen; seine Funktion beschränkt sich auf das Nachtwächteramt gegenüber dem »freien Spiel der Kräfte« und der Institution des Privateigentums. Die damit einhergehende Formalisierung des Eigentumsbegriffs zum bloßen Rechtstitel stellt eine Konsequenz des Kapitalismus dar (Beschleunigung der Zirkulation durch rasche

Übertragbarkeit etc.), was eine terminologische Verlagerung in den Bereich ausschließlich privater Verfügungsmacht mit sich bringt. Dieser »privatisierte«, abstrakte Begriff des Privateigentums steht in direkter Opposition zur ökonomischen Weltanschauung des Kleinbürgers, die auf die Identität von Arbeit, Eigentum und moralischer Lebensführung fixiert bleibt.

Der Liberalismus als Idee ökonomischer und politischer Freiheit verliert aber, indem er einen derart von der Ökonomie überholten Staat bewirkt, seine politische Glaubwürdigkeit für all diejenigen, die nicht von der privatkapitalistischen Wirtschaft profitieren. Die von kapitalistischer Konkurrenz bedrohten Kleinbürger sind die ersten, die aus dieser Enttäuschung Konsequenzen ziehen. Ihr Traum von der Mitte und gesellschaftlicher Harmonie bleibt; seine Verwirklichung wird nur nicht länger mit den Mitteln des politischen Liberalismus angestrebt.

Die in der Gesellschaftstheorie Hegels ausgedrückte Aporie der bürgerlichen Gesellschaft als »System der Bedürfnisse«, das Ansprüche weckt, die es doch niemals befriedigen kann, also seinen immanenten Widerspruch unausweichlich aus sich selbst heraus produziert, bringt das liberale Dilemma auf den Begriff. Als Bestimmung dieses Grundwiderspruchs verkörpert sie in einer ihrer wesentlichen Konsequenzen ein Muster, das für die kleinbürgerliche Enttäuschungsverarbeitung des Liberalismus vorbildhaft ist.

Der jeglicher moralischen Steuerung entzogene ökonomische Prozeß ist der Motor der gefürchteten Deklassierung. Der Kleinbürger kann nur noch im Staat eine Instanz erhoffen, die dieser Entwicklung entgegensteht. Doch dieser Staat kann nicht der (schwache) liberale Staat sein, sondern nur ein starker Staat, der gleichzeitig ideologisch verbrämt als moralische Einrichtung erscheint, die Gerechtigkeit und Ausgleich gegenüber allen partikularen Klasseninteressen verbürgt, wenn nötig mit eiserner Hand. Dieser Staat ist genau der von Hegel als »Wirklichkeit der sittlichen Idee« mystifizierte Obrigkeitsstaat nach dem Vorbild der preußischen Monarchie, auf den die Kleinbürger fortan ihre Erwartungen richten (vgl. Hegel 1976: 398ff.). Demokratie kann dessen Handlungsfähigkeit nur beeinträchtigen. Die verlorene Harmonie der Mitte ersehnt der Kleinbürger fortan im patriarchalisch-autoritären Staat. Hierin aber ist der Verlust des politischen Programms des Liberalismus enthalten.

Politik heißt im Liberalismus zuallererst Vermittlung; Vermittlung von divergierenden Ansprüchen, Vermittlung vor allem von gesellschaftlichen Interessen an den Staat. Der Liberalismus konzipiert also in Gestalt der Politik eine vermittelnde Zwischensphäre zwischen den in der bürgerlichen Gesellschaft auseinandergetretenen Sphären von Staat und Gesellschaft. Diese Sphäre ist die des durch demokratische Institutionen eingefaßten und damit befriedeten politischen Konflikts. Doch gerade in diesem Konflikt sieht der Kleinbürger die Wurzel allen Übels, den eigentlichen Grund für den die Mitte gefährdenden gesellschaftlichen Antagonismus, der sich als Klassenstruktur deutlich sichtbar manifestiert. So träumt er von einer neuen Mitte in Gestalt eines über die moralische Qualität des Staates kurzgeschlossenen sozialen Kosmos, in dem Oben und Unten zwar fortexistieren, aber in ihrem gemeinsamen; am übergeordneten Staatswohl orientierten Interesse die ökonomische Konkurrenz neutralisieren. Nicht zufällig ist die von Hegel für diese Aufgabe des Interessenausgleichs ausersehene soziale Gruppe der »Mittelstand«.

»Die Mitglieder der Regierung und die Staatsbeamten machen den Hauptteil des *Mittelstandes* aus, in welchen die gebildete Intelligenz und das rechtliche Bewußtsein der Masse eines Volkes fällt. Daß er nicht die isolierte Stellung einer Aristokratie nehme und Bildung und Geschicklichkeit nicht zu einem Mittel der Willkür und einer Herrenschaft werde, wird durch die Institutionen der Souveränität von oben herab und der Korporationsrechte von unten herauf bewirkt.« (Hegel 1976: 464)

In diesem Mittelstand der Staatsbeamten sieht Hegel eine den gesellschaftlichen Antagonismus dialektisch vermittelnde, ja die ihn »aufhebende« soziale Größe, die jene Kraft verbürgt, welche allein als Bollwerk gegen die Irrationalität des sozialen Prozesses anzukommen vermag. Hierin drückt Hegel ein genuin kleinbürgerliches Motiv aus. Im übrigen ist damit auch die Leitbildfunktion des Beamtentums angesprochen. Die vom Kleinbürger immer idealisierte Beamtenexistenz ist nämlich mit der Aura der staatlichen Hoheitsfunktion und gleichzeitig mit vollkommener ökonomischer Sicherheit ausgestattet. Neben dem patriarchalischen Unternehmer ist deshalb der Beamte ein soziales Vorbild des Kleinbürgers geblieben, wie sich vorzüglich bei den kleinbürgerlichen Angestellten zeigt, die sich zunächst mit Vorliebe »Privatbeamte« oder »Industriebeamte« nennen und deren verbandspolitisches Hauptinteresse in der Wilhelminischen Ära einer der beamtenrechtlichen Versorgung entsprechenden Sozialversicherung gilt (vgl. Lederer 1912: 266–298).

Seit Hegel steht das liberale Harmoniemodell prinzipiell in Frage. Es ist ein Modell der ökonomischen Balance und beruht auf der Vorstellung einer sich hinter dem Rücken der irrationalen Einzelinteressen über den Mechanismus von Tausch und Konkurrenz gleichsam naturwüchsig einstellenden gesellschaftlichen Rationalität. Doch der kleinbürgerlichen Wahrnehmung bietet sich ein anderes Bild, eines, das der späteren sozialistischen Perspektive recht nahe kommt.[15] Entgegen der liberalen Ideologie vom sich quasi selbstläufig einstellenden »Wohlstand der Nationen« (A. Smith) sieht der Kleinbürger auf der Seite des individuellen Handelns ein Höchstmaß an nüchtern kalkulierender Marktrationalität, als deren Ergebnis aber Klassenspaltung und Mittelstandsruin. Auch ohne die theoretische Analyse dieses Zusammenhangs bleibt ihm aus unmittelbarer Anschauung zweierlei nicht verborgen: daß der Liberalismus durch seine ökonomische Realität das eigene Freiheitspostulat konterkariert und daß die vom Liberalismus gepriesenen Mittel der Vernunft und Rationalität ganz anderen als den versprochenen Zwecken dienen.

In der Folge trifft entsprechend die kleinbürgerliche Ablehnung des ökonomischen Liberalismus zugleich den politischen Liberalismus und, womöglich noch gravierender: mit dem kleinbürgerlichen Antiliberalismus ist von Beginn an das Moment des Antirationalismus und Antiintellektualismus strukturell verwoben. Wo der politische Liberalismus als Kind der europäischen Aufklärung im Namen von Naturrecht und Vernunft angetreten ist, ein Höchstmaß an irdischem Glück in Form individueller Entfaltung und gesellschaftlichen Fortschritts zu ermöglichen, laufen die von ihm enttäuschten Kleinbürger schon bald zu Gegenaufklärung und zu politischem Irrationalismus über, denn die hier in Ansätzen diskutierte »Dialektik des Liberalismus« wird nicht analytisch, sondern begriffslos abwehrend bewältigt.

Schuld daran trägt die für den Kleinbürger typische Organisation der politischen und sozialen Wahrnehmung, für welche die Blindheit hinsichtlich jener Abstraktion der gesellschaftlichen Verhältnisse gegenüber den Individuen, wie sie Hegel analysiert, konstitutiv ist. Dieser für die politisch-ideologische Charakterisierung des Kleinbürgers elementare Wahrnehmungsapparat ist im Ursachenzusammenhang aller in dieser Arbeit analysierten kleinbürgerspezifischen Ideologien von ausschlaggebender Bedeutung und wirkt als konkretistische Erkenntnissperre.

Kleinbürgerliche Weltauslegung ist strukturell durch Konkretismus limitiert. Zu erklären bleibt der speziell kleinbürgerliche Aspekt dieser Verengung, denn was hier mit Konkretismus bezeichnet wird, unterscheidet sich von dem unspezifischen Kriterium der »Borniertheit« als allgemeine Bezeichnung eingeschränkter Wahrnehmungsfähigkeit und ist genetisch, strukturell und funktional mit dem Signum des Kleinbürgerlichen versehen.

Genese: Das Grundmuster des kleinbürgerlichen Konkretismus ist erworben aus einer der handwerklichen Produktion entsprechenden Perspektive. Die über Generationen eingeübten und bewährten, fest in Sozialisationsinstanzen eingebauten Strategien kleinbürgerlicher Welt-Anschauung sind geschult am (im Wortsinne) handwerklichen Charakter der im alten Mittelstand vorherrschenden Arbeitsweise. Sie bevorzugen das Handgreiflich-Konkrete gegenüber dem Begrifflich-Abstrakten (dies gilt selbstverständlich nicht nur für die Handwerker; behauptet ist hiermit allerdings die paradigmatische Erfahrung des sogenannten alten Mittelstandes für kleinbürgerliche Weltsicht überhaupt).[16]

Struktur: Diese historische Erfahrung ist soziokulturell sedimentiert und bewirkt einen Mechanismus systematischer Reduktion begrifflicher Erfahrung. Dieser Mechanismus verhindert den Zugriff auf die nicht unmittelbar sicht- und greifbaren Ursachen; er bleibt auf die Wahrnehmung der konkreten Wirkungen beschränkt. So entsteht notwendig ein dieser Wahrnehmungsform komplementäres Syndrom intellektueller Überforderung, sodaß von einer strukturellen Zwillingsexistenz von kleinbürgerlichem Wahrnehmungsdefizit und Kompensationszwang auszugehen ist. Vorzügliches Muster dieser Kompensation ist ein aus Gründen der Angstvermeidung den Anforderungen zu intellektuellem Verstehen offensiv entgegengesetzter weltanschaulicher Antirationalismus, politisch die Neigung zur Mythenbildung, zu Personalisierung und Stereotypie.[17]

Funktion: Im Charakter des Kompensatorischen ist die gleichermaßen individuell-psychische und soziale Funktion des kleinbürgerlichen Konkretismus ausgedrückt. Diese besteht in der Verschleierung jenes sozialen Widerspruchs, der (wie in Kapitel 2 zu zeigen ist) die Identität des Kleinbürgers ausmacht. Dieser innere Widerspruch bedeutet eine Quelle permanenter Spannung, die mittels konkretistischer Ideologiebildung überdeckt werden muß. Die Abwehr- und Verschleierungsfunktion des Konkretismus bildet den konstituierenden Hintergrund für alle typischen Ideologien des Kleinbürgers. Seine paradigmatische Gestalt hingegen hat sich im Zusammenhang mit der mittelständischen Enttäuschungsverarbeitung des Liberalismus ausgeprägt, denn schließlich markiert die Entstehung des Liberalismus ideengeschichtlich jenen sozial-historischen Übergang, von dem aus eine die konkretistische Reduktion überschreitende Analysefähigkeit des sozialen Prozesses überhaupt erst notwendig wird. Die Fähigkeit zum abstrakt begrifflichen Erfassen der sozialen Welt setzt die reale Abstraktion des sozialen Prozesses voraus, die Ausdifferenzierung von Staat und Gesellschaft, von Politik und Ökonomie, von »Bürgertum«, »Mittelstand« und Proletariat. An diesem Ausdifferenzierungsprozeß ist der Liberalismus beteiligt und der Kleinbürger leidet doppelt daran: nicht nur die sozio-ökonomischen Folgen muß er ertragen, sondern zugleich die Frustration des Nichtverstehenkönnens. Erst aus dieser Doppelung läßt sich der volle Gehalt des kleinbürgerlichen Antiliberalismus entwickeln; er ist immer amalgamiert mit Antiintellektualismus.

Mit diesem Befund ist der Entwicklung weit vorgegriffen. Es bedarf eines historischen Ereignisses von einiger Tragweite, um die Abkehr des Kleinbürgers vom Liberalismus, der politischen Idee, die ihm aus der sozialökonomischen Verwandtschaft zum Bürgertum anfänglich am nächsten steht, historisch zu vollziehen. Dieses Ereignis ist die Revolution von 1848.

3
1848 und die Folgen

Die Identität von liberalem Freiheitspostulat in Politik und Ökonomie ist Ausdruck einer historischen Interessenkonstellation im vorkapitalistischen Bürgertum. Diese Identität ist mit den etablierten kapitalistischen Produktionsverhältnissen virtuell in Frage gestellt. Die für die deutsche Entwicklung charakteristische »Verspätung« der bürgerlichen Revolution betrifft damit nicht allein eine zeitliche Verschiebung. Der bereits im Aufbau begriffenen kapitalistischen Wirtschaft stehen politische Verhältnisse der vorbürgerlichen Epochen entgegen (vornationalstaatlich; vordemokratisch). In der revolutionären Bewegung um 1848 drückt sich dies als Diskrepanz zwischen politischer und ökonomischer Zielsetzung aus.[18]

Das politische Programm der bürgerlichen Revolution ist die Demokratie. Die Vorstellung der Selbstregierung des Volkes wurzelt in einer Konzeption tatsächlicher Gleichheit der Individuen, die sich im demokratischen Prozeß politisch Ausdruck verschafft. In der klassischen Demokratietheorie Jean-Jacques Rousseaus ist diese Gleichheit substantiell begründet in der Vorstellung einer Gesellschaft selbständiger Kleineigentümer.[19] Die Koinzidenz von Kleineigentum und direkter Demokratie ist der Ausgangspunkt der radikalen kleinbürgerlichen Demokraten in Deutschland. Allerdings trägt ihre Bewegung, die in der Revolution von 1848 kulminiert, bereits den Widerspruch eines in sich gebrochenen ökonomischen Programms – zu deutlich stehen die ruinösen Folgen des liberalen Kapitalismus für die Kleingewerbetreibenden den in der revolutionären Bewegung führenden Handwerkern vor Auge. So drückt sich in der Märzrevolution nicht nur der bürgerliche Anspruch auf Beteiligung an der Macht aus, sondern zugleich der Protest derjenigen, die zu den ersten Opfern der sich anbahnenden industriellen Revolution zählen, etwa einer Vielzahl der Handwerksgesellen, denen die Aussicht auf künftige Existenz als selbständige Meister versperrt ist.

»Immerhin, das zwiespältige Los der Gesellen, die zwischen Zunftzwang und Manufakturfreiheit, zwischen Handwerk und Fabrik hin und her gerissen wurden, hat einen soziologischen Nährboden geschaffen, auf dem sich politische Aufklärung mit sozialer Desperation verband. Diese intelligenten Entwurzelten, die ohne jedes Verschulden zwischen die Mühlräder der Entwicklung geraten waren, sind wohl die eigentlichen Träger der Revolution von der sozialen Komponente her geworden.« (Stadelmann 1970: 148)

Die Folge ist jene »eigentümliche Mischung von revolutionären und reaktionären Forderungen« (vgl. Leppert-Fögen, 1974: 155), nach politischer Demokratie und ökonomischem Protektionismus im Programm der radikalen Demokraten, die der ganzen Bewegung von Beginn an einen kleinbürgerlichen ambivalenten Charakter verleiht. In den Nuancen der politischen Bewertung des ökonomischen Fortschritts in der Vormärzbewegung deutet sich diese Konstellation bereits an. Sie ist Resultat der im Wachsen begriffenen sozialen Differenz zwischen Bürgertum und Mittelstand, wie sie oben anhand der Begriffsgeschichte beschrieben wurde.

»Die Bandbreite der Ansichten unter den Liberalen über die Bedeutung der Industrialisierung deutet die gesamte Konfiguration der liberalen Einstellung zum sozio-ökonomischen Wandel an: es gab eine bedeutende, die Modernisierung in allen ihren Facetten bejahende Minderheit und eine breitere, heterogenere Gruppe, die die sozialen und wirtschaftlichen Entwicklungen mit einer Mischung aus Zuversicht und Furcht betrachtete. « (Sheehan 1970: 216f.)

Dieser Zusammenhang von sozialem und ideologischem Prozeß führt schließlich zum Dilemma der in der Revolution von 1848 kulminierenden bürgerlichen und kleinbürgerlichen Opposition. Es drückt sich in der »grotesken Umkehrung« aus, »daß die Regierung in ihrer Wirtschaftspolitik zwischen 1815 und 1848 meist fortschrittlicher, liberaler, emanzipierter gewesen ist als die Gewerbetreibenden, die zwar politisch durchaus auf Seiten der Bewegungspartei stehen mochten, aber den Wirtschaftsliberalismus mit Krallen und Zähnen bekämpften« (vgl. Stadelmann 1970: 147). Zentrales Thema in diesem Kampf ist die Gewerbefreiheit, der die Handwerker im Bestreben, Zunftzwang und Befähigungsnachweis zu retten, zusammenführt.[20] Der kleinbürgerliche Aufstand gegen die Gewerbefreiheit ist aber niemals nur von ökonomischen Interessen geleitet.

»Sie (sc. die Gewerbefreiheit) war das eigentliche Böse, die Wurzel allen Übels, das Prinzip des anonymen und entfesselten Marktes, der schrankenlosen, egoistischen Konkurrenz, des Kampfes aller gegen alle, einer Welt, in der nicht die ›Ehre‹ von Person und Arbeit, sondern der Markterfolg den sozialen Status bestimmte, sie war das Ende der Moral.« (Nipperdey 1983: 217)

Die parteipolitischen Positionen zum Streitpunkt Gewerbefreiheit, an dem sich die mittelständischen Einstellungen zum ökonomischen Fortschritt überhaupt kristallisieren, zeigen die ersten deutlichen Grenzen eines kleinbürgerlichen Liberalismus. Aus unmittelbarer Anschauung meint hierzu Wilhelm Heinrich Riehl: »...der Liberale..., welcher überall nur nach möglichst raschem Umlauf der Ideen und Kapitalien fragt, wird für die Gewerbefreiheit schwärmen« (Riehl 1976: 196). Für den Liberalismus schwärmt der Kleinbürger aus diesem Grund nicht mehr allzu lange.

Wenn ein Jahrhundert später Max Horkheimer und Theodor W. Adorno die endliche Gestalt des aus dieser Konstellation hervorgegangenen kleinbürgerlichen Antiliberalismus analysieren, jenen aus der personalisierenden Abwehr des »raschen Umlaufs der Ideen und Kapitalien« entstandenen kleinbürgerlichen Antisemitismus faschistischer Couleur, entdecken sie exakt die gleiche Struktur des Liberalismus als Feindbild: »Der Bankier wie der Intellektuelle, Geld und Geist, die Exponenten der Zirkulation, sind das verleugnete Wunschbild der durch Herrschaft Verstümmelten, dessen die Herrschaft sich zu ihrer eigenen Verewigung bedient.« (Horkheimer/Adorno 1947: 204) Für die Ereignisse um den März 1848 ist jedoch zunächst die protektionistische Grundstimmung tonangebend.

»Man wehrt sich mit allen Fasern gegen den Großbetrieb und versucht das Kleingewerbe in hausindustrieller Form zu retten. Die Generation, die 1848 erlebt hat, ist in ihrem Denken und Streben durch und durch sozialkonservativ, wenn man so will kleinbürgerlich.« (Stadelmann 1970: 146)

Wie auch die jüngste handwerksgeschichtliche Forschung zeigt, erfolgt die Radikalisierung dieser Handwerkergeneration vor dem Hintergrund einer chronischen Verarmung des Kleingewerbes, die durch die Wirtschafts- und Agrarkrise 1845–1847 noch akut verschärft wird. Überlagert ist dieser materielle Faktor aber von Anbeginn durch den eher symbolischen der Angst vor dem Statusverlust und einem Abrutschen in die proletarischen Unterschichten. Die angesprochene Ambivalenz der Revolutionsziele von 1848 schlägt sich auch in einem Interessengegensatz von selbständigen Handwerksmeistern und Gesellen, sowie von Angehörigen praktisch ruinierter Branchen etwa im Textilbereich und Vertretern florierender Gewerbe nieder. Während die selbständigen Meister vielfach die Option für einen liberaleren Staat unvermittelt mit dem Ruf nach sozialkonservativ-protektionistischer Wirtschaftspolitik verbinden, sind sich Gesellen und Angehörige der am meisten bedrohten Bereiche in der Forderung nach dem Ende der alten Privilegien auch in der Wirtschaftsordnung einig. So ergibt sich eine gespaltene Haltung des Handwerks in der Revolution:

»Einmal als Träger der nach Revolutionsausbruch einsetzenden, umfassenden Handwerkerbewegung mit ihren stark sozioökonomisch und traditionalistisch orientierten Zielsetzungen und zum anderen als Kern der ›kleinbürgerlich demokratischen Bewegung‹, die immerhin die ›progressivste‹ Großgruppierung im Rahmen der politischen Kräfte des Jahres 1848 in Deutschland darstellte.« (Bergmann 1984: 334f.)

Nicht zuletzt diese Differenz verleiht der Revolution den Charakter des Uneindeutigen und Unentschlossenen, was für das schließlich enttäuschende Ergebnis von zentraler Bedeutung ist. Die Handwerker stehen im Verlauf des Jahres 1848 auf der Seite der Revolution als auch auf der Gegenseite der Reaktion, Folge des ambivalenten kleinbürgerlichen Liberalismus jener Zeit, der als Konsequenz ökonomischer Fortschrittsskepsis bereits die Wende zum politischen Konservatismus in sich enthält.

»...dieser politische Konservatismus der Handwerker wurzelte in einem ebenso ausgeprägten ökonomisch-sozialen Konservatismus: Beides wurde vorrangig von noch stark rückwärtsorientierten Innungen und der Handwerkerbewegung getragen, die ökonomisch-sozial das traditionelle System der staatlich garantierten Wettbewerbsregulierung zugunsten des Handwerks anstrebten und politisch aus Furcht um Besitz und Status gegenrevolutionär bzw. konservativ ausgerichtet waren.« (Bergmann 1984: 344f.)

Der kleinbürgerliche Radikalismus der Vormärz- und Märzbewegung trägt damit auch regressive Züge. Die angsterzeugenden Entwicklungen, die so manchen Handwerker ins Lager der Revolution treiben, wie städtische Überbevölkerung, »Maschinenwesen« und wankende Moral- und Weltanschauungssysteme, kurz: der Verlust der einstigen Statik und Integrität des gesamten kleinbürgerlichen Lebenszusammenhangs, färben den Handwerkerliberalismus konservativ ein (vgl. Shorter 1969: 189–215). Liberalismus lebt von der Idee des Fortschritts, die Kleinbürger träumen bald nur noch von der Vergangenheit. Und zum ersten Mal verfolgen sie reaktionäre Ziele mit revolutionären Mitteln.

Über Jahrhunderte gültige Normen behalten schließlich die Oberhand über die aus Protest entstandene revolutionäre Option, ja gehen aus der Niederlage der Revolution noch gestärkt hervor.[21] Zunächst bedeutet das für die große Masse der Handwerker die Abkehr vom Liberalismus und eine entscheidende Zunahme der kleinbürgerlichen Revolutionsfeindlichkeit, die sich als prinzipielle Hinwendung zur in Preußen-Deutschland traditionell ausgeprägten Obrigkeitshörigkeit auswirkt: »Die Staatsordnung und Staatsautorität gewannen einen Wert, den man vorher nicht gekannt hatte. Das Mißtrauen gegen den Staat wandelte sich in einen mehr oder weniger unbehaglichen Respekt.« (Sell 1981: 171)

Mit dem Scheitern der Revolution von 1848 ist die letzte Hoffnung auf jene »Utopie der Mitte« gescheitert, die aus liberalem Ideengut eine gewisse Anziehungskraft auf den Kleinbürger ausübt. »Mitte« wird in der Folge ein Begriff, der mit zunehmendem Erfolg von konservativer Seite mit Beschlag belegt wird. Der liberale Alleinvertretungsanspruch für die Idee einer Gesellschaft der mittleren Bürger wie für den Mittelstand als genuinen Adressaten liberaler Politik hat hiermit ein Ende. Der Strukturwandel der Ideologie von der Mitte ist von nun an nicht mehr aufzuhalten.

»Das ... Zukunftsbild einer klassenlosen Bürgergesellschaft ›mittlerer‹ Existenzen, einer, rückblickend formuliert, vorindustriellen, berufsständisch organisierten Mittelstandsgesellschaft auf patriarchalischer Grundlage gewann, angesichts der realen Entwicklung, mehr und mehr einen konservativen Charakter und lief darüberhinaus zunehmend Gefahr, einseitig dem politischen und sozialen Machtanspruch des besitzenden Bürgertums dienstbar gemacht zu werden bzw. ihn ideologisch zu verhüllen.

Zugespitzt formuliert: das auf fortschreitende politische und soziale Emanzipation und Demokratisierung hinzielende gesamtgesellschaftliche Erwartungsmodell des frühen Liberalismus degenerierte im Zeichen der von seinen Vertretern nicht vorausgesehenen wirtschaftlichen und den damit verbundenen sozialen Veränderungen im Zuge der industriellen Revolution zur bloßen Klassenideologie...« (Gall 1980: 176)

Wie die Revolution von 1848 zeigt, wird der mit dem Kleineigentum verknüpfte Frühliberalismus, noch zur Zeit als er erst im Entstehen begriffen ist, von den Ereignissen überrollt. Industrielle Revolution bedeutet in Deutschland eine kaum in organischer Reihung vonstatten gehende Entwicklung der modernen Ökonomie seit dem zweiten Drittel des 19. Jahrhunderts. Ihr Kennzeichen ist das überstürzte Tempo, mit dem der Weg von der feudalen zur kapitalistischen Wirtschaft quasi in einem Schritt genommen wird, der in sich die Stufenfolge zunächst des patriarchalisch-liberalen Konkurrenzkapitalismus und dann des anonymen Finanz- und Monopolkapitalismus zugleich enthält.

Der mit dem Modell des liberalen Konkurrenzkapitalismus verknüpfte kleinbürgerliche Liberalismus hat aus diesem Grund nur geringe Erfolgschancen; er wird durch die antiliberalen Effekte der dramatisch beschleunigten Kapitalisierung Deutschlands im letzten Drittel des 19. Jahrhunderts seiner Entfaltungsmöglichkeiten beraubt. Die hieraus resultierende strukturelle Schwäche des deutschen Liberalismus enthält den Schlüssel zum Sieg des konservativen Lagers im schließlich geeinten deutschen Reich. Die Ausdifferenzierung des Bürgertums in bürgerliche Oberklasse und kleinbürgerliche Zwischenschichten wirkt sich als sprengendes Ferment im Liberalismus aus (Abspaltung der Nationalliberalen Partei 1867).

»Der Mittelstand, auf den er (sc. der Liberalismus) sich in seiner Frühzeit gestützt hatte, existierte nicht mehr. Der sozio-ökonomische Prozeß der Klassenspaltung, die Scheidung zwischen Bourgeoisie und Kleinbürgertum, mußte sich in die politische Ebene verlängern und eine *Spaltung des Liberalismus selbst* heraufbeschwören.« (Leppert-Fögen 1974: 167)

Im Staate Bismarcks, dessen politische Stabilität im wesentlichen auf der Ausmanövrierung von Liberalismus und Sozialismus zugleich beruht, ist der Mittelstand ein verläßlicher Partner der Obrigkeit, gleichermaßen antisozialistisch und antiliberal. Der nach wie vor virulente Handwerkerprotest, aber auch die ersten berufsständischen Forderungen in der rasch anwachsenden Angestelltenschaft, fließt in ganz andere Kanäle und formuliert sich zusehends in Formen des politischen Irrationalismus. Mit der Enttäuschung durch Liberalismus und Revolution wird der Kleinbürger politisch heimatlos, seine Angst zu einem frei flottierenden Potential.

Sicherlich ist in der Vormärz- und Märzbewegung auch die Tradition des Handwerkersozialismus begründet, jene Strömung, von der aus ein nicht unbedeutender Teil vor allem der Gesellen den Weg in die Arbeiterbewegung findet und dort später als sogenannter kleinbürgerlicher Sozialismus identifiziert wird. Doch die typische Form der mittelständischen Enttäuschungsverarbeitung der gescheiterten Revolution besteht in der Rückwärtsorientierung auf vorkapitalistische Werte.

»Die ... noch stärker defensiv orientierten Leitbilder beinhalteten erneut die z.T. antikapitalistisch akzentuierte Betonung des Handwerks als Damm gegen das Proletariat und Keimzelle des gesellschaftsstabilisierenden (Klein-)Bürgerstandes mit seiner erzieherischen und sittlichen Funktion und noch entschiedener die Hervorkehrung des Gegensatzes von konservativem, dem Volkswohl dienenden Zunft- bzw. Innungswesen und revolutionärer ... Gewerbefreiheit.« (Offermann 1984: 531)

Diese kleinbürgerliche Selbsteinschätzung entstammt einer einstmaligen gesellschaftlichen Rolle, die mit der industriellen Revolution endgültig ausgespielt ist. Noch in der vormärzlichen frühliberalen Euphorie wird diese Rolle einer anzustrebenden »bürgerlichen Gesellschaft« (im Sinn der Verallgemeinerung des Kleineigentums) adäquat gedacht. So sieht das Rotteck-Welckersche Staatslexikon von 1838 im Handwerkerdasein »...die Quelle eines sicheren, unabhängigen, mäßig glücklichen Zustandes; für ihre Familien die Möglichkeit einer guten Erziehung und eines einstigen ebenfalls günstigen Lebensloses; für den Staat endlich die sichere Grundlage eines unabhängigen Verlangens nach gesetzlicher Freiheit, verbunden mit instinktmäßiger Abneigung gegen gewaltsame Umwälzungen oder auch nur gewagte und unreife Versuche« (vgl. Gall/Koch 1981, 4: 74).

Spätestens seit der Jahrhundertmitte weiß man jedoch, daß dieses Selbstbild auf einer totalen Überschätzung beruht, auf einer Art Hybris der Mitte, die, wo der Mittelstand noch nicht im Abrutschen begriffen ist, zumindest unter der allgegenwärtigen Drohung der Deklassierung steht. Diese existenzielle Drohung ist aus kleinbürgerlicher Sicht identisch mit dem sozio-ökonomischen Fortschritt, mit dem Kapitalismus und der in Klassen gespaltenen Gesellschaft, in der für eine Mitte zwischen Bourgeoisie und Proletariat schon bald kein Platz mehr zu sein scheint. Und nicht zu Unrecht erkennt der Kleinbürger im Liberalismus den politischen Motor dieses Fortschritts.

Die verbliebenen Theoretiker des politischen Liberalismus in Deutschland sehen diese Tendenz sehr wohl. Der Niedergang vieler alter Handwerke und die prekäre ökonomische Zukunft des Mittelstandes, wie sie die Sozialisten prognostizieren, bleibt auch den um ihre mittelständische Massenbasis besorgten Liberalen nicht verborgen. Eine Antwort darauf ist die liberale Genossenschaftsbewegung des Hermann Schulze aus Delitzsch.

»Die *Fabrik* verdrängt daher das *Handwerk* in denjenigen Industriezweigen, die sie in ihren Bereich zieht, vom Markte, indem sie ihm auf die Dauer die Konkurrenz unmöglich macht. Da sie sich nun einer nach der anderen von den bisher von Handwerkern betriebenen Geschäftsbranchen bemächtigt, wie wir fast täglich erleben, so wird, wenn dies fortgeht, in nicht zu ferner Zeit den letzteren kein Schlupfwinkel mehr übrig bleiben, in welchen sie sich vor jener übermächtigen Konkurrenz zurückziehen können.« (Schulze-Delitzsch in: Gall/Koch 1981,4: 165)

Das Ziel der Schulze-Delitzschen Genossenschaften ist nichts geringeres als die Aussöhnung des Handwerks mit der kapitalistischen Produktionsweise, eine Idee mit Konjunktur in allen politischen Lagern dieser Zeit, wie die Parallele zu den genossenschaftlichen Vorstellungen Ferdinand Lassalles aber auch zum Denken Lorenz v. Steins zeigt. Die Genossenschaften sollen Arbeitern und Handwerkern den Weg zur Selbständigkeit ebnen, nach liberalem Verständnis auf dem Weg der Selbsthilfe. Trotz anfänglicher Erfolge kann dieses Modell die Abkehr der großen mittelständischen Massen vom Liberalismus nicht aufhalten. Spätestens mit der Gründerkrise, die als weiterer »Gegenbeweis gegen das wirtschaftsliberale Freihandelssystem« gilt, ist der Chor berufsständischer Schutzforderungen einhellig (vgl. Offermann 1984: 544). Der Mittelstand hat das Vertrauen in die eigene ökonomische Kraft, damit in eine liberale Lösung überhaupt verloren. Seine Erwartungen richten sich fortan auf den Staat.

»Die Abwendung des Mittelstandes vom Liberalismus hat sich in Deutschland zweimal ereignet: zunächst im Kaiserreich, später, mit verheerenden Folgen, in der Weimarer Republik.« (Leppert-Fögen 1974: 165) Abgesehen von einer kurzen Hausse in den ersten Zwischenkriegsjahren, die etwa der Deutschen Demokratischen Partei (DDP) einen allerdings nur kurz währenden mittelständischen Zulauf bringt, gibt es für den politischen Liberalismus bis zum Ende der Weimarer Republik keine nennenswerten Erfolge im kleinbürgerlichen Milieu. Dies ist den Liberalen nicht entgangen, wie die seit der Niederlage von 1848 anhebende Linie liberaler Selbstkritik verdeutlicht. Schon im Jahre 1843 schreibt hierzu Arnold Ruge: »Der politische Liberalismus hat das alte Spießbürgerbewußtsein zur Voraussetzung: er ist nur scheinbar ein neuer Geist.« (Ruge in: Gall/Koch 1981,2: 166)

Dementgegen sieht Ludwig August v. Rochau primär strategische Fehler. Wo der Mittelstand »der unentbehrlichste und wertvollste Stoff für den deutschen Staatsbau« ist, darf liberale Politik ihn nicht »ungestraft verachten«; jedoch: »Diesen Fehler beging die demokratische Partei« (vgl. Rochau 1972: 141).

»Kein politischer Gedanke, dem die Zustimmung des Mittelstands fehlt, ist reif zur Ausführung, keine politische Neuerung, welche ohne dieselbe zustande kommt, hat Aussicht auf Bestand; *den Mittelstand für sich zu gewinnen, ist die wichtigste Aufgabe jeder politischen Partei.*« (Rochau 1972: 143)

Das eigentliche Dilemma des Liberalismus, nämlich diesen unentbehrlichen Mittelstand »für sich zu gewinnen«, wo doch die liberale Ökonomie als dessen ärgster Feind auftritt, sieht auch Rochau. Diese Konstellation jedenfalls schiebt sich nach seiner Analyse zwischen die ursprüngliche demokratische Option im Mittelstand, mit fatalen Folgen für den politischen Liberalismus.

»Der Mittelstand ist nichts weniger als der Feind der demokratischen Staatsordnung, er neigt sich vielmehr geschichtlich und instinktartig zu derselben hin, und wenn er sich nicht grundsätzlich zu ihr bekennt, so liegt die Ursache dieser Zurückhaltung in der Furcht vor den gesellschaftlichen und hauptsächlich vor den ökonomischen Gefahren, welche nicht sowohl jene Staatsordnung selbst als der Übergang in dieselbe mit sich bringen zu müssen scheint. Die wirtschaftliche Besorgnis ist allerdings imstande, die politische Sympathie zum Schweigen zu bringen...« (Rochau 1972: 144)

Neben aller Wertschätzung des demokratischen Mittelstands entdeckt Rochau allerdings auch »Schattenseiten« in seinem Charakter: »eine gewisse Spießbürgerlichkeit der Gesinnung, eine gewisse Zaghaftigkeit«. Er wehrt sich deshalb entschieden gegen jeden Versuch, die Geschichte in »Formen (sc. des Zunftzwanges) zurückzubannen, aus denen sie sich herausgelebt hat« (vgl. Rochau 1972: 99/141). Die Stimmungslage im Mittelstand und ihre Ausstrahlung auf die politische Landschaft nicht nur des Liberalismus schätzt er vor diesem Hintergrund realistisch ein:

»Das deutsche Volk aber in seiner politischen Werktagsstimmung, ist der Inbegriff des Spießbürgertums mit all seiner Kleinlichkeit, seinem Egoismus und seiner freiwilligen Knechtschaft im Joch der Gewohnheit.« (Rochau 1972: 252)

Eine spezielle, wenngleich eher verdeckte Rolle spielen Kleinbürger und Mittelstand in den Schriften Max Webers. Seine Theorie der Genese des Kapitalismus aus dem massenwirksam gewordenen modernen Arbeitsethos, wie es die methodisierte Lebensform im asketischen Protestantismus nach sich zieht, enthält implizit eine These zur sozialgeschichtlichen Rolle des Mittelstandes. Bei der Frage nach der Trägergruppe jener religiösen Entwicklung, aus der die moderne Ökonomie schließlich ihre ethischen Ressourcen beziehen wird, kommt Weber immer wieder darauf zu sprechen, daß der asketische Protestantismus »auf die Dauer beim mittleren und kleinen Bürgertum« den Kern seiner Anhängerschaft findet (vgl. Weber 1980: 704f.) Diese trotz einer Fülle von verstreuten Hinweisen von Weber nicht systematisch ausgebaute These reflektiert genau jenen sozialhistorischen Prozeß, der oben begriffsgeschichtlich festgehalten wurde. Es geht hierbei um den kleingewerblich-handwerklichen Hintergrund derjenigen Schichten, die die ökonomische Bewegung seit dem 16. Jahrhundert erst in Gang setzen, deren Ergebnis schließlich im 19. Jahrhundert die Klassentrennung von Bourgeoisie und Proletariat, aber auch die Aufspaltung des Bürgertums in die bürgerliche Oberklasse und die mittleren und unteren kleinbürgerlichen Schichten ist.

»Und wir werden sehen, daß überhaupt an der Schwelle der Neuzeit keineswegs allein oder vorwiegend die kapitalistischen Unternehmer des Handelspatriziates, sondern weit mehr die aufstrebenden Schichten des gewerblichen Mittelstandes die Träger derjenigen Gesinnung waren, die wir hier als ›Geist des Kapitalismus‹ bezeichnet haben.« (Weber 1981a: 55)[22]

Weber meint hiermit nichts anderes als die alte »Verwandtschaft« von Bürger und Kleinbürger, die angesprochene gemeinsame Herkunft aus dem vorkapitalistischen bürgerlichen Mittelstand, er kennzeichnet aber zugleich das Ferment, dem die endgültige Spaltung zu verdanken ist. Wenn er behauptet: »Das zum Unternehmer aufsteigende *Mittel-* und *Klein*bürgertum war ... ›typischer‹ Träger kapitalistischer Ethik...« (Weber 1981a: 92), so betrifft diese kapitalistische moderne Wirtschaftsethik die Fähigkeit zur rationalen Kalkulation, die Bereitschaft zur Rationalisierung und Technisierung der Produktion, sowie zur schrankenlosen Konkurrenz.

Als gesellschaftlich wirksame Momente sind diese Faktoren aber identisch mit der Ökonomie des liberalen Kapitalismus, die der kleinbürgerlich-handwerklichen Produktionsweise so bedrohlich zu Leibe rückt. Die damit einhergehende »Entzauberung der Welt«, die jene für das moderne Leben charakteristische Kälte des säkularisierten Zeitalters etabliert, erscheint dem Kleinbürger vor diesem Hintergrund als Ergebnis eines Bruderzwistes, in dem er auf verlorenem Posten steht. Der erfolgreichere »Bruder« kommt aus dem gleichen Stall; er hat seine Lektion (in einem Wort: Rationalität) besser gelernt. Was bleibt dem Unterlegenen anderes, als die eigene Rückständigkeit, Grund der Niederlage, noch mit der Aura des »wahren Handwerkerstolzes«, der Biederkeit, Rechtschaffenheit und des Anstandes zu verbrämen! Soviel ist auch dem Kleinbürger selbst klar: die in seiner ökonomischen Selbständigkeit, dem Privatbesitz seiner Produktionsmittel, virtuell verankerte »Bürgerlichkeit« ist mit deren objektiver »Kleinheit«, der Geringfügigkeit und mangelnden Beweglichkeit dieses Besitzes bloße Fiktion, da in der Konkurrenz mit dem großen Besitz unterlegen. Der Kleinbürger ist damit ein Bürger auf Abruf, den Erfolg des Unternehmers ersehnend und doch vom freien Spiel der Kräfte bedroht. Die letzte Bastion seines verlorenen bürgerlichen Lebens, bleibt – mehr und mehr fetischisiert – die ökonomische Selbständigkeit. An diesem letzten Unterpfand für den erhofften Aufstieg hält er um so unbedingter fest, je mehr er ahnt, daß dieses Leben zu kleinbürgerlichen Bedingungen (ohne Industrie und Konkurrenz) nicht zu haben ist. Eine nicht unwesentliche Folge dieses nahezu immer enttäuschten Aufstiegstraums besteht in der Konservierung des frühkapitalistischen Arbeitsethos, wie es typischerweise im Handwerk gilt: »Die aufsteigende Kleinbourgeoisie wiederholt unaufhörlich die geschichtlichen Anfänge des Kapitalismus und kann dabei, ganz wie die Puritaner auf ihre Fähigkeit zu Askese zählen.« (Bourdieu 1984: 527f.)

In der Weberschen Feststellung der »Wahlverwandtschaft« der puritanisch-asketischen Lebensführung des Protestantismus mit den normativen Orientierungen kapitalistischen Wirtschaftshandelns mag noch ein weiterer Beitrag zum Kleinbürger enthalten sein. So bildet der Autoritarismus, die Leib- und Genußfeindlichkeit des Puritanismus, seine repressiven Erziehungs- und Moralprinzipien eine Parallele zum normalerweise mit dem Stichwort des Spießbürgerlichen bezeichneten Lebensstil. Die traditionellen kleinbürgerlichen Erziehungsziele: Ordnung, Fleiß, Sparsamkeit, Sauberkeit, Pünktlichkeit etc., die ihren Ursprung und ihre Funktion im handwerklichen Milieu haben, sind identisch mit denen des asketischen Protestantismus und erinnern zusätzlich und wohl keineswegs zufällig an den Kanon der sogenannten preußischen Sekundärtugenden. Sie konstituieren im Dreieck von sozialem (Mittelstand), religiösem (Protestantismus) und psychischem (Autoritarismus) Einfluß jenes psychosoziale Syndrom, das als deutsche Untertanenmentalität einschlägig bekannt ist.[23]

Neben der religionssoziologischen These zur Entstehung des neuen Typus des kapitalistischen Wirtschaftshandelns im Mittelstand findet sich bei Max Weber auch eine aktuelle mittelstandspolitische Stellungnahme. Von liberaler Warte aus wendet er sich entschieden gegen den im Wilhelminismus vor allem von Seiten der konservativen »Kathedersozialisten« erhobenen Forderungen nach protektionistischer Mittelstandspolitik. Damit könne man allenfalls »›selbständige‹ Bettelexistenzen aller Art, vor allem das Ideal jedes Kleinkapitalisten: bettelhafte, aber bequeme *Laden- tisch*existenzen und ihresgleichen, in Masse subventionieren, wel- che das gerade Gegenteil einer Intensivierung und Rationalisie- rung unserer Wirtschaft bedeuten würden: die Züchtung von Schmarotzern und Tagedieben« (vgl. Weber 1981 b: 285). Dieser Wirtschaftsliberalismus verkörpert exakt das Feindbild des Klein- bürgers, wie der Intellektuelle und Großbürger Weber dessen per- sonalisierte Antithese darstellt.

Die politischen Folgen der dagegen gerichteten kleinbürgerli- chen Angstreaktionen diagnostiziert noch einmal ein Zeitgenosse und liberaler Mitstreiter Webers, Friedrich Naumann. Über die abschreckende Ausstrahlung des ökonomischen Fortschrittsopti- mismus in seiner Partei auf das Handwerk macht er sich keine Illu- sionen und empfiehlt sowohl programmatisch als auch taktisch Rücksicht:

»Ich meinesteils finde den Zorn derer, die von der Geschichte fallen ge- lassen worden sind, menschlich begreiflich und halte den spöttischen Ton für unrichtig, der oft gegenüber dem Handwerksgroll angeschlagen wird.« (Naumann 1964,3: 344)

Auf der anderen Seite gibt es für romantische Vergangenheits- verklärung im liberalen Selbstverständnis keinen Platz: »Einst re- gierten die Kleinen ihre Welt selber. Das ist vorbei.« (Naumann 1964,3: 344) Entsprechend wendet sich auch Naumann gegen eine liberale Variante protektionistischer Mittelstandspolitik. Aller- dings wird nach seiner Ansicht allein die systematische Aufarbei- tung der eigenen Fehler eine Chance zur Rückgewinnung der ver- lorenen mittelständischen Klientel eröffnen. Den kardinalen Feh- ler des Liberalismus im 19. Jahrhundert erblickt Naumann in sei- ner zu einseitigen Fixierung auf das Prinzip der freien Wirtschaft, als deren Ergebnis eine gefährliche politische Konstellation ent- standen ist: die sozialistische Arbeiterbewegung bildet mit der schmalen Fraktion des wirtschaftsliberalen Großbürgertums ein

Kartell gegen den »kleinkapitalistisch« orientierten Mittelstand, der daraufhin bei den Nationalen und Konservativen Unterschlupf sucht.

> »Heute ist die individualistische Wirtschaftslehre zur kleinbürgerlichen Schwäche geworden, und Großbürger und Proletarier reichen sich darüber die Hand, daß sie beide für den isolierten Einzelbetrieb keinen Sinn mehr haben. Sie erklären ihn mit Recht für eine Illusion, da sich ja die Geschichte der Gesamtwirtschaft gegen ihn gewendet hat.« (Naumann 1964, 3: 439)

Der wahre Charakter der konservativen Mittelstandspolitik (»jene Sammlung unklarer Ängste, Halbheiten und Kleinigkeiten«), die die ganze Wirtschaftspolitik etwa der Zentrumspartei durchdringe (vgl. Naumann 1964, 4: 68), unterliegt keinem Zweifel:

> »Denn was an Mittelstandsprogramm bei Konservativen und Antisemiten geboten wird, ist ein ödes Flickwerk von zufälligen Einzelforderungen, zusammengestellt unter agitatorischen Gesichtspunkten, vorgetragen mit der ewig wiederkehrenden Behauptung, daß es dem Handwerker schlechter ginge als dem Arbeiter und daß er trotzdem die Stütze von Thron und Altar sei. Als ob sich ein so schwerer Bau wie das deutsche Kaisertum auf einer so unsicheren Grundlage aufbauen könnte!« (Naumann 1964, 2: 164ff.)[24]

So unberührt von jeglicher Handwerkerromantik Naumann auch seine Bestandsaufnahme vornimmt, so wenig setzt er sich über die Notwendigkeit der Verankerung des Liberalismus im Mittelstand hinweg. Die Quadratur des Kreises eines neuen kleinbürgerlichen Liberalismus meint er in einer Wiederbelebung des liberalen Genossenschaftsgedankens bewerkstelligen zu können (vgl. Naumann 1964, 3: 354). Eine Lösung gelingt ihm aber auch damit nicht. Seine Überlegungen, die als liberales Konkurrenzunternehmen zur Genossenschaftsbewegung des reformistischen Flügels der Sozialdemokratie begriffen werden können, beruhen auf der Vorstellung eines gelungenen Managements kapitalistischer Krisen und damit einer ständig wachsenden Prosperität der bürgerlichen Ökonomie, von der letztlich auch die Kleingewerbe profitieren sollen. Dieser soziale Liberalismus stellt einen Markstein in der Geschichte des deutschen Liberalismus dar, die Kleinbürger können sich dafür allerdings kaum mehr begeistern. Schließlich ist ihr ideologisches Korsett aus sich wechselseitig bedingendem Antisozialismus und Antiliberalismus zu eng, um in Konzepten wie diesem eine Hoffnung für das eigene Schicksal zu erblicken:

> »Sozialismus ist derselbe Vorgang im Kapitalismus wie Liberalismus im Staat … Kapitalismus ist die aristokratische Auffassung desselben Wirtschaftslebens, dessen demokratische Auffassung Sozialismus heißt.« (Naumann 1964, 3: 440)

Der Liberalismus hat seine innere Dialektik aus Demokratie und Kapitalismus auch in seiner Naumannschen Prägung als sozialer Liberalismus nicht auflösen können. Die kleinbürgerlichen Massen sind auf absehbare Zeit nicht zurückzugewinnen, weder im Kaiserreich noch in der Weimarer Republik, für deren Scheitern dies gewiß eine Hauptursache bildet. Kaum plastischer läßt sich das liberale Dilemma veranschaulichen, als im Redebeitrag eines Schuhmachermeisters Olbricht aus einer liberalen Vereinsdebatte von 1907:

> »Wenn sich der Liberalismus mehr um die selbständigen Handwerker gekümmert hätte, würde es heute besser um ihn stehen … Die selbständigen Existenzen wollen vor dem Großbetrieb geschützt sein. Sagen Sie ehrlich, meine Anwesenden, ist nicht das allein das Prinzip des Liberalismus, daß es möglichst viele unabhängige Existenzen geben soll? Alles andere ist doch nur gleichsam der Mantel für diesen Körper. Wer aber ruiniert die Freiheit der selbständigen Existenzen? Das sind doch die großen Geschäfte, das ist auch teilweise gerade das besitzende Bürgertum … Die Herren nennen sich liberal, aber wenn wir leben wollen, dann heißt es: ja Schuhmacher, das ist ganz was anderes! Dann sind wir immer nicht gebildet genug für den Liberalismus. Manchmal wundere ich mich selber, daß ich noch dazu gehöre, aber ich gebe die Hoffnung noch immer nicht auf, daß es bei uns besser wird und daß wir im Namen der Freiheit gegen die großen Schuhgeschäfte vorgehen werden. Der Kapitalismus ist das Gegenteil von Liberalismus.« (In: Naumann 1964, 4: 287f.)

4
Mitte und Vermittlung

Der Kapitalismus als Gegenteil des Liberalismus, dies ist die Dialektik der liberalen Mittelstandsbewegung. Angetreten mit dem Ziel einer Gesellschaft freier, selbständiger und in diesem Sinne gleicher Bürger, bewirkt sie real die bürgerliche Klassengesellschaft mit ihrer neuen Ungleichheit des Gegensatzes von Bourgeoisie und Proletariat. Als Mittelstand aber hinterläßt sie ein kleinbürgerliches Schichtenkonglomerat, dessen Schicksal im Kapitalismus ungewiß ist.

Für den Kleinbürger ist der Liberalismus wortbrüchig geworden. Sein Versprechen der allgemeinen bürgerlichen Emanzipation klingt ihm wie Hohn in den Ohren. Diese Emanzipation ist für ihn gleichbedeutend mit der Gewinnstrategie der erfolgreichen Kapitalisten, die zusammen mit der bedrohlich anwachsenden Masse derer »unten«, der eigentlichen, echten und wahren Mitte, dem gesunden, Ausgleich und Proportion garantierenden Mittelstand den Boden unter den Füßen wegziehen wollen. In direkter Abhängigkeit von dem für das kleinbürgerliche Lebensgefühl konstitutiven Empfinden des »zwischen den Mühlsteinen« greift daher eine ideologische Überhöhung von Mitte und Mittelstand Platz, die nicht nur vom bürgerlich-liberalen Emanzipationsprogramm Abstand nimmt, sondern sich sogar als dezidierten Gegenentwurf dazu versteht.[25]

Kleinbürgerlicher Antiliberalismus entsteht so prinzipiell als Affekt der um ihre Existenz in der Mitte bangenden Schichten. Dieser Affekt treibt jedoch in vorgezeichnete Bahnen, da nämlich ein historisches Modell der Mitte, eine historische Erfahrung des Mittelstandes vorliegt: die zünftische Vergangenheit des mittelalterlichen Handwerkers und Stadtbürgers. Die kleinbürgerliche Mitte ist dementsprechend immer eine verlorene Mitte; sie wird vor dem Hintergrund einer Idee der Depravation, des Abfalls und der Entartung von einem ursprünglich harmonischen Zustand romantisch interpretiert.

Die ursprüngliche Nähe von Kleinbürger und Liberalismus liegt – neben der Eigentumsideologie – u.a. darin begründet, daß auch dem Liberalismus eine Vorstellung gesellschaftlicher Harmonie angehört; allerdings mit einem entscheidenden Unterschied. Wo der Kleinbürger Harmonie und Organizität des sozioökonomischen Zusammenhangs nach dem Muster der mittelalterlichen Ständegesellschaft vorab als gegeben unterstellt, lebt der Liberalismus von der Idee der Harmonie als Ergebnis eines sich fortlaufend wiederholenden Ausgleichs an sich divergierender Kräfte. Diese liberale Idee eines aus dem vorgängigen Antagonismus immer erst herzustellenden Gleichgewichts mündet in ein historisches Modell. Geschichte – im Sinne von Fortschritt – wird möglich als Prozeß immer neu aufeinander folgender Kompromißbildungen.

Im Gegensatz zum romantischen Denken ist das liberale Konzept ein modernes und rationalistisches, ein von freien Menschen und Bürgern erzeugtes System der Balance, das, als Voraussetzung von Glück und Harmonie, gesellschaftliche Ausgleichsinstitutionen erst hervorbringen muß: den freien Markt, das bürgerliche Recht und den liberal-demokratischen Staat. Diese Harmonie als Ergebnis institutionalisierter Vermittlung ist Resultat der Anwendung menschlicher Vernunft. Genau dieser Vernunftgebrauch ist aber nach kleinbürgerlicher Lesart die Ursache der gesellschaftlichen Disharmonie, der nur im romantischen Gegenbild begegnet werden kann. Demzufolge aber ist die liberale Kategorie der Vermittlung als eigentliches Ferment des sozialen Prozesses, als im höchsten Grade rationaler Entwurf, dem Kleinbürger im Innersten fremd. Nicht zufällig ist ihre Heimat die dialektische Logik. Dialektik aber übersteigt den kleinbürgerlichen Horizont; als Versuch, den Antagonismus auf den Begriff zu bringen, etwa den gesellschaftlichen, unter dem auch der Kleinbürger leidet, operiert sie im Zentrum seines Sensibilitätskreises und setzt damit sämtliche Vermeidungsstrategien und Abwehrmechanismen in Gang.

So steht Dialektik als vielleicht elaborierteste Form von Rationalität von Beginn an unter Verdacht und bleibt vorzugsweise in ihrer marxistischen Prägung das hervorragende Projektionsfeld des kleinbürgerlichen Anti-Intellektualismus und Antirationalismus. Die ursprüngliche Wahlverwandtschaft der Dialektik mit dem liberalen Denken (etwa bei Hegel) enthält den Verweis auf den historischen Ursprung dieser Konstellation. Die oben ange-sprochene Parallelität von kleinbürgerlichem Antiliberalismus und Antirationalismus findet entsprechend in der affektuellen Ab-wehr der Dialektik, ob als historisches Modell oder als logisches Verfahren, ihr bleibendes Spielfeld (ein anderes bildet immer wie-der das naturwissenschaftlich-technische Weltbild, welches ja gleichfalls dem Liberalismus nahe steht). Das verbindende Mo-ment der Dialektik mag damit den im kleinbürgerlichen Weltbild in so auffälliger Engführung zu Tage tretenden synchronen Stan-dards des Anti-Liberalismus, Anti-Marxismus/Sozialismus und auch des Antisemitismus als eigentlich abstoßender Faktor zu-grunde liegen. Dialektik ist dem Kleinbürger lediglich eine Fähig-keit zu kontradiktorischen Sprachspielen, eine Form von Sophi-sterei und Überredungskunst, frühzeitig identifiziert mit der un-deutschen Art des rationalistischen Disputs und jenen Kompeten-zen der »schönen Zunge«, die der biedere deutsche Michel nie er-worben hat und denen er, obwohl sich eigentlich im Recht füh-lend, vom rhetorisch gewitzteren Kontrahenten übertölpelt, all-zuoft zum Opfer fällt.

Wo »Vermittlung« Tabu ist oder dem konkretistischen Bewußt-sein ganz einfach unbegreiflich bleibt, wuchern im kleinbürger-lichen Denken eigenartige Kosmologien der Mitte, Vermessun-gen eines universalisierten Standorts als Fels in der Brandung des modernen Lebens. »Mitte« ist hier kein Punkt, kein gedachtes Zentrum zwischen den Extremen (oben und unten, rechts und links) sondern ein sozialer, politischer, philosophischer Konti-nent, den es wiederzuentdecken gilt. Erstaunlich genug, daß sol-che Ideen auch im liberalen Umkreis gedeihen. Zwei dieser Ent-würfe, letzte Beispiele eines historisch überholten kleinbürgerli-chen Liberalismus, zugleich auch Zeugen einer bis zur Unkennt-lichkeit an den Konservatismus assimilierten liberalen Ideologie im 20. Jahrhundert verdienen hier nähere Beachtung.

In der Tradition des von »Weltanschauung«, statt von Analyse ausgehenden Denkens stehend, orientieren sich sowohl Felix Weltsch (*Das Wagnis der Mitte*, 1936) als auch Wilhelm Röpke (*Maß und Mitte*, 1950) an der praktischen Philosophie. Ihren Ausgangs-punkt finden sie in der Nikomachischen Ethik des Aristoteles, in der die Mitte als Ort der Tugend gepriesen wird, sowie in seiner

Politik, wo der Mittelstand als »Grundlage der relativ besten Staatsverfassung« benannt wird (vgl. Aristoteles 1975: 46ff.).

Die sich daran bei Weltsch anschließende überbordende Fetischisierung der Mitte als geschichtsjenseitiger Ordnungs- und Integrationsfaktor trägt scholastische Züge. Das seligmachende »Prinzip Mitte« ist entdeckt; es gilt lediglich, seine vielfältigen Manifestationen und Nuancen zu deuten. Das Problem des modernen Menschen besteht zunächst in der Widersprüchlichkeit der Verhältnisse: »Es gibt kaum ein politisches Problem unserer Zeit, das nicht in der Form des Gegensatzes ausdrückbar wäre. « Dennoch: »Wir fühlen, daß wir uns entscheiden *müssen*, wenn wir überhaupt vorwärts wollen; aber wir erkennen auch, daß wir nur *einen* der vor uns liegenden auseinander strebenden Wege wählen können. « (Weltsch 1965: 14f.) Wo aber eine »innerste Verwandtschaft des Menschen mit dem Wesen der Mitte«, eine »vollste Herrschaft des menschlichen Geistes nur innerhalb der Mittelzone« festgestellt wird (Weltsch 1965: 16/19), liegt der Ausweg immer – in der Mitte.

Über das, was diese Mitte nun tatsächlich ist, gibt es aber um so weniger Auskunft, je mehr sie beschworen wird. Die inflatorische Stilisierung des Topos von der Mitte bewirkt eher eine Zunahme der Abstraktheit und Beliebigkeit seiner inhaltlichen Bestimmung. Gleichwohl bleibt die Herkunft dieser Konstruktion aus dem liberalen Prinzip erkennbar. Weltschs Unterscheidung zwischen »hysterischer« und »schöpferischer« Mitte benennt zumindest rudimentär die Differenz zwischen affektgeladener Abwehr und synthetisierender Lösung des Ausgangswiderspruchs.

»Die Mitte liegt – ganz allgemein genommen – zwischen den Gegensätzen. Will man nun die Arten der Mitte erkennen und auseinanderhalten, so ist es klar, daß diese sehr wesentlich von den Arten der Gegensätze abhängen werden, zwischen welchen sie ›vermitteln‹. « (Weltsch 1965: 22)

So bleibt die Philosophie der Mitte in der Schwebe. Zu deutlich stehen Weltsch die Konsequenzen der »hysterischen Mitte« (»Nicht Kapitalismus oder Sozialismus, sondern – Antisemitismus!«, Weltsch 1965: 32) vor Augen, als daß er allem, was sich Mitte nennt, auch deren eigentliche Qualität zuerkennt. Ein letzter Rest des Unvermittelbaren bildet somit ein tragisches Motiv in dieser ansonsten so heilsgewissen Weltanschauung: »Es gibt aber auch Gegensätze, die *absolut unverträglich* sind ... Das sind die echten Gegensätze, hier entsteht das *tragische Problem der Mitte.*« (Weltsch 1965: 23) Ultimativer Haltepunkt auch im Programm Weltschs ist einmal mehr die Mitte als ökonomischer Faktor. Im Auf und Ab der Konjunktur, wie im entarteten »Wachstum des anonymen Wirtschaftskörpers«, in dem nurmehr der »Selbsterhaltungstrieb eines entpersönlichten Subjekts« herrscht, verkörpert die Mitte das organisch-natürliche, dem eigentlichen Wesen des Menschen angemessene Maß, nach dem die zur Anarchie neigende moderne Ökonomie aufs Neue zu messen ist (vgl. Weltsch 1965: 114).

Dieses »Maß« in der ökonomischen Welt ist auch das Paradigma für Wilhelm Röpkes liberales Nachkriegspanorama, in dem »Maß und Mitte« als Chiffren für einen rechtverstandenen Liberalismus den Gegenentwurf zur allgegenwärtigen Bedrohung des »Kollektivismus« darstellen. Wenn Röpke behauptet, daß »die *Krisis unserer Gesellschaft mit der Krisis des Liberalismus zusammenfällt*« (Röpke 1950: 13), dann interpretiert er den Niedergang des Liberalismus bis in die Wortwahl hinein analog zum Klagelied des »Verlustes der Mitte« (H. Sedlmayer). Der Liberalismus werde »zwischen den Mühlsteinen der den politischen Leidenschaften und der Organisation verfallenen Massenparteien mehr oder weniger unaufhaltsam zerrieben« (vgl. Röpke 1950: 12).

Röpkes Wiederbelebungsversuche des Liberalismus beginnen mit harscher Selbstkritik. Seine Forderungen sind dabei alles andere als bescheiden. So geht er z.B. vehement gegen die liberale Vorstellung gesellschaftlicher Chancengleichheit und gegen jede »Vermengung von Liberalismus und Demokratismus« zu Gericht (vgl. Röpke 1950: 24). »Irrtum und Verwirrung« eines von Maß und Mitte abweichenden Liberalismus äußern sich als Radikalisierung seiner drei Prinzipien des »Rationalismus, Individualismus, Wirtschaftsliberalismus« (vgl. Röpke 1950: 25ff.), wogegen Röpke die Rückbesinnung auf eine »Normallinie«, eine das Glück verbürgende »menschliche Dimension«, eine natürliche Ordnung setzt, die – was Wunder – ihre Letztbegründung in der kleingewerblichen Ökonomie hat (vgl. Röpke 1950: 79).[26]

»Dieser Ruf nach der natürlichen Ordnung ist ein Protest gegen die Unnatur unseres gesamten Lebens. Um sie zu überwinden, streben wir nach Entproletarisierung und möglichst breiter Verteilung des Eigentums, nach dem Kleinen und Mittleren, nach dem Bäuerlichen und Handwerklichen, nach dem Garten, nach dem Herd des eigenen, wenn auch noch so bescheidenen Hauses, nach Nachbarschaft und Familiengemeinschaft, nach Besinnung auf die echten und dauernden Werte des so oberflächlich gewordenen modernen Lebens.« (Röpke 1950: 153)

Das Ziel ist hier eine »maßvolle« Marktwirtschaft, der der Stachel des liberalen Konkurrenz- und Expansionsprinzips gezogen ist, der alte Traum der liberalen Handwerkerbewegung des 19. Jahrhunderts. Röpkes Lektion lautet entsprechend, daß das zu radikale Freiheitspostulat des Liberalismus in faktische Unfreiheit mündet, da die ökonomische Konzentration dem eigentlichen Hauptübel, dem Kollektivismus in die Hände arbeite. Der sich hieran anschließende kleinbürgerliche Liberalismus ist aber ein an die Kandare staatlicher Ordnungspolitik gelegter Liberalismus, der damit unverkennbar konservative Züge annimmt.

»Es handelt sich ja nicht bloß um das Problem der Freiheit, sondern zugleich um das der Ordnung, der echten Gemeinschaft, der Standfestigkeit der Einzelexistenz, der Rückkehr zum Maßvollen, Proportionierten, Naturgemäßen.« (Röpke 1950: 157)

Gegenbild, ja geradezu Alptraum dieses aufs kleinbürgerliche Maß zurechtgestutzten Liberalismus ist eine proletarisierte Gesellschaft und jeder Schritt dahin bedeutet einen »Triumph des Kollektivismus« (vgl. Röpke 1950: 164). Kollektivismus ist die ökonomische Variante des im geistigen Klima der Nachkriegsjahre dominanten Totalitarismusbegriffs, in dem eine angebliche Identität aus Bolschewismus und Faschismus ausgedrückt ist. Kollektivismus, die verhängnisvolle Tendenz der Zeit, ist aber nach Röpke das Ergebnis der Proletarisierung der Gesellschaft.

»Das eigentliche Opfer des Prozesses der fortschreitenden Proletarisierung ist jene Schicht, die wir als *Mittelklasse* bezeichnen, – nicht in der oberflächlichen Bedeutung von bloßen Angehörigen der mittleren Einkommensklassen, sondern in der echten Bedeutung von wirtschaftlich Unabhängigen mit bescheidenem, aber Ankerfunktionen versehendem

Eigentum, mit dem *Sinn* für Eigentum und Selbstverantwortlichkeit und mit den ›Reserven‹, die dem Proletarier abgehen...« (Röpke 1950: 164)

Maß und Mitte in der Produktion sind die einzigen Mittel, um dem unheilvollen Weg in den Abgrund von Proletarisierung und Kollektivismus entgegenzusteuern. Röpkes nach eigenem Bekunden »revolutionärer Gedanke« ist entsprechend »das hohe Ideal des Dezentralisierten, Mittleren und Individuellen in der Wirtschaft« (vgl. Röpke 1950: 184). In der Tat glaubt er mit dieser Idee einen universellen Schlüssel, einen Stein der Weisen für die Bewältigung der zentralen Probleme der modernen Welt in Händen zu halten. Die »schwerwiegende Frage, ob wir nicht der Lösung des großen Rätsels, das uns die immense *Kultur- und Gesellschaftskrisis* unserer Zeit aufgibt, sehr nahe kommen, wenn wir alle Folgen überlegen, die die Zurückdrängung des Kleinbetriebes durch den Großbetrieb, jener ›wirtschaftliche und soziale Fortschritt‹, gehabt hat«, löst Röpke mit einem einfachen Ja. Sein Rezept ist die sentimental verbrämte kleinbürgerliche Romantik als Hoffnung auf eine über die ökonomische Wende auch geistig-moralisch wieder zu »Maß und Mitte« zurückfindende Welt (vgl. Röpke 1950: 192f.)[27]

»...und wenn in einer solchen Welt noch Hoffnung ist, so ist es die Tatsache, daß es die Kleinen und Selbständigen gibt, die Bauern, die Handwerker, die Gewerbetreibenden, die Kleinhändler, die freien Berufe, und daß wir die Möglichkeit haben, diese Rettungsinseln der Menschen ohne Gewaltsamkeit, aber mit Klugheit und Weitsicht zu erhalten und zu vermehren.« (Röpke 1950: 194).

Diese Mystik der Mitte ist die ideologische Schöpfung eines dem modernen Konservatismus zum Verwechseln ähnlich gewordenen Liberalismus. Sie ist im politischen Diskurs der Bundesrepublik einer der tragfähigsten ideologischen Standards geworden. Ihre Herkunft aus dem kleinbürgerlichen Liberalismus zeigt sich hier aber nurmehr als kryptisches Moment in Gestalt der Funktion kompensatorischer Verklärung der Mitte, wo die soziale Identität des Kleinbürgers gerade als deren Gegenteil, nämlich als Riß und immanente Entfremdung bestimmt werden kann. Wenn der Kleinbürger nicht als Mitte, sondern als Personifikation des Aufeinanderprallens der sozialen Extreme zu begreifen ist, wird der wahre Gehalt dieser Ideologie erst deutlich. Er besteht in einer fiktiven sozialen Synthese oder, um einen auf G. Lukács gemünzten Begriff Theodor W. Adornos zu verwenden, in der »erpreßten Versöhnung« des gesellschaftlichen Antagonismus.

Die in der Idealisierung der Mitte angestrebte kleinbürgerliche »Lösung« des Widerspruchs von oben und unten oder links oder rechts ist ein logisches Unding, wo doch der Topos »Mitte« letztlich nur einen Verweis auf die Polarität der Extreme beinhaltet. Die kleinbürgerliche Vorstellung von der Mitte bezieht sich damit auf real nicht Vorhandenes. Weder in der Gesellschaft noch in der Politik sind mit dem Begriff »Mitte« fixierbare Inhalte verbunden. Gleiches gilt für die Kultur, denn »eine ›mittlere Kultur‹ gibt es ebenso wenig wie eine ›mittlere Sprache‹. Mittlere Kultur, das ist nichts als die kleinbürgerliche Beziehung zur Kultur« (vgl. Bourdieu 1984: 513).28

Wie bereits am Mittelstandsbegriff demonstriert, ist die Mitte für den Kleinbürger immer die verlorene Mitte, jener sozio–ökonomische Kontext, der ihm in verklärender Rückschau als heile vorkapitalistische Welt erscheint. In dieser konkretistischen Fixierung auf ein vergangenes und im vorgestellten Sinne nie jemals existentes Prinzip erweist sich die Idee von Mitte als rein ideologische Konstruktion. Sie stellt im hier zu erarbeitenden Kanon kleinbürgerlicher Ideologien das erste von drei Hauptgliedern dar. Mit der über die Romantisierung der verlorenen Mitte laufenden Abwehr des Liberalismus geht in der politischen Entwicklung Deutschlands ein Faktor von entscheidender Bedeutung verloren. Im liberalen Entwurf der »Bürgerlichkeit« ist seit der Französischen Revolution ein Modell zugleich ökonomischer und politischer Autonomie gemeint, die sich in der doppelten Konzeption von »bourgeois« und »citoyen« ausdrückt. Diese Trennung kommt in Deutschland nie voll zum Tragen. Der politische Begriff des Bürgers (»Staatsbürger«), der im Liberalismus gegen den Obrigkeitsstaat gerichtet ist (vgl. Riedel 1972: 711 f.), hat den kleinbürgerlichen Untertanen allzu selten fasziniert. Ein »kleiner citoyen« wollte er nie sein, weil er es zum »kleinen bourgeois« nicht hat bringen können.

So hat auch der Begriff des Mittelstandes seine Stoßkraft gegen die feudale Ordnung, wie er sie z.B. in Frankreich mit großer

Wucht mobilisiert, in Deutschland wenn überhaupt dann nur in bescheidensten Ansätzen entfaltet, so wie der Liberalismus als politische Fortschrittsbewegung in Deutschland seine historische Rolle nie wirklich wahrnehmen kann. Die Dialektik von Mitte und Vermittlung, hinter der sich diejenige von Kleinbürger und Liberalismus verbirgt, hat hieran maßgeblichen Anteil. Die vollständige Aufdeckung dieses Zusammenhangs führt aber, wie angedeutet, über die Analyse der sozialen Identität des Kleinbürgers. Diese bleibt der sozialistischen Theorie vorbehalten, wie sie u. a. im folgenden Kapitel vorgestellt wird. Als vorläufig abschließender Kommentar zum kleinbürgerlichen Liberalismus mag eine Bemerkung von Friedrich Engels dienen: »Die großen Bourgeois und die Arbeiter stehen sich direkt gegenüber. Die Kleinbürger spielen eine vermittelnde, aber sehr miserable Rolle.« (Engels, MEW 27: 476)

Exkurs

Der Kleinbürger als Anarchist

Wie gezeigt, ist die kleinbürgerliche Abwehr der liberalen Modernisierung nicht erst Wirkung der Niederlage von 1848, sondern sie ist bereits in der Ursachenkette für das Scheitern der Revolution zu berücksichtigen. Dies sollen u.a. auch die folgenden Ausführungen zum kleinbürgerlichen Anarchismus belegen.[29]

Wenn in der Kategorie der Vermittlung jene Hürde theoretisch benannt ist, die dem Kleinbürger den Weg zurück zu seinem ursprünglichen, mit dem Kleineigentum verknüpften Liberalismus versperrt, so bleibt dennoch ein Element dieser alten Verbindung erhalten. Der Kleinbürger ist – wiewohl oft nur noch in idealisierender Selbstüberschätzung – selbständig; er pflegt eine Form des Individualismus, auch wenn sich seine Individualität oft als defensive Innerlichkeit und prinzipielle Abwendung vom politischen Geschäft äußern mag.

Die Formen der modernen Politik als Prozeß demokratischer Vermittlung beruhen auf dem Prinzip des Egalitären und Diskursiven (vgl. Eder 1985: 152ff.), in dem der Kleinbürger vorab Gleichmacherei und dubiosen Interessenschacher vermutet, der allemal zu Lasten des ehrbaren Mittelstandes geht. Mit dieser Politik als »schmutziges Geschäft« will er nichts zu tun haben, eher schon mit der »Staatskunst« eines großen einzelnen, ob Monarch oder Kanzler. Gegen die modernen Tendenzen der Rationalisierung und Verrechtlichung des Politischen trachtet der Kleinbürger danach, seinen Individualismus – und der ist unmittelbar verknüpft mit seinem kleinen Eigentum – zu verteidigen, vornehmlich in Gestalt der biedermeierlichen Flucht vor dem Weltgetriebe, in Momenten der Gefahr aber durchaus auch in Gestalt rebellischer Abwehr. Diese Abwehr vor allem des staatlichen Zugriffs ist die Radikalisierung eines originär liberalen Motivs. Als solche ist auch der kleinbürgerliche Anarchismus anzusprechen, allerdings weniger in der Form einer politischen Bewegung, denn als radikale Variante kleinbürgerlicher Politikoption, die sich nur vor dem Hintergrund zweier Faktoren verstehen läßt.

Erstens: Der Kleinbürger wird zum Anarchisten durch einen plötzlichen Umschlag seiner an sich defensiven, eher antipolitischen Grundhaltung in rebellischen Aktionismus, der nur in Ausnahmen auf Analyse und Theorie beruht. Diese affektuelle Struktur verbietet es, von einem eigentlichen kleinbürgerlichem Anarchismus im Sinne einer politischen Bewegung zu sprechen.

Zweitens: Der anarchistische Affekt des Kleinbürgers ist genetisch verknüpft mit den Grundpositionen des kleinbürgerlichen Liberalismus, ist eigentlich eine Enttäuschungsverarbeitung der verlorenen liberalen Utopie von einer Gesellschaft freier und gleichberechtigter Kleineigentümer in einem auf minimale Befugnisse reduzierten Staat.

Wenn Weltsch vom »logischen Kern der liberalen Weltanschauung«, der Überzeugung, »daß Freiheit des Einzelnen dem Wohl der Gesamtheit dient«, spricht, dann verweist er auf die dialektische Wirkung eines strategischen Individualismus, wie er der klassischen liberalen Ökonomie zugrunde liegt (Weltsch 1965: 66). Demgegenüber ist der kleinbürgerliche Individualismus ein apriorischer. Wo der Liberale die gesellschaftliche Harmonie als Produkt eines permanenten Prozesses der Vermittlung der verschiedenen ökonomischen und politischen Interessen begreift, sieht der Kleinbürger diese Harmonie gerade durch die Vermittlung in Gefahr gebracht. Der bürgerliche Liberalismus betrachtet dementsprechend Individualität als Resultante ökonomischer und politischer Zirkulation, der Kleinbürger erfährt in ebendieser Zirkulation den Generalangriff auf seine Individualität, auf sein Eigentum und seine Selbständigkeit. Diesen Angriff will die anarchistische Rebellion des Kleinbürgers abwehren. Sie ist damit zugleich radikale Konsequenz und schärfste Kritik des Liberalismus:

»Der Anarchismus ist die äußerste Konsequenz der individualistischen Anschauung des bürgerlichen – politischen und wirtschaftlichen – Liberalismus über die angeborenen Menschenrechte: der Lehre, die die vollkommene Entwicklung individueller Kräfte als das höchste Ziel der Gesellschaft betrachtet, das nur bei völliger Freiheit der Individuen vor äußerem Eingriff der Gesellschaft verwirklicht werden kann...« (Grossmann/Grünberg 1971: 0019)

Der kleinbürgerliche Anarchist ist radikaler Individualist. Die Instanz, die in seiner Perspektive aber vornehmlich den »äußeren Eingriff« vornimmt, ist in seiner Wahrnehmung nicht die Gesellschaft, sondern, ganz nach liberaler Anschauung, der Staat. Die Rebellion gegen den Staat als Grundmotiv des Anarchismus unterliegt damit von Anbeginn einer kategorialen Unschärfe, die ihre unnachgiebigsten Kritiker, Marx und Engels, auch zur Grundlage ihres theoretischen Gegenangriffs machen. Wenn in der Tat der individualistische Anarchist implizit gegen den Prozeß der Vermittlung protestiert, so ist doch in dieser ein gesellschaftlicher Prozeß zu erblicken, nicht ein staatlicher. In marxistischer Lesart ist entsprechend der liberale Staat zunächst als Sachwalter, der kapitalistischen Ausbeutung anzusehen, welche die zentrale Form gesellschaftlicher Vermittlung in der bürgerlichen Gesellschaft darstellt. In dieser Logik bedeutet aber der anarchistische Angriff auf den bürgerlichen Staat strukturell eine konkretistische Verwechslung, die seinen Vertretern den Stempel des Regressiven aufdrückt.

Die marxistische Kritik des Anarchismus von Stirner über Proudhon bis zu Bakunin deutet dieses regressive Moment als das kleinbürgerliche. Die anarchistische Grundidee einer Aufhebung jedes gesellschaftlichen Zwanges durch die Beseitigung des Staates steht in prinzipiellem Gegensatz zum Sozialismus, der umgekehrt die soziale Revolution zur Voraussetzung eines späteren Absterbens des Staates macht.[30] Dabei bringen die frühen Formen eines individualistischen Anarchismus den kleinbürgerlichen Charakter dieser Idee am klarsten zum Ausdruck, wie er Max Stirners Buch *Der Einzige und sein Eigentum* aus dem Jahre 1844 zu entnehmen ist.

So bedeutsam dieses Werk als Anreger der sozialistischen Ideologiekritik geworden ist, so wichtig ist es als Beitrag zur Geschichte des deutschen Vormärz. Die Widersprüchlichkeit der März- und Vormärzereignisse wurde im vorstehenden Kapitel anhand des kleinbürgerlichen Liberalismus erörtert. Im folgenden geht es um den Anarchismus des »malkontenten Schulmeisters« Stirner, dessen Empörung eine Stimmung jener »kleinbürgerlichen Kreise« wiedergibt, die sich in den Ereignissen des März 1848 schließlich Ausdruck verschafft (vgl. Marx/Engels, MEW 3: 362). Seine radikalindividualistische Liberalismuskritik setzt an bei der Revolution:

> »Spießbürgerlich begann die Revolution mit der Erhebung des dritten Standes, des Mittelstandes, spießbürgerlich versiegt sie. Nicht der *einzelne Mensch* – und dieser allein ist *der* Mensch – wurde frei, sondern der *Bürger*, der citoyen, der *politische* Mensch, der eben deshalb nicht *der* Mensch, sondern ein Exemplar der Menschengattung, und spezieller ein Exemplar der Bürgergattung, ein *freier Bürger* ist.« (Stirner 1981: 121)

In der Aufspaltung des Subjekts in eine private und eine öffentliche Existenz sieht Stirner die Ursache für die über die Teilung des liberalen Freiheitspostulats laufende Wiederverknechtung des Individuums. Seine Revolte dagegen ist frontal: sie besteht in einem Akt dezisionistischer Überhöhung des im Wortsinne »individuellen«, eben unteilbaren Egos, von dem aus allein Freiheit möglich sein soll. Entscheidend ist, daß dieses neue Ego allein aus dem reinen Willensakt hervorgeht und eine quasi metaphysische Konsistenz gegen alle diesseitigen Atomisierungstendenzen behauptet. Dieser dezisionistische Egoismus trägt von Anbeginn kompensatorische Züge, ist doch sein wichtigstes Charakteristikum die ihre ganze Ohnmacht verratende imperatorische Geste gegenüber jenen Kräften, die Stirner ohne jede argumentative Durchdringung zu überwinden trachtet. Nach dem Motto: »Jetzt erst recht!«, ruft hier der marginalisierte Kleinbürger seinen Schicksalsgenossen zu: »Warum wollt Ihr nun den Mut nicht fassen, Euch wirklich ganz und gar zum Mittelpunkt und zur Hauptsache zu machen?« – ganz so, als ob mit Mut allein die verlorene soziale Stellung wieder zurückzuerobern sei (vgl. Stirner 1981: 177).

Die liberale Verankerung des freien Individuums im Privateigentum entfaltet Stirner zu einer tautologisch ausbalancierten Terminologie aus »einzigem Ich« und »Eigentum«, die in die Konstruktion eines sowohl gesellschaftlichen als auch erkenntnistheoretischen Monopols des über sein Eigentum individuierten und zugleich über sein Selbstbewußtsein mit Eigentum versehenen »Einzelnen« mündet. Doch gerade hierin wird der aus der Defensive erwachsene rebellische Affekt deutlich. Stirners »*Mein eigen aber bleibe Ich*« verrät den Trotz dessen, dem sonst nichts geblieben ist (vgl. Stirner 1981: 173). Dabei gelingt ihm aus der Perspektive des »Einzigen« eine durchaus treffsichere Kritik des liberalen Eigentumsbegriffes, indem er die Konkurrenz als eigentliches Konstituens des bürgerlichen Besitzes und dessen Rechtsförmigkeit als Mimikry entlarvt. So heißt es: »Über das Eigentum entscheidet nur die Gewalt...«; und: »Die freie Konkurrenz ist nicht ›frei‹, weil Mir die *Sache* zur Konkurrenz fehlt.« (Stirner 1981: 279/291) Kleinbürgerlich scheint hieran die unverstellte Sicht auf einen abstrakten Eigentumsbegriff, wie er dem bürgerlichen Liberalismus entstammt, kleinbürgerlich ist aber auch die anarchistische Empörung, mit der Stirner dagegen zu Felde zieht: »Meine Macht *ist* mein Eigentum. Meine Macht *gibt* Mir Eigentum. Meine Macht *bin* Ich selbst und bin durch sie mein Eigentum.« (Stirner 1981: 203)

Diese in Wirklichkeit ohnmächtige Kritik der bürgerlichen Verkehrsform der Konkurrenz mündet hier in einen Akt willkürlichen Übertrumpfens, indem (Eigentums-)Recht durch individuelle Setzung des einzelnen gegen den Konkurrenten beansprucht wird. Doch gerade im rebellischen Anrennen gegen das bürgerliche Prinzip der vermittelnden »Aufhebung«, erliegt es diesem endgültig: »Also das Eigentum soll und kann nicht aufgehoben, es muß viel mehr...*Mein* Eigentum werden« (Stirner 1981: 287). Diese Art eines anarchistischen Besitzvoluntarismus bedeutet nurmehr die Radikalisierung der Willkür des Auslesemechanismus der kapitalistischen Produktion. »Stets verkehren sich Stirners antibürgerliche Impulse in Radikalisierung der bürgerlichen Ideale.« (Helms 1966: 116) Aus dieser Verkehrung ist die Struktur des Stirnerschen Entwurfs in sich zirkulär. Zur eigentlichen Aussage wird die Empörung des enteigneten »Einzigen« gegen die Übervorteilung durch das abstrakte Recht. Diese Übervorteilung erachtet der Kleinbürger als das eigentliche Wesen der sozialen Vermittlung durch den modernen Interventionsstaat, denn: »Der Staat kann es nicht dulden, daß der Mensch zum Menschen in einem direkten Verhältnisse stehe; er muß dazwischentreten als – *Mittler*, muß – *intervenieren.*« (Stirner 1981: 282f.)

Stirners blinde Abwehr dieser vermittelnden Intervention mündet in eine »Philosophie der Empörung«, die Marx und Engels entsprechend als eine »bramarbasierende Apologie der Parvenuwirtschaft« kennzeichnen (vgl. Marx/Engels, MEW 3: 366). Kleinbürgerlicher Konkretismus formt sich im Vormärz zu anarchistischem Aufbegehren. Zur »deutschen Ideologie« wird es durch seine idealistische Erwartung einer philosophischen Lösung tatsächlich höchst politischer Probleme etwa dergestalt: »Vermittelst der *Empörung* springen wir herüber in die neue egoistische Welt.« (Stirner 1981: 360) Mit Empörung allein ist jedoch jenen machtvollen Prozessen der Entfremdung, gegen die sie sich wendet, nicht beizukommen; sie gibt allenfalls Auskunft über den Grad dieser Entfremdung und über den Ausschlag, den sie noch auf denjenigen gibt, der gegen sie antritt.

Der pathetische Egoismus Stirners überdeckt somit lediglich die Fragwürdigkeit und innere Zerrissenheit der sozialen Identität des Kleinbürgers. Es bleibt neben überbordender »Empörung« oder besser: Verzweiflung, nurmehr die monadologische Erkenntnisstruktur des »Einzigen«: »Wo Ich hingreife, fasse Ich eine Wahrheit, die Ich Mir zurichte. Die Wahrheit ist Mir gewiß, und Ich brauche sie nicht zu ersehen.« (Stirner 1981: 398) Stirners Gewißheit, hiermit alle Erkenntnisbarrieren niederzureißen (die sich infolgedessen jedoch umso höher um ihn herum auftürmen), verrät die typisch kleinbürgerliche Borniertheit, die bereits in der wortgetreuen Interpretation des Mottos seiner Arbeit: »Ich hab' mein Sach' auf nichts gestellt«, enthalten ist:

> »Weil er nichts hat, auf das er seine ›Sach‹ stellen könnte – will sagen: keine gesellschaftlichen Machtmittel –, stellt er sie auf sein selbstgemachtes Selbstbewußtsein und darf sagen: ›Ich hab' mein' Sach' auf nichts gestellt'; denn sein Selbstbewußtsein ist ein gesellschaftliches Nichts, wenn es nicht in gesellschaftliche Kommunikation tritt, wenn es sich nicht in gesellschaftliches Bewußtsein verwandelt, das zu werden es durch die Isolation gehindert wird, die ihn gezwungen hat, es zu produzieren.« (Helms 1966: 82f.)

Bedeutsam ist zum einen die Struktur der Ideologiebildung: Nicht bestimmter Inhalt, viel eher die in der trotzigen Abwehr enthaltene Unbestimmtheit ist das Kennzeichen kleinbürgerlicher

Ideologie, wie sie in Stirners Anarchismus vorliegt. Ein anderer sicherer Ausweis des Kleinbürgerlichen ist die Richtung, die diese Geste nimmt, ist ihre Orientierung auf den Staat. »Stirner projiziert die Erfahrung einer ökonomisch ganz ohnmächtigen Existenz auf den Staat, von dem er alles oder nichts empfängt.« (Mayer in: Stirner 1981: 444)

Auch in ihrer scheinbar untypischsten Form, in der anarchistischen Rebellion, bleibt kleinbürgerliche Politik fixiert auf den Staat – wenngleich negativ. In dieser Fixierung ist einer der unhintergehbaren Standards des Kleinbürgerlichen zu erblicken. Ob in Abgrenzung gegen (wie in Liberalismus und Anarchismus) oder in Anlehnung an den Staat (wie anhand des reformistischen Sozialismus, des Konservatismus und Faschismus zu zeigen ist), der Kleinbürger begreift Politik von einer zentralen Orientierung auf den Staat her. In ihren radikalen Varianten bedeutet diese Orientierung entweder eine rebellische Empörung gegen den Staat als Quelle allen Übels, wie an Stirners Anarchismus zu sehen, oder umgekehrt die Erwartung des absoluten Heils durch den totalen Staat, wie sie später dem Faschismus entgegengebracht wird. Nicht zufällig bezeichnet sich z.B. Benito Mussolini als Stirnerianer (vgl. Helms 1966: 11 f.). Die sozialistische Kritik Stirners hat dies genau notiert. Die konkretistische Verwechslung der tatsächlich gesellschaftlichen Ursache des Enteignungs- und Entfremdungsprozesses und die daraus resultierende Verlagerung des Angriffsziels auf den Staat haben Marx und Engels mit dem bleibenden literarischen Bild des Sancho Pansa versehen. Der kämpft mit seinem Herrn einen aussichtslosen Kampf, nicht gegen den Staat – gegen Windmühlen.

Daniel Guérin faßt die Grundideen des Anarchismus in folgenden Punkten zusammen (vgl. Guérin 1967: 13–40):
– »Revolution der Eingeweide« (affektuelle Rebellion),
– »Schrecken des Staates«,
– »Kritik an der bürgerlichen Demokratie«,
– »Quellen der Energie: das Individuum«,
– »Quellen der Energie: die Massen«.

Lediglich der letzte Punkt aus dem Kontext des kommunistischen Anarchismus überschreitet den Horizont des kleinbürgerlichen Egoismus eines Max Stirner. Die Massen wird der Kleinbürger später entdecken. Im individualistischen Anarchismus des »Einzigen« findet sich aber der erste Beleg für die fortan dem Kleinbürger leitmotivisch verbundene Ambivalenz, die aus seiner Fixierung auf den Staat und der Abwehr der Vermittlung (sowohl als soziales als auch als theoretisches Prinzip) resultiert. Kleinbürgerlicher Konkretismus kennt letztenendes nur die Extreme, er schwankt »zwischen stumpfer Resignation und verzweifeltem Aufruhr«, zwischen Apathie und Anarchie, Resignation und Rebellion (vgl. Geiger 1949: 161).

»Der durch die Schrecken des Kapitalismus ›wild gewordene‹ Kleinbürger ist eine soziale Erscheinung, die ebenso wie der Anarchismus aller kapitalistischen Ländern eigen ist. Die Unbeständigkeit dieses Revolutionarismus, seine Unfruchtbarkeit, seine Eigenschaft, schnell in Unterwürfigkeit, Apathie und Phantasterei umzuschlagen, ja sich von dieser oder jener bürgerlichen ›Mode‹strömung bis zur ›Tollheit‹ fortreißen zu lassen – all das ist allgemein bekannt.« (Lenin 1970, 5: 479f.)

Solche Modeströmungen anarchistischer Staatsfeindschaft mögen später auch die hauptsächlich in den Reihen der kleinen Selbständigen verankerten periodisch wiederkehrenden Formen liberalistischer Steuerrebellion sein, wie etwa der Poujadismus im Frankreich der 1950er Jahre. Eine skurrile, jedoch keineswegs am Kern der Sache vorbeigehende Ausmalung des Bildes vom Kleinbürger als Anarchisten bietet aber die populäre Figur eines arbeitslos gewordenen Schuhmachers, der mit der Chuzpe des kleinen Mannes dem allmächtigen Staat einmal eins auswischen kann. Die Rede ist von Wilhelm Voigt, bekannt als »Hauptmann von Köpenick«.

Kapitel 2

Die Ideologie vom Arbeitseigentum: Kleinbürger und Sozialismus

Man könnte die Geschichte von Kleinbürger und Sozialismus fast als unglückliche Verkettung von Mißverständnissen und Fehleinschätzungen interpretieren, wenn dahinter nicht System steckte, ein doppeltes System »bewußter«, ja vor dem Hintergrund der deutschen Geschichte des 19. Jahrhunderts beinahe notwendiger Mißverständnisse auf beiden Seiten. Die Diskussion dieses doppelten Systems wird die inneren Widersprüche beider Komplexe zu begreifen suchen. Ihre Themen sind der kleinbürgerliche Sozialismus, die sozialistische Theorie des Kleinbürgers und der kleinbürgerliche Anti-Sozialismus. Dabei kann die Analyse sich gerade hier keinesfalls als Pionier fühlen, wo der Sozialismus als die von den klassischen politischen Ideen Europas am höchsten theoretisch entwickelte gelten darf. So ist u.a. darzulegen, daß in der politischen und ökonomischen Analyse des Marxismus die bis heute avancierteste Theorie des Kleinbürgers implizit vorliegt.

Der moderne Sozialismus entsteht als Protest gegen die bürgerlich-kapitalistische Gesellschaft, deren innerer Widerspruch sich in sozialer Entfremdung und ökonomischer Polarisierung verwirklicht, in der Freiheit am Ende nur noch den Markt meint und Gleichheit lediglich vor dem Gesetz herrschen soll. Brüderliche Assoziation der arbeitenden Menschen ist seine Idee. Wo die Marxsche Kritik diesen Sozialismus als »kleinbürgerliche Illusion«, als »Philisterutopie« entlarvt, vollzieht sich seine Spaltung in eine »wissenschaftliche« und eine »pragmatische« Linie, die beiden paradigmatischen Positionen der innersozialistischen Kämpfe seit dem letzten Drittel des 19. Jahrhunderts.

Die Identität von kleinbürgerlichem und frühsozialistischem Protest gegen Elend und soziale Ungerechtigkeit, gegen die

Rationalisierungs- und Verdinglichungsimperative der modernen bürgerlichen Welt, resultiert aus deren Wirkung als Enteignung des arbeitenden Menschen. Den Bruch markiert die wissenschaftliche Analyse dieses Prozesses, die den Marxismus auf das Problem des Eigentums stößt.

> »Was uns allein interessiert, ist das in der neuen Welt von der politischen Ökonomie der alten Welt entdeckte und laut proklamierte Geheimnis: kapitalistische Produktions- und Akkumulationsweise, also auch kapitalistisches Privateigentum, bedingen die Vernichtung des auf eigner Arbeit beruhenden Privateigentums, d.h. die Expropriation des Arbeiters.« (Marx, MEW 23: 802)

Dieser Satz resümiert nicht nur die zentrale Intention der Marxschen Kritik der Politischen Ökonomie, sondern zugleich die marxistische Theorie des Kleinbürgers. Darüber hinaus bestimmt sich von hier aus dessen Verhältnis zum Sozialismus. Die kühle Präzision dieser Aussage ist abzuwägen gegen die desparaten Beteuerungen des Kleinbürgers, gewiß auch des kleinbürgerlichen Sozialisten, was seine gesellschaftliche Unentbehrlichkeit angeht. Hier die retrograd orientierte Utopie: kleines, mittelständisches Eigentum für alle; dort die nüchterne Erkenntnis des Widerspruchs: tote Arbeit (Kapital) enteignet lebendige.

1
Früh- und Handwerkersozialismus

Kein Zufall, daß die ersten Sozialisten aus dem Handwerkermilieu stammen. Im Frühsozialismus artikuliert sich der Widerstand des aus seiner traditionellen Rolle in die proletarische Existenz abgesunkenen Kleinproduzenten, dem mit seiner ökonomischen Basis, dem kleinen »ständischen Kapital« seine einstige gesellschaftliche Stellung und seine politische Rolle als Mittel-Stand abhanden gekommen ist (vgl. Marx/Engels, MEW 3: 52). So ist der Sozialismus in seinen Anfängen eher eine kleinbürgerliche als eine proletarische Bewegung; das entstehende Proletariat, vom Lande vertriebene ehemalige Leibeigene und das städtische »Lumpenproletariat«, ist zur politischen Artikulation noch kaum fähig. Wo die Entfaltung der industriellen Produktion die Handarbeit verdrängt, wo Reichtümer ohne Arbeitsleistung und bittere Armut trotz Fleiß und Redlichkeit entstehen, da scheint dem Kleinbürger die gesellschaftliche Entwicklung aus dem Ruder gelaufen, da herrscht Anarchie. Der Blick auf die eigene Existenz bestimmt die Wahrnehmung: die Ordnung ist dahin, die Proportionen stimmen nicht mehr.

Der Sozialismus, der dieser Wahrnehmung entspricht, bringt seinen ersten Protagonisten in Deutschland u.a. den Namen »Handwerkersozialismus« ein und firmiert in der Marxschen Kritik seit Mitte der 40er Jahre des 19. Jahrhunderts als »kleinbürgerlicher Sozialismus«. Er nimmt seinen Anfang im Protest gegen die Erscheinungen gesellschaftlicher Antagonismen, wie sie dem kleinen Warenproduzenten unmittelbar vor Augen stehen: arm und reich; groß und klein; ehrbar und erpresserisch; menschlich und anonym; organisch-proportional und abstrakt-disharmonisch. Seine Perspektive eines moralischen Dualismus – hier die ehrliche Arbeit, dort das Schmarotzertum – ist radikal, doch von Beginn an im Horizont konkretistischer Wahrnehmung befangen. Rückblickend schreibt Engels:

> »Die Mitglieder (sc. des Bundes der Kommunisten), soweit sie überhaupt Arbeiter, waren fast ausschließlich eigentliche Handwerker ... Es gereicht ihnen zur höchsten Ehre, daß sie, die selbst noch nicht einmal vollgültige Proletarier waren, sondern nur ein im Übergang ins moderne Proletariat begriffener Anhang des Kleinbürgertums, der noch nicht in direktem Gegensatz gegen die Bourgeoisie, d.h. das große Kapital stand – daß diese Handwerker im Stande waren, ihre künftige Entwicklung instinktiv zu antizipieren und, wenn auch noch nicht mit vollem Bewußtsein, sich als Partei des Proletariats zu konstituieren. Aber es war auch unvermeidlich, daß ihre alten Handwerkervorurteile ihnen jeden Augenblick ein Bein stellten, sobald es darauf ankam, die bestehende Gesellschaft im einzelnen zu kritisieren, d.h. ökonomische Tatsachen zu untersuchen. Und ich glaube nicht, daß im ganzen Bund damals ein einziger Mann war, der je ein Buch über Ökonomie gelesen hatte.« (Engels, MEW 21: 211)

Kleinbürgerliche Sozialisten organisieren sich als Arbeiter, als »Arbeiterstand«, wie Ferdinand Lassalle es später tituliert, noch ehe das Proletariat, die Arbeiterklasse im eigentlichen Sinn, sich konstituiert und auf der historischen Bühne zu agieren begonnen hat. Ihr Ziel ist nicht Klassenkampf, sondern Gerechtigkeit und Demokratie, durchaus in Interessenkongruenz mit fortschrittlichen Teilen des Bürgertums. Dieses Bürgertum ist nämlich beileibe noch nicht die herrschende Klasse in Deutschland, obwohl die neuen, bürgerlichen Strukturen schon im Entstehen begriffen sind. So spricht Marx von einem »Lande, wo die politische Misère der absoluten Monarchie noch besteht mit einem ganzen Anhang verkommener halbfeudaler Stände und Verhältnisse«, einem Land, in dem die »Bourgeoisie sich also schon im Gegensatz zum Proletariat« befindet, »ehe sie noch als Klasse sich politisch konstituiert hat« (vgl. Marx, MEW 4: 351). Die Ungleichzeitigkeit der Entwicklung Deutschlands in der Vormärzepoche, spiegelt sich in den Anfängen der Arbeiterbewegung, die eigentlich die Bewegung radikaler Kleinbürger ist, wie es die Figur des ersten deutschen kommunistischen Theoretikers Wilhelm Weitling versinnbildlicht.

Ohne Umschweife benennt der Schneidergeselle Weitling den Grund für die herrschende Ungerechtigkeit: das Privateigentum. Seine Forderung, »Abschaffung allen Erbrechtes und Besitztums der einzelnen« (vgl. Weitling 1845: 466) wurzelt in einer Vorstellung von der »Gemeinschaft der Arbeiten und Genüsse« (vgl. Weitling 1843: 418), die in der kommunistischen Gesellschaft wiederhergestellt werden soll: »Allen gleiche Verteilung der Arbeit und gleichen Genuß der Lebensgüter« (Weitling 1845: 466). Grundlage dieser Idee ist die Annahme eines vergangenen Naturzustandes der Proportionalität der menschlichen »Fähigkeiten« und der »Befriedigung ihrer Bedürfnisse«, die durch den geschichtlichen Prozeß, eben durch das Privateigentum und dessen Vehikel, das Geld, verloren gegangen sei (vgl. Meyer 1977: 157ff.).

Weitling trifft bereits lange vor der Kritik der Politischen Ökonomie den Wesenskern des kapitalistischen Systems. Sein Verdienst – auch in der Marx/Engelsschen Einschätzung – liegt in der Kritik des Privateigentums. Damit steht er außerhalb des genuin kleinbürgerlichen Sozialismus, wie auch seine Idee von der gesellschaftlichen Aufhebung des sozialen Widerspruchs zeigt, die sich im ungeduldigen Insistieren auf der sozialen Revolution äußert, wenngleich in einer politisch rohen, undialektischen Sicht, die ihm bei Marx und Engels wenig Sympathie einbringt. Nicht kleinbürgerlicher Sozialismus, womöglich aber kleinbürgerlicher Kommunismus (sofern dies nicht den Kontext kleinbürgerlicher Politikoption sprengt) ist hier am Werke. Kleinbürgerlich in dem Sinne, daß selbst da, wo intuitiv das innerste Prinzip der kapitalistischen Ökonomie, das Privateigentum, berührt ist, der Kampf in erster Linie der Ungerechtigkeit und ihren Erscheinungen, Reichtum, Erbrecht und Geld gilt. So bemüht Weitling sogar das christliche Evangelium als Fundament seiner revolutionären Utopie einer Gesellschaft, die die Äquivalenz von Arbeit und Einkommen, von Produktion und Konsumtion verwirklicht.

»Nur in der Gemeinschaft der Arbeit und der Güter und der in derselben zu bewirkenden Ökonomie ist es möglich, den allgemeinen Wohlstand so zu heben, daß jeder einzelne nach der Einrichtung derselben mehr Freiheit, mehr Genüsse und weniger Mühe hat, als vor derselben mit seinen Häusern, Geld und Gütern.« (Weitling 1843: 419)

Diese Utopie der Wiedereinssetzung von Arbeit und Eigentum auf·der »höheren« Grundlage gesellschaftlichen Eigentums wird sich später auch der Marxismus zu eigen machen. Sie kennzeichnet den kommunistischen Anteil von Weitlings Denken, Grund genug, ihm bei den kleinbürgerlichen Sozialisten nur wenig Resonanz zu bescheren. Der Kleinbürger Weitling zeigt sich vor allem in seinem moralischen, nicht vom sachlichen Standpunkt geleiteten Antrieb – hierin Stirner ähnelnd – und in seiner Hoffnung auf eine proletarische Revolution allein aus dem Impuls erlittenen Unrechts und Elends ohne die Voraussetzungen der entwickelten bürgerlichen Gesellschaft.

Nicht von ungefähr konspirieren die »Gerechten«, »Geächteten« und Kommunisten, unter ihnen Weitling, in Paris. Von der preußischen Polizei ins Ausland vertrieben, bildet sich der deutsche Frühsozialismus in der Anschauung der fortgeschrittenen französischen Gesellschaft. Wortführer des französischen Sozialismus jener Jahre ist Pierre-Joseph Proudhon, jener »petit bourgeois tout pur« und »von Kopf bis Fuß Philosoph, Ökonom des Kleinbürgertums«, dessen Arbeit die deutschen Theoretiker, vor allem Marx und Engels, auf den Plan ruft (vgl. Marx, MEW 16: 31/MEW 27: 462).[31]

»Der Kleinbürger Proudhon verlangt eine Welt, in der jeder ein apartes, selbständiges Produkt verfertigt, das sofort verbrauchbar und auf dem Markt austauschbar ist; wenn dann nur jeder den vollen Wert seiner Arbeit in einem andern Produkt wiedererhält, so ist der ›ewigen Gerechtigkeit‹ Genüge geleistet und die beste Welt hergestellt. Aber diese Proudhonsche beste Welt ist schon in der Knospe zertreten worden durch den Fuß der fortschreitenden industriellen Entwicklung...« (Engels, MEW 18: 220)

In dem mit Proudhon verbundenen Schlagwort »Eigentum ist Diebstahl« wendet sich der Frühsozialismus gegen die ungerechte Aneignung von Reichtümern. Gerecht erworben sei allein, was durch ehrliche Arbeit entstanden ist. So verwirklicht sich ökonomische Gerechtigkeit allein in der Einheit von Arbeit und Eigentum. »Diebstahl« ist nurmehr das arbeitslose oder nicht durch einen gerechten Aufwand von Arbeit angeeignete Eigentum. Wo es um diese Gerechtigkeit geht, zeigt sich der Kern des kleinbürgerlichen Sozialismus: sein Impuls ist auch dort, wo er auf dem Felde der Ökonomie argumentiert, eigentlich ein moralischer. Demgegenüber steht die Marxsche Theorie zugleich sachlicher und radikaler. Nicht die Sekundäreffekte des Kapitalbesitzes wie Zins und Wucher, die Proudhon als »Diebstahl« im Auge hat, bestimmen die Verkehrtheit der kapitalistischen Ökonomie, sondern das Prinzip der Verwertung von Arbeit. Dieser Mechanismus sei nur durch Vergesellschaftung des Eigentums an Produktionsmitteln, nicht durch gerechtere Verteilung zu überwinden.

In Proudhons moralisierender Anklage gegen die »Ungerechtigkeit« verbirgt sich damit ein anarchistischer Impuls gegen die Erscheinungen des gesellschaftlichen Widerspruchs, gegen die Oberflächenphänomene der Ökonomie, die ihren Ort in der Zirkulationssphäre haben. Dem hält Marx entgegen: »Die wirkliche Wissenschaft der modernen Ökonomie beginnt erst, wo die theoretische Betrachtung vom Zirkulationsprozeß zum Produktionsprozeß übergeht.« (Marx, MEW 25: 349) In der Unfähigkeit Proudhons, die Identität von Arbeit und Eigentum als historische Größe dialektisch zu fassen und zu einer radikalen Kritik des Eigentumsbegriffes vorzustoßen, zeigt sich nicht nur die begrenzte Reichweite seiner Methode (vgl. Lenk 1981: 92ff.). Das »Elend« dieser Philosophie besteht in ihrem kleinbürgerlichen Idealismus.

»Und um dieses Ideal zu verwirklichen, fällt ihm nichts besseres ein, als uns zum Handwerksgesellen oder höchstens zum Handwerksmeister des Mittelalters zurückzuführen.« (Marx, MEW 4: 157)

Wenn sich Proudhon gegen die Willkürherrschaft abstrakter Rechtstitel und die »Okkupation« von Eigentümern wendet, dann immer deswegen, weil sie nicht durch eigener Hände Arbeit geschaffen wurden. Seine Behauptung: »Das Eigentum ist die Tochter der Arbeit« (Proudhon 1963, 65) enthält als kategorialen Fehler die mangelnde Differenzierung zwischen Eigentums- und Wert-Begriff. Denn nicht das Eigentum, sondern der Wert ist die »Tochter der Arbeit«. Die Institution des Privatbesitzes (an Produktionsmitteln) hingegen konstituiert erst jenen Zusammenhang, in dem Mehrwertaneignung kapitalistisches, d.h. arbeitsfreies Eigentum erzeugen kann. Dem Kleinbürger bleibt dies verborgen. Für ihn ist arbeitsfreies Eigentum schlicht amoralisch, es ist »Diebstahl«. Die bei Proudhon entwickelte Vorstellung vom gerechten Tausch selbsterarbeiteter Produkte, die letztlich Arbeit und Eigentum wieder verschmolzen sehen will, ist damit »utopistische Wissenschaft« (vgl. Marx/Engels, MEW 5: 308), ist reaktionär und wesentlich identisch mit kleinbürgerlicher Ideologie, weil sie historisch in der vergangenen handwerklichen Produktionsweise wurzelt.

Den deutschen Frühsozialismus und seinen französischen Stichwortgeber Proudhon mit Marx einen kleinbürgerlichen zu nennen, heißt, seinen ideologischen Gehalt als falsche Antwort auf die richtige Frage nach den Folgekosten der Kapitalisierung und Industrialisierung zu interpretieren. Der genuin kleinbürgerliche Zug des frühsozialistischen Programms ist dessen retrograde Orientierung. Dem kleinbürgerlichen Sozialisten geht es darum, »dem Kapital seine ›Produktivität‹ zu nehmen« (vgl. Engels, MEW 18: 229). Er träumt vom logischen Unding eines nach mittelständischem Weltbild gebändigten Kapitalismus, eines Kapitalismus ohne Konkurrenz, Lohnarbeit, ohne industriellen Produktivitätszuwachs, ohne Klassen und Klassenkampf. Er träumt von einem statischen, ständischen Kapitalismus, in dem Gebrauchs- vor Tauschwert und »Ganzheit« vor Entfremdung geht. Der Kleinbürger fühlt sich vom Fortschritt und seinen Protagonisten,

Bürgertum und Lohnarbeiterschaft, sozial überrollt und auf dem Warenmarkt übervorteilt durch industriell gefertigte Produkte, die seine ehrliche Arbeit entwerten.

Der kleinbürgerliche Sozialist will den äquivalenten Tausch und der ist nur zwischen individuellen Produzenten und Konsumenten gewährleistet. Das kapitalistische Klassenverhältnis als Antagonismus anonymer Machtgruppierungen, die Ware, das Geld und die im Kapitalismus sich hinter all dem verbergende reale Abstraktion gesellschaftlicher Beziehungen sind unbegriffene Phänomene eines nicht mehr direkt erkennbaren Prozesses der Vergesellschaftung, gegen dessen blinde Durchsetzungskraft der kleinbürgerlich-konkretistische Sozialismus rebelliert. Zunächst auf dem Felde von Produktion und Verteilung.

»Entweder man will die richtigen Proportionen früherer Jahrhunderte mit den Produktionsmitteln unserer Zeit, und dann ist man Reaktionär und Utopist in einem. Oder man will den Fortschritt ohne Anarchie: und dann verzichte man, um die Produktivkräfte beizubehalten, auf den individuellen Austausch. Der individuelle Austausch verträgt sich nur mit der kleinen Industrie früherer Jahrhunderte und der ihr eigentümlichen ›richtigen Proportion‹ oder aber mit der Großindustrie und ihrem ganzen Gefolge von Elend und Anarchie.« (Marx, MEW 4: 97f.)

Im Aufweis dieses Widerspruchs liegt die marxistische Kritik des kleinbürgerlichen Sozialismus vor, weit über Proudhon und die 40er Jahre des 19. Jahrhunderts hinaus. Dessen tatsächliche Quelle ist nicht eigentlich sozialistisch. Es ist unverstandener Anti-Kapitalismus mit anarchistischen Handlungsoptionen. Seine Zähigkeit und Langlebigkeit verdankt sich seiner Herkunft aus der mittelständischen, Kleinbürger und »Bourgeois« letztlich schicksalshaft verbindenden Eigentumsideologie. Die paradigmatische Vorstellung einer aus dem Mikrokosmos des einfachen Warenproduzenten und Warenaustauschs extrapolierten Ökonomie von Adam Smith bis in die heutige Zeit ist durch ihren Hintergrund, die Ideologie vom privaten Eigentum, imprägniert. Der spezifisch kleinbürgerliche Aspekt dieser Ideologie besteht in der Anheftung dieses Eigentumsbegriffs an den der Arbeit, eine Konstruktion, die aus der mittelalterlichen Herkunft der kleinbürgerlichen Produktionsweise herrührt, denn das Eigentum im Mittelalter »beruhte auf eigener Arbeit« (vgl. Engels, MEW 19: 213). Kein Wunder, daß sich die Kritik der Politischen Ökonomie an den Begriffen Arbeit und Eigentum entwickelt; kein Wunder aber auch, daß die immer neu geführten Angriffe gegen den kleinbürgerlichen Sozialismus auf dem Felde praktischer Politik nur so geringe Erfolge verbuchen können.

Das durch ehrliche Arbeit erworbene Eigentum hat den Anschein der Natürlichkeit für sich. Der Kleinbürger definiert es nicht als Privatbesitz an Produktionsmitteln. Es ist ihm letztes Pfand seiner sozialen und ökonomischen Stellung selbst da, wo jene »ehrliche Arbeit« es nicht mehr erzeugt. Die gemeinsame Wurzel von Kapital und »Arbeitseigentum«, der Eigentumsbegriff, ist damit zunächst gegen die kritische Reflexion abgeschottet. Wie Marx zeigt, stellt er sich allerdings quasi selbstläufig in Frage, d.h. seine reale Grundlage wird ihm entzogen, in dem Maße wie Akkumulation und Konzentration die Vergesellschaftung des Privateigentums betreiben. Dieser Prozeß bleibt dem Kleinbürger in seinen Wirkungen also nicht verborgen, denn der erste Tribut, den diese Entwicklung fordert, ist die Enteignung des kleinen Besitzes. Seine Idee: kleines, mittelständisches Eigentum und ehrliche Arbeit für alle. Seine Philosophie: das ahistorische Proudhonsche Konzept der »proprieté«, die den Eigentumsbegriff in Naturgesetz und »präexistierende, ewige Ideen verfaselt« (vgl. Marx, MEW 16: 27f., MEW 4: 139).

In der frühen Marxschen Theorie steht die Ideologiekritik Proudhons an hervorgehobener Stelle. In Nachbarschaft zur Kritik an Hegel, Feuerbach, Bauer ist sie es, die zusammen mit der Destruktion des Stirnerschen Anarchismus im Verdikt kleinbürgerlicher Ideologie mündet. Ideologie heißt Verewigung, heißt zweite Natur, hier: des Eigentumsbegriffs. Doch was ist daran spezifisch kleinbürgerlich?

Es ist die Herkunft aus dem Vorkapitalismus, die retrograde Orientierung auch im Ziel. Die bürgerliche Eigentumsideologie enthält zunächst den emanzipatorischen Impuls der neuen Klasse, die den Anker nach vorne wirft in eine erst zu bewerkstelligende andere bürgerlich-kapitalistische Gesellschaft. In ihrer kleinbürgerlichen Prägung ist sie die längst zerrissene Halteschnur zur ökonomischen Basis vergangener Produktionsepochen. In einem

Land wie Deutschland, wo die ökonomische »Basis« als Nebeneinander von kapitalistischen und vorkapitalistischen Produktionsweisen und Produktionsverhältnissen anzusehen ist, funktioniert diese Ideologie jedoch immer noch: als Verbindung zwischen Kleinbürgern und Großbürgern.

Die Umrisse der marxistischen Klassenanalyse Deutschlands im Anschluß an die Ideologiekritik der 1840er Jahre lassen sich folgendermaßen skizzieren: Die Kleinbürger, »vorsündflutliche Fossilien« (vgl. Engels, MEW 16: 67), im Moment ihres endgültigen Abschieds vom gesellschaftlichen Erscheinungsbild begriffen, nachdem ihre historische Rolle als Vertreter der fortgeschrittensten Produktionsweise und als Träger des ökonomisch-technischen Fortschritts bereits in den mittelalterlichen Städten erfüllt war; die Bourgeoisie, noch bevor sie die ihre – Etablierung der industriellen Produktion – erfüllen konnte bereits im Antagonismus zu ihrem welthistorischen Nachfolger, dem Proletariat, und alle zusammen nach wie vor unter der politischen Herrschaft des feudalen Systems stehend. Die aus diesem Kontext kritisierte Ideologie des kleinbürgerlichen Sozialismus ist die vom Arbeitseigentum, das virtuell alle Wirtschaftssubjekte zur selbständigen kleinen und individuellen Warenproduktion und zum äquivalenten Produktentausch befähigen soll. Diese Ideologie entspricht präzise der ökonomisch und sozial anachronistischen Lage des Kleinbürgers.

»Man mag sich daher einbilden, man könnte allen Waren zugleich den Stempel unmittelbarer Austauschbarkeit aufdrücken, wie man sich einbilden mag, man könnte alle Katholiken zu Päpsten machen. Für den Kleinbürger, der in der Warenproduktion das nec plus ultra menschlicher Freiheit und individueller Unabhängigkeit erblickt, wäre es natürlich sehr wünschenswert, der mit dieser Form verbundnen Mißstände überhoben zu sein, namentlich auch der nicht unmittelbaren Austauschbarkeit der Waren. Die Ausmalung dieser Philisterutopie bildet Proudhons Sozialismus...« (Marx, MEW 23: 82f.)[32]

Die reaktionäre Tendenz dieses Sozialismus erweist sich zwar in der Ablehnung der freien Konkurrenz, welche die bürgerliche Ideologie maßgeblich bestimmt, die gemeinsame Wurzel jedoch bleibt: Eigentum. Politisch führt das zur Koalition kleinbürger-

licher und bürgerlicher Demokraten in der Revolution von 1848.
»Der Bourgeoisiesozialismus reicht dem kleinbürgerlichen die
Hand.« (Engels, MEW 18: 236) Auch diese Bewegung rechnen jedoch Marx und Engels umstandslos dem Syndrom kleinbürgerlicher Ideologie zu. Kleinbürgerlicher Sozialismus, kleinbürgerliche Demokratie, beides sei reaktionär bis in die Knochen. Diese
Behauptung fußt auf der Bestimmung der objektiv anachronistischen Stellung des Kleinbürgers in der Produktion. In der Analyse
der politischen Haltung und der Mentalität dieser »Klasse« ist
man dementsprechend sicher und schlägt einen harschen Ton an.

Kaum eine Schmähung wird ausgelassen. »Wankelmütig«,
»kriecherisch«, »jämmerlich«, »feig«, »undiszipliniert«, »groß
im Prahlen«, »ängstlich«, »unsicher«, »lächerlich«, »unschlüssig
und hilflos«, »Kurzsichtigkeit, Kleinmütigkeit, Unentschlossen-
heit«, »Superklugheit«, »Zerfahrenheit und Mißvergnügen«,
»Feigheit, Borniertheit und Unfähigkeit zu jeder Initiative«; in
diesen Worten charakterisieren Marx und Engels die kleinbürgerlichen Demokraten der 1848er Revolution, über die man sich unter Revolutionären Illusionen hingeben dürfe. Nicht zuletzt, weil
der Gegner auch im eigenen Lager sitzt, da die Arbeiterbewegung
»sich fast ausnahmslos aus handwerklich sozialisierten Arbeitern
sowie kleinen Handwerksmeistern rekrutiert«, ist die Polemik un-
erbittlich (vgl. Offermann 1984: 538).[33]

Die Schärfe des Urteils, bekannt seit der eiskalten Erledigungs-
metaphorik der Marxschen Stirnerkritik, zeigt den Grad der Enttäuschung. Sie ist darüber hinaus Resultat der Klassentheorie, die
sich im weiten antizipatorischen Zugriff auf die kommende Entwicklung ihrer selbst sicher weiß. Die Kleinbürger seien historisch am Ende, die Auseinandersetzung mit ihnen lohne sich
kaum mehr, sie seien für die fortschrittliche Arbeiterbewegung lä-
stige Zeitgenossen, die »das gesellschaftliche Mittel (medium)
trüben, dem sozialen Zustand Deutschlands jenen einfachen, klaren, klassischen Charakter nehmen...«, den der analytische
Durchblick verlangt (vgl. Engels, MEW 16: 67).

Zunächst wagen die Kleinbürger den Aufstand. Handwerker,
Arbeiter und fortschrittliche Bürger revoltieren gegen verkrustete
politische Strukturen, gegen Fürstenwillkür und Repression, gegen die Arroganz des absoluten Herrschaftsanspruchs in den

restaurierten Monarchien Preußens und Österreichs. Daß die politischen Früchte dieses Aufstands nicht lange reifen, liegt aber weniger am Mangel jener »Kühnheit und Aktionsbereitschaft, die einer von Kleinbürgern geführten und hauptsächlich aus Kleinbürgern zusammengesetzten Partei immer fehlen wird« (vgl. Engels, MEW 8: 42). Der Grund liegt eher in der mangelnden Reife der Zustände, in der Zersplitterung der Interessen (regional und inhaltlich), er liegt in der mangelnden Stärke und Einigkeit des deutschen Bürgertums, das sich schließlich mit einigen Zugeständnissen abspeisen läßt. Die politische Analyse der Klassenkämpfe in Deutschland wird vor diesem Hintergrund bei Marx und Engels nicht systematisch in die Klassentheorie eingearbeitet, ein mögliches Resultat der durch die chaotische Realität getrübten »Reinheit« der Interessen, die die Theorie voraussetzt. Zu amorph ist das soziale Profil, zu wechselhaft die politischen Einstellungen der kleinbürgerlichen Schichten.

»Demütig und kriecherisch unterwürfig unter einer starken feudalen oder monarchischen Regierung, wendet es (sc. das Kleinbürgertum) sich dem Liberalismus zu, wenn die Bourgeoisie im Aufstieg ist; sobald die Bourgeoisie ihre eigene Herrschaft gesichert hat, wird es von heftigen demokratischen Anwandlungen befallen, versinkt aber jämmerlich in Furcht und Zagen, sobald die Klasse unter ihm, das Proletariat, eine selbständige Bewegung wagt.« (Engels, MEW 8: 10)

Paradigma kleinbürgerlicher Politik, ob in sozialistischem oder demokratischem Gewand, ist das Nichteindeutige, das Schwanken des auf widerspruchsvoller, den sicheren Klassenstandpunkt verunmöglichenden ökonomischer Existenz gegründeten Kleinproduzenten. Die kleinbürgerliche Option für die liberale Bewegung kann auf diesem Hintergrund nicht ernstgenommen werden, wo die »reine Demokratie« selbst nur als ideologisches Durchgangslager abqualifiziert wird. So heißt es schließlich: »Die Kleinbürgerschaft ist nächst den Bauern die miserabelste Klasse, die zu irgendeiner Zeit in die Geschichte hineingepfuscht hat.« (Engels, MEW 4: 47f.) Solcher Polemik entgeht aber die wahre Bedeutung des Abschieds der Kleinbürger von demokratischen und bürgerlichen Optionen als Konsequenz der Niederlage von 1848. Deren Ziele haben Marx und Engels nie wirklich ernst genommen.

»Fortschritt – Assoziation – Moralgesetz – Freiheit – Gleichheit – Brüderlichkeit – Assoziation – Familie, Gemeinde, Staat – Heiligkeit des Eigentums – Kredit – Erziehung – Gott und Volk – Dio e Popolo. Diese Phrasen figurieren in allen Manifesten der 1848er Revolutionen. . . . In keiner dieser Revolutionen fehlte auch die Heiligkeit des Eigentums, das hier als Resultat der Arbeit (sic!) heiliggesprochen wird.« (Marx/Engels, MEW 7: 462)

Kleinbürgerliche Phrasen gewiß; der anachronistische Charakter der ihnen nachgesagt wird, stellt sich angesichts der noch rückständigeren Lage im Preußen Friedrich Wilhelm IV. allerdings in ganz anderem Licht dar. Als politische Sympathisanten der bürgerlich-liberalen Gesellschaft, die doch Marx und Engels als unerläßliches Zwischenstadium auf dem Weg zum Sozialismus erachten, gehen die kleinbürgerlichen Massen auf lange Sicht verloren. In den Reihen der proletarischen Revolution weint man ihnen keine Träne nach, im Gegenteil. Man schiebt ihnen die Schuld an der Niederlage in die Schuhe und ruft ihnen ins Gesicht, was man von ihnen erwartet und was man wo immer möglich auch tunlichst befördern will: ihren Untergang als gesellschaftlich und politisch relevanter Faktor.[34]

In dem Ziel, die letzte, die eigentliche Revolution herbeizuführen, ist die Verschärfung des kleinbürgerlichen Elends probates Mittel zum Zweck. Der Marxismus, der sich hier als Mitvollstrecker historischer Notwendigkeit aufspielt, ist damit auf dem Weg eines historischen Irrtums. Er hat immer zu viel vom Proletariat erwartet und immer zu wenig den Kleinbürger beachtet. Unterschätzt wird nämlich die Widerstandsfähigkeit des feudalen Systems, die historisch für einen viel größeren als den vermuteten Zeitraum in Deutschland maßgebende innere Ungleichzeitigkeit, welche die Durchsetzung des bürgerlich-kapitalistischen Prinzips auf lange Sicht bremst und, wo es schließlich doch Platz greift, die Langsamkeit seiner Umsetzung in politische Strukturen. Die erwartete bürgerliche Revolution wird in Deutschland verpaßt. Der Kleinbürger will von nun an seine Ruhe haben.

»Aber der deutsche Spießbürger – und seine Meinung ist noch immer die öffentliche Meinung Deutschlands – ist ein eigner Mann. Er hat nie eine Revolution *gemacht*. . . . Dafür hat er um so mehr Revolutionen *erlitten*.« (Engels, MEW 21: 203)

Schlechte Erfahrungen: Der Kleinbürger hat die Nase voll von Revolution und Sozialismus, von der Politik überhaupt. Seit dem industriellen »take-off« Deutschlands ist seine Sorge die um die immer stärker gefährdete nackte Existenz, um den Schutz vor der Expansion des Kapitals und dem Absinken ins Proletariat. Beide, das liberale Bürgertum und die Arbeiterbewegung haben ihn im Stich gelassen. Die Industriekapitalisten entwerten seine Arbeit, die Sozialisten wollen ihm, so scheint es jedenfalls, an sein Eigentum. Gesellschaftliche Bewegung verspricht Unheil, politische Vermittlung ist unmöglich, immer stärker richten sich die kleinbürgerlichen Wunsch- und Schutzvorstellungen auf eine dritte Instanz – auf den Staat. Hier, im endlich geeinten Bismarckschen Nationalstaat finden sich mächtige Gönner, die sich den kleinbürgerlichen Schichten und ihrem Bedürfnis nach Protektion vor dem Zugriff von Konkurrenz und Enteignung annehmen.

2
Marxistische Kleinbürgertheorie

Von einer entwickelten marxistischen Klassentheorie des Kleinbürgers kann, wie bemerkt, keine Rede sein. Allerdings findet sich über das ganze Werk von Marx und Engels eine auf gleichbleibenden ökonomischen Grundannahmen beruhende politische Analyse des Kleinbürgers von bemerkenswerter Konsistenz, sowohl die Ergebnisse als auch deren Identität bei beiden Autoren betreffend.

»Was diesen Begriff betrifft, gibt es im Denken von Marx und Engels keine Entwicklung. In ihrem gesamten Werk sagen sie unter verschiedenen Blickwinkeln immer wieder dasselbe. Die Bestimmung des Begriffs ist grundsätzlich, und fast ausschließlich, politisch.« (»Kleinbürgertum...« 1986: 637)

Dieser Begriff entfaltet sich implizit zwischen den Bereichen der Klassentheorie und der Behandlung historischer und organisationstheoretischer Fragen, wie sie Marx und Engels zeitlebens beschäftigen und soll hier als kritische Rückfrage an diese Konzepte rekonstruiert werden.

Die Analyse des kleinbürgerlichen Elements im Frühsozialismus enthält den Schlüssel zur marxistischen Kleinbürgertheorie. Sie besteht im Aufweis des ideologischen Gehalts der Idee vom Arbeitseigentum als Ausdruck vorkapitalistischer Produktionsweise und erstreckt sich weit über den Kontext des Frühsozialismus hinaus. Diese Ideologie vom durch individuelle Arbeit erworbenen Privateigentum ist einer der drei in der vorliegenden Arbeit zur Debatte gestellten ideologischen Standards, die die Identität des kleinbürgerlichen Verhältnisses zur Politik quer durch die verschiedenen politischen Lager definieren, sie ist das Gravitationszentrum des ökonomischen Weltbildes des Kleinbürgers.

Die Kritik dieser Ideologie markiert ein Schlüsselmoment der Genese des »wissenschaftlichen Sozialismus«, der die »Vernichtung des auf eigner Arbeit beruhenden Privateigentums« (vgl. Marx/Engels, MEW 4: 484) die restlose Trennung des Produzenten von seinen Produktionsmitteln als die irreversible Tendenz der modernen Ökonomie und zugleich als notwendige Bedingung zu deren Überwindung ansieht. »Arbeitseigentum« – im übertragenen Sinne – als Aneignung der Arbeitsprodukte durch die Produzenten wird es für Marx und Engels erst jenseits des bürgerlichen Privateigentums im Moment der Vergesellschaftung des Privatbesitzes an Produktionsmitteln geben können. Die kleinbürgerliche Idee vom Arbeitseigentum wird dagegen vom Marxismus rigoros bekämpft. Dieser Kampf bildet ein durchgängiges Motiv des Marx/Engelsschen Werkes; er resultiert aus den stetigen innersozialistischen Auseinandersetzungen zwischen »kleinbürgerlicher« und »revolutionärer« Linie. In einem Brief an August Bebel aus dem Jahre 1882 schreibt dazu Engels:

> »Und wenn man wie Marx und ich unser ganzes Leben lang mehr die angeblichen Sozialisten bekämpft hat als sonst jemand (denn die Bourgeoisie nahmen wir nur als *Klasse* und haben uns auf Einzelkämpfe mit Bourgeois fast nie eingelassen), so kann man sich eben nicht sehr darüber grämen, daß der unvermeidliche Kampf ausgebrochen ist.« (Engels, MEW 35: 383)

Zweierlei läßt sich dieser rückblickenden Stellungnahme entnehmen: der Hauptgegner in der Praxis, die »angeblichen«, d.h.

vor allem kleinbürgerlichen Sozialisten werden nicht als Vertreter eines Klassenstandpunktes bekämpft, sondern eher persönlich (ein Grund auch für die Schärfe mancher Polemik). Diese sind, nachdem Proudhon bereits seit 1844 »erledigt« ist, einer theoretischen Erörterung gar nicht würdig. Des weiteren: der eigentliche Klassengegner, die Bourgeoisie, wird theoretisch überwunden, ihre Stunde schlägt – praktisch – mit der proletarischen Revolution. Die Konsequenz ist auf der theoretischen Seite, daß die Kleinbürger nicht eigentlich klassentheoretisch, sondern primär politisch thematisiert werden, etwa im berühmten »achtzehnten Brumaire des Louis Bonaparte«.

Die eigentliche Klassentheorie, als soziologisches Glied der Marxschen Gesellschaftstheorie auf gleichem Abstraktionsniveau wie das historische (Historischer Materialismus) und das ökonomische (Werttheorie), lebt aus der Zuspitzung des Klassengegensatzes zwischen Bourgeoisie und Proletariat. Wie Michael Mauke zeigt, ist das der Klassentheorie zugrunde liegende Paradigma das Kapitalverhältnis, das der »Polarität von Bourgeoisie und Proletariat«. Die damit zusammenhängenden »zwei komplementären Trichotomien: erstens, Kapitalisten – Grundeigentümer – Lohnarbeiter; zweitens, Mehrwertaneigner – kleine Warenproduzenten – Mehrwerterzeuger basieren auf der grundlegenden Dichotomie der Kapitalisten- und der Lohnarbeiterklasse« (vgl. Mauke 1970: 57). Ähnlich argumentiert Anthony Giddens, wenn er von dem »abstrakten oder reinen Modell der Klassenherrschaft« bei Marx spricht und daneben eine Ebene der »konkreten« historischen Diskussion auch anderer »Klassen« (»Übergangsklassen«, »Segmente« oder »Untergruppen der Hauptklassen«) konstatiert (vgl. Giddens 1984: 30ff.).

Die Koexistenz dieser beiden Argumentationsformen mag u.a. auch etwas mit der »nachlässigen Terminologie« Marxens zu tun haben, im wesentlichen aber entstammt sie dem unterschiedlichen logischen Standort: hier Gesellschaftstheorie, dort politische Geschichte (vgl. Giddens 1984: 31). Die »kleinen Warenproduzenten« und »Übergangsklassen« sind nämlich genau jene, die, s. o., das »gesellschaftliche medium trüben« und daraufhin in ihrem Charakter als politisch noch höchst wirksame, aber gesellschaftstheoretisch zu vernachlässigende Erscheinungen historischer Ungleichzeitigkeit diskutiert werden. So schreibt Marx in seinem Kapitelfragment über die Klassen am Ende des dritten Bandes des *Kapital*: »Mittel- und Übergangsstufen vertuschen ... überall die Grenzbestimmungen. Indes ist dies für unsere Betrachtung gleichgültig.« (Marx, MEW 25: 892)

Von hier aus läßt sich eine explizite Klassentheorie des Kleinbürgertums nicht mehr erwarten. Die Begriffe wechseln: »Kleinbürger«, Kleinbürgertum«, »Kleinbürgerschaft«; mit verächtlichem Unterton: »Pfahlbürger«, »Spießbürger«, »Philister«; schließlich auch: »Mittelklasse« (wenngleich meist nicht für den unteren klein-bürgerlichen Sektor, sondern als Unterklasse des Bürgertums, bisweilen sogar synonym mit Bourgeoisie). Wo von der »Klasse des Kleinbürgertums« gesprochen wird, geschieht dies nicht in Perspektive auf den modernen Klassenbegriff, der exklusiv für das Kapitalverhältnis der entwickelten bürgerlichen Gesellschaft steht, sondern bezeichnet in womöglich »nachlässiger Terminologie« »Klassen« im frühkapitalistischen Sinne (vgl. Mauke 1970: 64).

So wird der Kleinbürger von Marx und Engels hauptsächlich in ihren journalistischen und historischen Arbeiten zum politischen Geschehen behandelt, erst recht in ihren Initiativen und Kommentaren zur Organisation der Arbeiterbewegung, in ihren meist erbitterten Auseinandersetzungen mit konkurrierenden Flügeln und Fraktionen. Ungleich präziser als etwa die pauschale Verdammung kleinbürgerlicher Demokraten in der deutschen Revolution von 1848 zeigt so z.B. die feingliedrige Analyse der Klassenauseinandersetzungen in Frankreich zwischen 1848 und 1851 das Zusammenspiel von sozialen Interessen und politischer Umsetzung bzw. Instrumentalisierung der verschiedenen sozialen Klassen und Schichten in allen Nuancen, hauptsächlich aber der kleinbürgerlichen. Kleinbürgerlicher und kleinbäuerlicher Protest (hier vor allem: der französischen Parzellenbauern) wird im »achtzehnten Brumaire« zum ersten Mal als antidemokratische Kraft geschichtswirksam, eine von Marx genau erfaßte Lektion für die sich formierende Arbeiterbewegung, die allerdings in ihren Konsequenzen für die Klassentheorie nicht genutzt wird.

Die im folgenden in vier Schritten (Geschichte – Ökonomie – Ideologie/Politik – Begriff) vorgenommene Systematisierung der im Marx/Engelsschen Werk weit verstreut liegenden Bruchstücke einer politökonomischen Kleinbürgertheorie versteht sich vor diesem Hintergrund als Versuch einer Dynamisierung der materialistischen Klassenanalyse korrespondierend zu dem historischen Bezugstheorem der »Ungleichzeitigkeit«.

Geschichte

Die Geschichte – als in marxistischer Sicht: Produktionsgeschichte – entdeckt den Kleinbürger als ersten Vertreter der gewerblichen Warenproduktion und -verteilung zunächst von Gütern für den agrarischen Bedarf, dann auch für den entstehenden städtischen Markt. Dieser Typus der einfachen handwerklichen Produktion und des kleinen Handels entwickelt sich Hand in Hand mit der Zentralisierung von politischer Verwaltung und kulturellem Leben in den mittelalterlichen Städten der feudalen Gesellschaft. Entwicklung der Produktivkräfte, entstehender Stadt-Land-Gegensatz, die Anwendung neuer Fertigungsmethoden im Handwerk, Entfaltung der Binnenmärkte sowie des Fernhandels kennzeichnen diese Phase einer »ersten Industrialisierung« Europas, die die in starken Zünften organisierten städtischen Handwerker zu Trägern des ökonomisch-technischen Fortschritts macht und sie mit starkem politischen Einfluß und Selbstbewußtsein ausstattet, ja den Städten einen oft kleinbürgerlich genannten Charakter verleiht.

Dieser Prozeß berührt schließlich die starren Grenzen des wesentlich aus der agrarischen Produktion lebenden Feudalsystems. Die Entwicklung des Handels zum Groß- und Fernhandel, der Wandel in der gewerblichen Produktion vom Handwerks- zum Manufaktur-, schließlich zum Industriesystem versetzen die in den alten Produktionsweisen verbleibenden Kleingewerbetreibenden und Detailhändler gegenüber der aus deren eigenen Reihen hervorgehenden bürgerlich-kapitalistischen Klasse, das moderne besitzende Bürgertum, in eine rückständige Position.

»Die Bourgeoisie ist in allen Ländern mit der Entwicklung des Welthandels und der großen Industrie, mit der damit eintretenden freien Konkurrenz und Zentralisation des Eigentums aus den Kleinbürgern hervorgegangen. Der Kleinbürger repräsentiert den binnenländischen und Küstenhandel, das Handwerk, die auf die Handarbeit beruhende Manufaktur – Erwerbszweige, die sich auf einem beschränkten Terrain bewegen, geringe Kapitalien erfordern, diese Kapitalien langsam umschlagen und nur eine lokale und schläfrige Konkurrenz erzeugen. Der Bourgeois repräsentiert den Welthandel, den direkten Austausch der Produkte aller Zonen, den Handel mit Geld, die große auf Maschinenarbeit beruhende Fabrikindustrie – Erwerbszweige, die ein möglichst großes Terrain, möglichst große Kapitalien und raschen Umschlag erfordern und eine universelle und stürmische Konkurrenz erzeugen. Der Kleinbürger repräsentiert *lokale*, der Bourgeois *universelle* Interessen.« (Engels, MEW 4: 44f.)

Mit dieser Spaltung des Bürgertums in ein altes, die mittelalterliche Produktionsweise vertretendes Kleinbürgertum und ein neues, die zukünftige industrielle Produktionsweise verkörperndes kapitalistisches Bürgertum, die Bourgeoisie, ist die historische Rolle der Kleingewerbetreibenden prinzipiell ausgespielt. Es bleiben im entwickelten Kapitalismus Restbestände der Feudalklassen, Zwischen- und Übergangsklassen, die aufgrund ihrer anachronistischen Produktionsweise – ähnlich den kleinen Bauern – ein klar absehbares Schicksal vor Augen haben.

So schematisch sich diese »Kleinbürgergeschichte« als Teil der Marxschen Theorie der Genese des Kapitalismus ausmacht, so verwickelt und in sich widersprüchlich stellt sie sich doch faktisch dar. Widersprüche erwachsen in erster Linie aus der ungleichzeitigen historischen und ökonomischen Entwicklung Deutschlands. Diese zeigt sich vor allem in der erst in Ansätzen vorhandenen Polarisierung der Gesellschaft in Kapital und Lohnarbeit und dem unverhältnismäßig hohen Anteil feudaler »Klassen« an der Sozialstruktur. Feudaladel, Bauern und Kleinbürger bleiben politisch maßgebend auch noch in der Zeit der beginnenden Expansion von besitzendem Bürgertum und Lohnarbeiterschaft.

»In Deutschland ist das Spießbürgertum Frucht einer gescheiterten Revolution, einer unterbrochnen, zurückgedrängten Entwicklung, und hat seinen eigentümlichen ... Charakter der Feigheit, Borniertheit, Hilflosigkeit und Unfähigkeit zu jeder Initiative erhalten durch den 30jährigen Krieg und die ihm folgende Zeit – wo gerade fast alle anderen Völker sich rasch emporschwangen. Dieser Charakter ist ihm geblieben, auch als die historische Bewegung Deutschland wieder ergriff; er war stark genug, sich auch allen andern deutschen Gesellschaftsklassen mehr oder minder als allgemein deutschen Typus aufzudrücken, bis endlich unsere Arbeiterklasse diese engen Schranken durchbrach.« (Engels, MEW 22: 81)

Das »nicht stattgefundene 17. Jahrhundert«, die verspätete preußische Modernisierung, nicht Produkt einer selbständigen Emanzipationsbewegung des Bürgertums, sondern dem rückständigen Volk von seiner aufgeklärt-absolutistischen Monarchie auferlegt, verursacht jenen ungleichzeitigen Entwicklungsstand des 19. Jahrhunderts, der formelhaft auf den Begriff einer Gesellschaft zu bringen ist, die kapitalistisch werden soll, ohne eine bürgerliche zu sein. Kaum jemand kritisiert den »kleinbürgerlichen Charakter« Deutschlands schärfer als Marx und Engels. Um so erstaunlicher, daß dies ihre Klassentheorie so geringfügig beeinflußt und wohl nur verständlich vor dem Hintergrund der am englischen Beispiel erfahrenen drastischen Entwicklungsdynamik des Kapitalismus, verbunden mit der Hoffnung auf die historische Mission des Proletariats. Was die politische und zeitgeschichtliche Perspektive unmißverständlich nahelegt, die Ungleichzeitigkeit des ökonomischen Basisprozesses und Trägheit der politisch-kulturellen Überbauumwälzung, kann sich theoretisch nicht angemessen umsetzen. Es bleibt bei Polemik und Ironie:

»Das deutsche Spießbürgertum ist also keine normale historische Phase, sondern eine auf die Spitze getriebene Karikatur, ein Stück Degeneration, gerade wie der polnische Jude die Karikatur des Juden ist. Der englische, französische etc. Kleinbürger steht keineswegs mit dem deutschen auf gleichem Niveau.« (Engels, MEW 22: 82)

»In einem so kleinbürgerlichen Land wie Deutschland«, »in einem Spießbürgerland wie Deutschland«, in der »vollkommensten Philisterwelt, unserem Deutschland«, sehen Marx und Engels zeitlebens – zurecht – den wirksamsten Hemmschuh gesellschaftlichen Fortschritts (vgl. Marx/Engels, MEW 34: 407; MEW 36: 328; MEW 1: 339). Hat »seit der Reformation die deutsche Entwicklung einen ganz kleinbürgerlichen Charakter erhalten«, so krankt auch die deutsche Arbeiterbewegung von Anbeginn an ihrem kleinbürgerlichen Einschlag (vgl. Marx/Engels, MEW 3: 177).

»Die kleinbürgerliche Spießer- und Philistergesinnung innerhalb der Partei haben wir von jeher aufs äußerste bekämpft, weil sie, seit dem 30jährigen Krieg ausgebildet, *alle* Klassen in Deutschland ergriffen, deutsches Erbübel, Schwester der Bedientenhaftigkeit und Untertanendemut und aller deutschen Erblaster geworden ist. Sie ist es, die uns im Ausland lächerlich und verächtlich gemacht hat. Sie ist Hauptursache der bei uns herrschenden Schlappheit und Charakterschwäche. Sie herrscht auf dem Thron ebenso wie in der Schusterherberge.« (Engels, MEW 35: 443)

Diese oft karikaturhaft zugespitzte Charakterisierung der deutschen Misere und ihrer provinziellen, bornierten Repräsentanten (vor allem derjenigen aus dem sozialistischen Lager) erfaßt nichtsdestoweniger genau den Stand der historischen Entwicklung Deutschlands.

»In Deutschland bildet das vom 16. Jahrhundert her überlieferte und seit der Zeit in verschiedener Form hier immer neu wieder auftauchende Kleinbürgertum die eigentliche gesellschaftliche Grundlage der bestehenden Zustände. Seine Erhaltung ist die Erhaltung der bestehenden deutschen Zustände.« (Marx/Engels, MEW 4: 487)

Selbst wo die metaphorische Überziehung der Identifizierung von »deutsch« mit »kleinbürgerlich« Platz greift (». . . die Deutschen beweisen ihren Beruf, die Pfahlbürger der Weltgeschichte zu werden, namentlich dadurch, daß sie bis auf den heutigen Tag den Kern der Kleinbürgerschaft von ganz Ost- und Nordeuropa, ja von Amerika bilden«; vgl. Marx/Engels, MEW 5: 320), scheint der historische Befund durch. Die deutsche Entwicklung krankt an der mangelnden Durchsetzung der bürgerlich-kapitalistischen Produktionsweise. Noch herrscht kleines Arbeitseigentum (der Bauern und Handwerker) vor, d.h. die sozialstrukturelle Scheidung von Kleinbürgertum und Bourgeoisie steckt erst in den Anfängen. Der Bürger ist vielfach noch Kleinbürger, die bürgerliche Gesellschaft eine kleinbürgerliche: »Die kolossalen Kapitalansammlungen in einzelnen Ständen, die in England und selbst Frankreich häufig vorkommen, sind in Deutschland seltener. Daher kommt der kleinbürgerliche Charakter unserer ganzen Bourgeoisie.« (Engels, MEW 16: 64f.)

Ökonomie

Damit ist zurückverwiesen auf das die kleinbürgerliche Existenz bestimmende ökonomische Prinzip, das kleine, durch individuelle Arbeit erworbene Eigentum. Wie gezeigt, ergibt sich hieraus das ideologische Bindeglied zwischen Kleinbürger und Bourgeois, der Eigentumsbegriff. Anders herum leitet sich die bürgerliche Ideologie vom Privatbesitz an Produktionsmitteln (den in seiner industriellen Entwicklungsstufe der Kleinbürger gar nicht meint) vom kleinbürgerlichen Begriff des Arbeitseigentums ab und hat ihr Modell, selbst im Zeitalter des Imperialismus und des anonymen Aktienkapitals, im individuellen Produktentausch selbständiger Warenproduzenten, wie ihn die klassische liberale Nationalökonomie durchexerziert. Historischer Grund dieser Verwandtschaft ist die Herkunft des Kapitals aus dem Arbeitseigentum.

Die metaphysische Verewigung dieses, Bourgeoisie und Kleinbürger verbindenden Gedankens, wie sie bei Proudhon vorliegt, kann erst in dem Moment als ideologisch kritisiert werden, wo der ökonomische Prozeß ihm den Boden entzogen hat. So wendet sich die Marxsche Kritik der politischen Ökonomie gegen die Politik derjenigen, die (wie Proudhon) von Smith und Ricardo, also von Vertretern des 17. und 18. Jahrhunderts aus, die kapitalistische Ökonomie des 19. Jahrhunderts begreifen wollen. Wo die materialistische Ideologiekritik vom Arbeitseigentum handelt, bezieht sie sich auf den anachronistischen Charakter seiner ökonomischen Basis, den kleinen Produktionsmittelbesitz. Der Kleinbürger – im Sinne der gängigen Vorstellung vom »alten Mittelstand« – ist bei Marx und Engels ökonomisch definiert: erstens durch den kleinen Besitz an Produktionsmitteln und durch den einfachen Charakter der Warenproduktion, bzw. des Warentausches (Produktionssphäre); zweitens durch individuellen Produktentausch auf einem lokal begrenzten Markt (Zirkulationssphäre).

Das »feudale oder ständische Eigentum« (vgl. Marx/Engels, MEW 3: 24) ist damit nicht eigentlich Kapital, also zum Zweck der Verwertung fremder Arbeitskraft eingesetzter Wert, sondern zur individuellen, meist handwerklichen Arbeit verwendetes Arbeitsmittel, das nicht in Geld realisiert werden kann. Die Produktionsweise ist die des »ganzen Hauses« (Integration von Arbeits- und Lebensstätte, Familienmithilfe, Kleinbetrieb: Meister, Geselle, Lehrling), sie ist ganzheitlich (vom Rohstoff bis zum fertigen Produkt), es herrscht »Kundenproduktion« (auf Bestellung, nicht auf Vorrat).[35]

Vorkapitalistische Relikte sind gleichfalls die sozialen und kulturellen Rahmenbedingungen der Produktion, etwa die strengen Regeln der Zünfte, welche die Qualifikation der Produzenten und den Zugang zum städtischen Markt bestimmen. Dem gleichen Kontext entspringen die im kleinbürgerlichen Lebensraum vorherrschenden sittlich-weltanschaulichen Maximen des traditionalen, genügsamen Arbeitsethos und der Orientierung an feudal-patriarchalischer Hierarchie in Familie, Politik und Religion. Wenn auch diese Faktoren ihrer bis zu Beginn des 19. Jahrhunderts scheinbar unwandelbaren Festigkeit Stück um Stück verlustig gehen, bleiben doch Produktionsmittelbesitz, Produktionsweise und Produktentausch vorkapitalistischer Art. Das bedeutet das »Überwiegen der lebendigen Arbeit über die tote, das Fehlen der freien Lohnarbeit, so daß der institutionalisierte Äquivalententausch sich wohl auf die Arbeits*produkte*, nicht jedoch auf die Arbeits*kraft*« bezieht (vgl. Leppert-Fögen 1974: 11 f.).

»Das Kapital ... war ein naturwüchsiges Kapital, das in der Wohnung, den Handwerkszeugen und der naturwüchsigen, erblichen Kundschaft bestand und sich wegen des unentwickelten Verkehrs und der mangelnden Zirkulation als unrealisierbar vom Vater auf den Sohn forterben mußte. Dies Kapital war nicht, wie das moderne, ein in Geld abzuschätzendes, bei dem es gleichgültig ist, ob es in dieser oder jener Sache steckt, sondern ein unmittelbar mit der bestimmten Arbeit des Besitzers zusammenhängendes, von ihr gar nicht zu trennendes, und insofern *ständisches* Kapital.« (Marx/Engels, MEW 3: 52)

Entscheidend ist, daß aus diesem »Kapital«, aus dieser Produktionsweise nicht die eigentliche kapitalistische Warenproduktion hervorgehen kann; auf der Seite der Produktion, weil beide, Arbeit und Eigentum im kleinen Warenproduzenten noch ungeschieden wirken, weil das Eigentum noch nicht im Gegensatz zur Arbeit steht und diese anwendet, womit es erst zum Kapital würde; auf der Seite der Zirkulation, weil, solange der individuelle Tausch gewährleistet ist, von »Waren« im späteren Marxschen Verständnis noch nicht die Rede sein kann.

»Bei dem städtischen Handwerk, obgleich es wesentlich auf Austausch beruht und Schöpfung von Tauschwerten, ist der unmittelbare, der Hauptzweck dieser Produktion *Subsistenz als Handwerker*, als *Handwerksmeister*, also Gebrauchswert; nicht *Bereicherung*, nicht *Tauschwert als Tauschwert*. Die Produktion ist daher einer vorausgesetzten Konsumtion, die Zufuhr der Nachfrage untergeordnet und erweitert sich nur langsam.« (Marx, MEW 42: 419)

Doch dabei bleibt es nicht:

«Die moderne Industrie verdunkelt eben den besonderen Anteil des einzelnen am Gesamtprodukt, der in der alten Einzel-Handarbeit sich im erzeugten Produkt von selbst darstellte. Die moderne Industrie ferner beseitigt mehr und mehr den Einzelaustausch ... nämlich zwischen zwei Produzenten, deren jeder das Produkt des andern eintauscht, um es zu konsumieren.« (Engels, MEW 18: 221)

Nun stellt sich dem kleinen Warenproduzenten der Wert seines Produkts als Wert seiner Arbeit aber immer noch unmittelbar sinnlich dar. Wenn er damit der Abstraktion der Marxschen Werttheorie nichts abgewinnen kann, die von der Produktionssphäre ausgehend, die Realisation des Wertes auf gesamtgesellschaftlicher Ebene nachzuzeichnen trachtet, so wird er gleichfalls die liberale »Preis-Ökonomie« und deren Vorstellung des Wechselspiels von Angebot und Nachfrage sich nicht zu eigen machen können. Daß ein durch ehrliche Arbeit geschaffener Wert seinen Preis nicht erzielt, ist dem Kleinbürger unverständlich. Auch hierin zeigt sich die sozialökonomische Trennung von Kleinbürgern und Bürgertum: der Kapitalist kennt ganze Warenlager, die zu vernichten rentabler ist, als sie billig loszuschlagen, für den Kleinbürger ist dies schon aus moralischen Gründen undenkbar.

»Darin, daß der Wert der Ausdruck der in den Privatprodukten enthaltnen gesellschaftlichen Arbeit ist, liegt schon die Möglichkeit der Differenz zwischen dieser und der im selben Produkt enthaltnen Privatarbeit. Produziert also ein Privatproduzent nach alter Weise weiter, während die gesellschaftliche Produktionsweise fortschreitet, so wird ihm diese Differenz empfindlich fühlbar.« (Engels, MEW 20: 289)

Zwar wird der Kleinbürger ohne weiteres damit übereinstimmen, daß der Wert der Ausdruck der in den Produkten enthaltenen Arbeit sei, doch die Pointe dieser spätestens seit Ricardo bekannten These liegt hier in ihrer Akzentuierung des Gesellschaftlichen. Gesellschaftliche (gar die ominöse »abstrakte«) Arbeit ist dem Kleinbürger eine unbekannte Größe. Die Idee vom Arbeitseigentum erweist sich damit als ideologische Barriere in doppelter Qualität, ganz so wie es das Doppelwort Arbeits-Eigentum formuliert.

Zum einen steht der Identifikation mit der liberalen Ideologie des Privateigentums in ihrer reinen Entfaltung die kleinbürgerliche Identität von Arbeit und Eigentum theoretisch wie praktisch entgegen. Zum anderen ist die Affinität zur sozialistischen (Arbeits-) Wertlehre strukturell begrenzt in deren gesellschaftlichem Bezugsrahmen, der die Restituierung von Arbeit und Eigentum erst jenseits der Idee vom Privat-Eigentum denkt. So erwartet der Sozialismus vom Kleinbürger, zunächst das loszulassen, was ihm einzig verblieben ist und worin seine letzte – meist irrationale – Hoffnung auf den Aufstieg aus der Misere gründet: den privaten Besitz seiner Produktionsmittel. Damit versetzt die mittelalterliche Herkunft seiner ökonomischen Existenz den Kleinbürger in eine materiell und ideologisch rückständige Lage zu beiden, Bourgeoisie und Proletariat, zu Liberalismus und Sozialismus. Doch dies betrifft zunächst allein den genetischen Aspekt. Das Arbeitseigentum, sowohl ökonomische Basis als auch ideologischer Überbau, existiert, seiner vorkapitalistischen Natur zum Trotz, auch unter kapitalistischen Bedingungen weiter.

Allerdings werden die Folgen, wird die »Differenz« zwischen den koexistierenden Produktionsweisen nun tatsächlich »empfindlich fühlbar«. Im Anschluß an die Analyse der kleinbürgerlichen Ökonomie, die auf den Grundsäulen kleines Privateigentum, vorkapitalistische Produktionsweise und begrenzte Zirkulation ruht und dementsprechend eine strenge Analogie von kleinbürgerlicher und kleinbäuerlicher Lage durchhält[36], entwickeln Marx und Engels eine konsistente Anschauung vom historisch absehbaren Ende dieses ökonomischen Sektors. Die Kleinbürger »... befinden sich in einer ökonomisch reaktionären Lage, vertreten eine untergehende Produktionsstufe« (vgl. Engels, MEW 35:

237). Und soviel steht fest: »Der Besitz der Produktionsmittel durch die einzelnen Produzenten verleiht heutzutage diesen Produzenten keine wirkliche Freiheit mehr. « (Engels, MEW 22: 492)

Wie gezeigt, besteht eine der hauptsächlichen Anstrengungen der Kritik der Politischen Ökonomie darin, daß »es auch dem Dummsten klar werde, daß in der heutigen gesellschaftlichen Ordnung ›selbsterarbeitetes Kapital‹ gar nicht möglich ist...« (vgl. Engels, MEW 17: 485). Innerhalb des hierzu geführten empirischen Beweises kommt der These von der Ruinierung der Kleinproduzenten, vom Niedergang des Mittelstandes, eine herausragende Rolle zu. Die Feststellungen dieser »Niedergangshypothese« sind Legion. Über die gesamte Zeitspanne ihrer theoretischen Arbeit, also über mehr als vierzig Jahre, ergehen sich Marx und Engels in Diagnosen und Prognosen über das baldige Ende der kleinen Warenproduktion, meist im Tonfall der Selbstverständlichkeit, nicht selten auch mit ironisch-bösem Einschlag, so als ob den Repräsentanten der Rückständigkeit noch mit einiger Schadenfreude ihre Grabrede gehalten würde. Dabei läßt sich der Eindruck schwer vermeiden, daß dabei manches Mal eine Entwicklung, von der zu guten Teilen das revolutionäre Ziel der Arbeiterbewegung abhängt, theoretisch beschworen wird, die praktisch nicht nur auf sich warten läßt, sondern auch in dem Ausmaß und in der Form wie prognostiziert nie stattfindet.

»Die moderne Industrie hat die kleine Werkstube des patriarchalischen Meisters in die große Fabrik des industriellen Kapitalisten verwandelt ... Die bisherigen kleinen Mittelstände, die kleinen Industriellen, Kaufleute und Rentiers, die Handwerker und Bauern, alle diese Klassen fallen ins Proletariat hinab, teils dadurch, daß ihr kleines Kapital für den Betrieb der großen Industrie nicht ausreicht und der Konkurrenz mit den größeren Kapitalisten erliegt, teils dadurch, daß ihre Geschicklichkeit von neuen Produktionsweisen entwertet wird.« (Marx/Engels, MEW 4: 469)

Diese Feststellung kann als Paradebeispiel marxistischer Theorie angesehen werden, exemplarisch vor allem in Hinblick auf ihr Schicksal in der späteren Diskussion. So war und ist sie Ausgangspunkt der immer wieder anhand der weiter existierenden mittelständischen Existenzen vorgenommenen »empirischen Widerlegung« des Historischen Materialismus, dessen Zukunftserwartung die restlos durchkapitalisierte Welt ist. Zum anderen gehört sie zu den eisernen Standards der marxistischen Orthodoxie. Sie lediglich als Tendenzhypothese mit entsprechendem Variationsspielraum zu werten, entspräche sicherlich nicht der Intention ihrer Autoren, deren feste Erwartung sie ausdrückt (vgl. Mauke 1970: 62). Dennoch scheint dies mittlerweile angezeigt, denn als Prognose hat sie sich kaum bewährt.

Die These vom Niedergang des Arbeitseigentums ist analytisch zu nutzen, um den ökonomischen Basisprozeß zu verstehen, den sie in seinen Folgen für die Kleinproduzenten zutreffend skizziert und vor allem, um ihre politischen Konsequenzen ins Auge zu fassen. Denn: einerseits ist das 19. Jahrhundert tatsächlich von großen Krisen, von Verarmung und Proletarisierung im Mittelstand gekennzeichnet (es mündet schließlich nur nicht in das Bild, das Marx und Engels gezeichnet haben), andererseits formuliert die Niedergangshypothese bündig den Grund der existenziellen Angst des Kleinbürgers vor seinem Ruin, den seine nie ganz abgesicherte ökonomische Lage zu keiner Zeit ausschließt. Kaum zu unterschätzen ist zusätzlich, daß die kleinbürgerliche Angst vor denjenigen, die diesen Ruin als unausweichliches, ja als begrüßenswertes Schicksal analytisch beschreiben und politisch fördern, hier ihre Angriffsfläche findet, getreu dem Muster, daß der Zeuge fürs Bezeugte verantwortlich gemacht wird. In kleinbürgerlicher Anschauung heißt es fortan: Wo der Kapitalist uns erst übervorteilt und dann enteignet, wollen uns die Sozialisten erst enteignen und dann wollen sie alles gleichmachen.

Das »Kommunistische Manifest« stellt nüchtern fest: »Erarbeitetes, erworbenes, selbstverdientes Eigentum . . . Wir brauchen es nicht abzuschaffen, die Entwicklung der Industrie hat es abgeschafft und schafft es täglich ab.« (Marx/Engels, MEW 4: 475) Diese Entwicklung ist die der Produktivkräfte und bedeutet Kapitalakkumulation und -konzentration, Verwertung auf immer höherer Stufenleiter, Zentralisation und Monopolisierung. Der Kleinbürger erlebt dies als fortschreitende Arbeitsteilung und als Dequalifikation seiner handwerklichen Arbeit.

»Jede neue Teilung der Arbeit entwertet die alte Geschicklichkeit des Handwerkers, jede neue Maschine verdrängt hunderte von Arbeitern, jedes Arbeiten auf größerer Stufenleiter, d.h. mit größerem Kapital, ruiniert den kleinen Kram und den kleinbürgerlichen Betrieb.« (Marx, MEW 6: 194f.)

Neben der realen Existenzbedrohung erlebt der Kleinbürger entsprechend seine Deklassierung quasi noch ein zweites Mal als Ruin seines Ideals von der Arbeit als Primärbereich der Selbstverwirklichung und als Ort der Bewährung im irdischen Dasein. In der industriellen Produktionsweise ist ja die Tendenz zur Dequalifizierung gewerblicher Arbeit schlechthin beschlossen. Selbst wo der kleine Handwerker vorläufig noch sein eigener Herr bleibt, sieht er doch in der notwendigen Unterordnung unters Tauschprinzip einen Anschlag auf die moralischen Grundlagen seines Berufs. Marx und Engels konstatieren aber tatsächlich eine naturähnliche Gesetzmäßigkeit der stufenförmigen Enteignung des handwerklichen Arbeitseigentums.

»Die industrielle Produktion erheischt Produktion in Masse, auf großer Stufenleiter, für den Handel, statt für den Privatkonsum, und der Natur der Sache nach bieten Rohstoffe und Halbfabrikate das *erste*, fertige, für den unmittelbaren Konsum bestimmte Waren das *letzte* Gebiet ihrer Eroberung.« (Marx, MEW 15: 555)

Dieser Prozeß der Durchdringung handwerklicher Arbeit durch das industrielle Prinzip, der Strukturwandel der Produktionsweise, trifft ein Wesensmerkmal der kapitalistischen Ökonomie, in der die Industrie »die bisher hartnäckig verschanzten Schlupfwinkel der mittelalterlichen Handwerke erstürmt« (vgl. Marx, MEW 15: 557). Ihren Weg bahnt sich die Industrie mittels der freien Konkurrenz. »Wo sie sich des Handwerks bemächtigte, vernichtete sie das alte Handwerk. Das Arbeitsfeld wurde ein Kampfplatz.« (Engels, MEW 19: 216) Und dieser Kampf, den Marx lakonisch in einem Satz beschreibt: »Je ein Kapitalist schlägt viele tot« (Marx, MEW 23: 790) und den man dahingehend präzisieren könnte, daß je ein großer Kapitalist viele Kleineigentümer totschlägt, mündet in die »Schlußgestalt« der industriellen Produktion, in einen »Produktionsmechanismus, dessen Organe Menschen sind« (vgl. Marx, MEW 23: 358). Doch dahinter verbirgt sich in sozialistischer Interpretation der menschheitsgeschichtliche Fortschritt der Produktivkraftentfaltung, in der zwar zu überwindenden aber dennoch notwendigen Gestalt der kapitalistischen Produktionsverhältnisse, ein Fortschritt, dem sich zu widersetzen daher nicht nur reaktionär, sondern auch prinzipiell aussichtslos ist.

»Solange sich der Maschinenbetrieb in einem Industriezweig auf Kosten des überlieferten Handwerks oder der Manufaktur ausdehnt, sind seine Erfolge so sicher, wie etwa der Erfolg einer mit dem Zündnadelgewehr bewaffneten Armee gegen eine Armee von Bogenschützen wäre.« (Marx, MEW 23: 474)

Historische Tendenz ist entsprechend die universelle Enteignung des Kleinbürgers und seines Arbeitseigentums, »dies mag zunächst geschehen, obgleich er *nomineller* Eigentümer bleibt« (vgl. Marx MEW 26.1: 384). Wesen des Kleinbürgers ist die Identität von Arbeit und Eigentum, Wesen des Kapitalismus ist deren Antagonismus. Über den Ausgang des Kampfes zwischen beiden Prinzipien hegen Marx und Engels keine Zweifel.

»Es wird sich bei der weitern Entwicklung zeigen, wie das Kapital handwerksmäßige Arbeit, arbeitendes kleines Grundeigentum etc. und sich selbst vernichtet in den Formen, wo es *nicht* im Gegensatz zur Arbeit erscheint – im *kleinen Kapital* und den Mittelgattungen, Zwittergattungen zwischen den alten Produktionsweisen (oder wie sie sich auf Grundlage des Kapitals erneuert haben) und der klassischen adäquaten Produktionsweise des Kapitals selbst.« (Marx, MEW 42: 419)

Wenngleich der qualitative Unterschied zwischen Arbeitseigentum und Kapital an dieser Stelle greift, so bleibt doch die gemeinsame Wurzel, das Privateigentum. Die marxistische Hypothese ist, daß dieses sich durch Zentralisation in seiner nicht industriellen Form zur Gänze schließlich selbst vernichtet.

»Diese Zentralisation des Besitzes ist ein dem Privateigentum ebenso immanentes Gesetz wie alle andern; die Mittelklassen müssen immer mehr verschwinden, bis die Welt in Millionäre und Paupers, in große Grundbesitzer und arme Taglöhner geteilt ist.« (Engels, MEW 1: 522)

Unter der Drohung dieses Schicksals träumt der Kleinbürger vom ständischen Kapitalismus, vom Kapitalismus ohne Konkurrenz, von der Fesselung der Produktivkräfte in den alten Zünften und Gilden. Diese Produktivkräfte möchte aber der Sozialist gerade entfesseln bis zu dem Punkt, wo selbst der liberal-kapitalistische Eigentumsbegriff sich als zu eng erweist und die proletarische Revolution die Geschichte als die des Antagonismus zwischen Produktionsverhältnissen und Produktivkräften beendet. Folgerichtig muß der revolutionäre Sozialismus im rückständigen Deutschland des 19. Jahrhunderts auf die Forcierung der »ökonomischen Auflösung der feudalen Zustände«, die »Auflösung des Kleinbetriebs in der Industrie und dem Handwerk ihre Ersetzung durch große Industrie« hoffen (vgl. Engels, MEW 34: 328). Die Niedergangshypothese ist zugleich Niedergangshoffnung, ja Niedergangspolitik.

> »Die Entwicklung dessen, was die freie Konkurrenz ist, ist die einzig rationelle Antwort auf die Verhimmlung derselben durch die Middleclasspropheten oder ihre Verteufelung durch die (sc. kleinbürgerlichen) Sozialisten.« (Marx, MEW 42: 551)

Diese Forderung entspricht einer Theorie, die sich in der politischen Umsetzung als zu grob erweist. In der Tat ist im entwickelten Kapitalismus selbsterarbeitetes Kapital kaum möglich; selbsterarbeitetes Eigentum (im Sinne von Arbeitseigentum) hingegen durchaus. Die kleine Warenproduktion und -verteilung behauptet innerhalb des Kapitalismus nämlich immer ein relevantes Terrain. Die tatsächliche Entwicklung scheint also eher eine doppelte zu sein: Trennung von Arbeit und Eigentum und der ständige Prozeß der Regeneration neuen Arbeitseigentums bei gleichzeitigem ständigem Untergang älterer Formen.

Die theoretische Leugnung dieser Möglichkeit – auch für die kapitalistische Zukunft – hat dem revolutionären Sozialismus nicht die Konfrontation mit deren praktischen Folgen erspart.[37] Sie bedeutet zunächst die Schwächung der Arbeiterbewegung, schließlich ihre Spaltung. Sie bedeutet auch den Verlust großer kleinbürgerlicher Massen, selbst dann noch, als in Gestalt des Revisionismus und des Reformismus, der Sozialismus wieder kleinbürgerliche Züge annimmt. So einfach, wie es Engels in einem Interview noch 1893 voraussieht, ist es nämlich nicht gewesen:

> »Der kleine Händler, der durch das große Handelsunternehmen ruiniert wird, der Angestellte, der Handwerker, der Arbeiter in Stadt und Land, sie alle fangen an, den Druck unseres gegenwärtigen kapitalisti-

schen Systems zu spüren. Und wir weisen ihnen einen wissenschaftlich begründeten Ausweg, und da sie alle lesen und selbständig denken können, kommen sie bald zu den richtigen Schlußfolgerungen und schließen sich unseren Reihen an.« (Engels, MEW 22: 548)

Ideologie / Politik

Bereits seit der Kritik des Frühsozialismus liegt die marxistische Analyse der kleinbürgerlichen Ideologie und Politik komplett vor. Sie findet ihre Erklärung in der ökonomischen Lage des kleinen Warenproduzenten und mündet von da aus in zwei prinzipielle Bestimmungen.

Erstens: Ideologisches Grundmuster des Kleinbürgers ist die Orientierung an der retrograden Utopie von der vorkapitalistischen Ordnung und Stabilität in Gesellschaft und Wirtschaft. Mit der Beschleunigung der sozialen Entwicklung nimmt diese Orientierung zusehends irrationale Züge an, sie versteift sich kompensatorisch, während die Empfindung, vom historischen Prozeß ausgeschlossen zu sein, sich verstärkt. Der Kleinbürger fühlt sich als unschuldiges Opfer, als Objekt der vom rechten Wege abgekommenen Geschichte, und je weniger er deren ökonomisches Bewegungsgesetz erkennt, desto mehr erwartet er von der politischen Obrigkeit, die, selbst diesen Bewegungsgesetzen gehorchend, seine Hoffnungen aber ein ums andere Mal enttäuschen muß.

Zweitens: Dem einfachen Charakter der kleinbürgerlichen Ökonomie entspricht eine unterentwickelte Fähigkeit zu politischer Differenzierung und Analyse, was in der Praxis die Kurzatmigkeit und Erfolglosigkeit politischer Aktivitäten zur Folge hat. Dies führt zu einem kleinbürgerlichen Politikrepertoire, das durch Stereotypie, Neigung zu Irrationalität und zu hierarchischen Mustern in der politischen Wahrnehmung und durch Feigheit, Wankelmütigkeit, Opportunismus und Egoismus auf der Handlungsebene gekennzeichnet ist.

»Dem Kleinbürgertum, groß im Prahlen, fehlt die Kraft zur Tat, und es scheut ängstlich vor jedem Wagnis zurück. Der mesquine (sc. kleinliche) Charakter seiner Handelsgeschäfte und Kreditoperationen ist hervorragend dazu geeignet, ihm den Stempel mangelnder Tatkraft und Unternehmungslust aufzuprägen; daher ist zu erwarten, daß die gleichen Eigenschaften auch sein politisches Auftreten kennzeichnen.« (Engels, MEW 8: 99f.)

Nun ist Apathie nur die eine Seite des kleinbürgerlichen Verhältnisses zur Politik, die andere ist, wie anhand von Anarchismus und Frühsozialismus gezeigt, eine der groben, im Grunde antipolitischen und moralisierenden Wahrnehmung entsprechende Neigung zur Rebellion. Und genau dieses Changieren zwischen Apathie und Rebellion, zwischen Anti-Politik und Radikalismus definiert auch in der Sicht von Marx und Engels das politische Temperament des Kleinbürgers. Dieses Temperament, verbunden mit der Situation als Objekt der sozialen Entwicklung, die Erfahrung gesellschaftlicher Marginalisierung und Depravation bildet ein bindungsloses Potential. Der Kleinbürger ist fortan ein politisch Obdachloser auf der Suche nach Asyl. Einzig die ideologische Überhöhung der längst vergangenen sozialen und politischen Rolle als Mittelstand, als Zentrum des sozialen und ökonomischen Organismus hat der Kleinbürger in dieser Lage noch für sich. Es geht ihm nicht nur ums Überleben, sondern er empfindet sich als Träger einer Mission, an der die aus den Fugen geratene Welt genesen soll. Er träumt den alten liberalen Traum von der »Vermittelständischung« der Gesellschaft, selbst wo er, wie Proudhon, als Sozialist auftritt.

»Frankreich, sagt er, besteht aus drei Klassen: 1. Bourgeoisie; 2. Mittelklasse (petit bourgeois); 3. Proletariat. Der Zweck der Geschichte, speziell der Revolution, ist nun, Klasse 1 und 3, die Extreme, in Klasse 2, die richtige Mitte aufzulösen...« (Marx, MEW 28: 562)

Der Kleinbürger »stellt sich seine eigne Sache nur als die gute Sache«, die »Sache der Freiheit, Wahrheit, Menschheit vor« (vgl. Marx/Engels, MEW 3: 102), er universalisiert sein besonderes Interesse (vor allem das am Arbeitseigentum) und wer sich dieser Sache annimmt, wer es jedenfalls vorgibt, hat ihn als politischen Bundesgenossen. Dies hat seinen logischen Grund in der tatsächlichen Zwitterstellung seiner Lage in der bürgerlichen Klassengesellschaft. So ist der Kleinbürger mal Sozialist, mal Demokrat, mal Monarchist. Er »dünkt sich über den Klassengegensatz überhaupt erhaben« (vgl. Marx, MEW 8: 144).

»Man muß sich nur nicht die bornierte Vorstellung machen, als wenn das Kleinbürgertum prinzipiell ein egoistisches Klasseninteresse durchsetzen wolle. Es glaubt vielmehr, daß die *besondern* Bedingungen seiner Befreiung die *allgemeinen* Bedingungen sind, innerhalb deren allein die moderne Gesellschaft gerettet und der Klassenkampf vermieden werden kann. Man muß sich ebensowenig vorstellen, daß die demokratischen Repräsentanten nun alle shopkeepers sind oder für dieselben schwärmen... Was sie zu Vertretern des Kleinbürgers macht, ist, daß sie im Kopf nicht über die Schranken hinauskommen, worüber jener nicht im Leben hinauskommt...« (Marx, MEW 8: 141 f.)

Das politische Selbstverständnis des Kleinbürgers beruht nach marxistischer Vorstellung aber auf einer imaginierten gesellschaftlichen Rolle. Die alte »Übergangsklasse« kann keinen Klassenstandpunkt haben, sie kann ihn sich nur anmaßen. Die Orientierung nach oben und die Angst vor dem Abrutschen nach unten, eine prinzipielle Neigung zur Unschlüssigkeit, zum Schwanken und zu Opportunismus, Neid, Borniertheit, Egoismus und feiges Kompromißlertum sind die Folgen: politische Identität einer sozialökonomisch nichtidentischen Klasse. Der politische Ratgeber des Kleinbürgers ist allemal die Angst vor gesellschaftlicher Bewegung. Sie führt ihn schließlich ins reaktionäre Lager zusammen mit anderen Kräften aus der Feudalepoche, die ihre einstige Stellung durch den wachsenden Antagonismus zwischen Kapital und Proletariat gefährdet sehen, vor allem die ländliche Aristokratie und die Bauern.

»Wer am Ertrinken ist, greift nach jedem Strohhalm und kann nicht warten, bis das Boot am Ufer abstößt, das Rettung bringen will. Das Boot ist die sozialistische Revolution, der Strohhalm ist der Schutzzoll und Staatssozialismus.« (Engels, MEW 35: 238)

Die politische Option der Kleinbürger mündet spätestens seit der fehlgeschlagenen Revolution von 1848 in den Ruf nach Protektionismus, wie es der Jahrzehnte während Kampf gegen die Gewerbefreiheit zeigt. Doch die revolutionäre Arbeiterbewegung visiert gleichzeitig bereits eine Auseinandersetzung an, deren Voraussetzungen nur in ersten Ansätzen bestehen. Der Aufgabe der Stunde, nämlich dem Kampf für die Demokratie, nehmen sich viel zu wenige an. Die Folgen ahnt schließlich auch in einem seiner letzten Briefe Engels:

»...das könnte zur Bildung der ›großen reaktionären Masse‹ ... führen, einer Koalition aller bürgerlichen Parteien gegen den Sozialismus, einer Masse, die sich stets im Augenblick der Gefahr bildet, um sich dann wieder in die verschiedenen, einander entgegengesetzten Interessengruppen aufzulösen: Großgrundbesitz, Großindustrie, Hochfinanz, kleine und mittlere Bourgeoisie, Bauern usw. Aber jedesmal, wenn sie sich von neuem bildet, gewinnt sie an Festigkeit bis zu dem Tage der Krisis, an dem wir dann eine kompakte Masse uns gegenüber haben werden.« (Engels, MEW 39: 391)

Begriff

Bei aller gebotenen Vorsicht soll im folgenden der marxistische Begriff vom Kleinbürger, nach Auskunft des »Kritischen Wörterbuchs des Marxismus«, »einer der am wenigsten (in bezug auf die Gesellschaftsklassen *der* am wenigsten bestimmte) und einer der am wenigsten bestimmbaren Begriffe der marxistischen Theorie«, definitorisch zusammengefaßt werden (vgl. Art. Kleinbürgertum... 1986: 637). Es geht hierbei um einen sozialökonomischen Begriff des Kleinbürgers in der kapitalistischen Klassengesellschaft, der als Grundlage der politisch-ideologischen Theorie des Kleinbürgers bestehen kann. Wie gezeigt, ist von einer Kleinbürger-Klasse im Anschluß an Marx ernsthafterweise nicht zu reden.

»Insofern Millionen von Familien unter ökonomischen Existenzbedingungen leben, die ihre Lebensweise, ihre Interessen und ihre Bildung von denen der andern Klasse trennen und ihnen feindlich gegenüberstellen, bilden sie eine Klasse. Insofern nur ein lokaler Zusammenhang ... besteht, die Dieselbigkeit ihrer Interessen keine Gemeinsamkeit, keine nationale Verbindung und keine politische Organisation unter ihnen erzeugt, bilden sie keine Klasse.« (Marx, MEW 8: 198)[38]

Dies bestätigt die von Mauke und Giddens vorgelegte Interpretation der Marxschen Klassentheorie: sie bezieht sich auf den wesentlichen Antagonismus von Bourgeoisie und Proletariat; die Übergangsklasse der Kleinbürger ist daher eine in Anführungszeichen. Gleichzeitig verbietet sich aus marxistischer Perspektive selbstverständlich der Begriff vom Mittelstand, denn: »Die Revolution der Bourgeoisie schaffte die Stände samt ihren Vorrechten ab. Die bürgerliche Gesellschaft kennt nur noch *Klassen*.« (Engels, MEW 4: 181 f.)

Tatsache ist aber, daß die »Revolution der Bourgeoisie« in Deutschland die Stände eben nicht abschafft, sie gar nicht abschaffen kann, weil sie hier politisch gar nicht stattfindet. So kennt die Gesellschaft des 19. Jahrhunderts in Deutschland sowohl Klassen als auch Stände, sie ist feudale und bürgerliche Gesellschaft zugleich, womöglich sogar eine kleinbürgerliche, wie Marx und Engels bisweilen ja selbst zugeben. Dennoch soll an dieser Stelle der soziologische Mittelstandsbegriff nicht wieder aufgenommen werden. Dies entspräche nicht der Intention dieser Arbeit, der es um den politischen Begriff des Kleinbürgers geht. Auf diesem Wege gewinnt aber die marxistische Verwendung des Kleinbürgerbegriffs neue Aktualität. Sie enthält nämlich die Analyse ökonomischer und sozialer Erfahrung und deren Transposition in politische Optionen.

Die in der folgenden definitorischen Zusammenfassung der Marx/Engelsschen »Kleinbürgertheorie« enthaltenen Argumente macht sich dementsprechend die vorliegende Arbeit zu eigen. Natürlich betrifft diese Theorie soziologisch zunächst den selbständigen, sogenannten »alten« Mittelstand, also die im privaten Besitz ihrer Produktionsmittel befindlichen kleinen Handwerker und Händler. Wenn sie trotzdem als maßgeblich auch für den »neuen« unselbständigen Mittelstand angesehen wird, dann deshalb, weil das Kriterium der ökonomischen Selbständigkeit für den politischen Kleinbürgerbegriff zwar eine sozialhistorische Voraussetzung, aber keine notwendige Bedingung ist. Hand in Hand mit diesem Kriterium geht das kleinbürgerliche Selbstverständnis als soziale Mitte sowie die in der bürgerlichen Gesellschaft nicht eindeutig definierte Klassenlage: weder Arbeiter noch Kapitalist. Der Kleinbürger, auch der spätere nicht selbständige, gehört im Kapitalismus dem kapitalistischen Klassenantagonismus selbst nicht direkt an; er definiert sich als zwischen den sozialen Extremen stehend und empfindet seine soziale Mittellage als gefährdet durch den historischen Prozeß. Die Erfahrung sozialer Exterritorialität und Marginalisierung tritt damit, zumindest was die Auswirkungen auf den politisch-ideologischen Überbau angeht, an die Stelle einer klassentheoretisch zu fixierenden ökonomischen Basis seiner Existenz.

Die marxistische Einschätzung der Kleinbürger als »Übergangsklasse« entspricht der Niedergangshypothese. Gemeint ist der Übergang in die durchkapitalisierte bürgerliche Gesellschaft. Doch gelegentlich wird sie präziser beschrieben als »*Übergangsklasse, worin die Interessen zweier Klassen sich zugleich abstumpfen*« (vgl. Marx, MEW 8: 144). Es ist damit verwiesen auf einen inneren Widerspruch des Kleinbürgers, auf die in ihm wirkende Polarität von Kapital und Arbeit. Das Kleinbürgertum als Zwischenklasse »nimmt Teil durch seinen kleinen Kapitalbesitz an der Lebenslage der Bourgeoisie, durch die Unsicherheit seiner Existenz an der des Proletariats. Widerspruchsvoll wie sein gesellschaftliches Dasein ist seine politische Stellung« (vgl. Engels, MEW 16: 67f.)

»Der Kleinbürger ist ... zusammengesetzt aus einerseits und andrerseits. So in seinen ökonomischen Interessen, und *daher* in seiner Politik, seinen religiösen, wissenschaftlichen und künstlerischen Anschauungen. So in seiner Moral, so in everything. Er ist der lebendige Widerspruch. « (Marx, MEW 16: 31 f.)

Genau dieser immanente Widerspruch kennzeichnet den kleinbürgerlichen Sozialismus und seinen Haupttheoretiker Proudhon:

»Er will die Synthese sein, und er ist ein zusammengesetzter Irrtum. Er will als Mann der Wissenschaft über Bourgeois und Proletariern schweben; er ist nur der Kleinbürger, der beständig zwischen dem Kapital und der Arbeit, zwischen der politischen Ökonomie und dem Kommunismus hin- und hergeworfen wird. « (Marx, MEW 4: 144)

Im krassen Gegensatz zum kleinbürgerlichen Pathos der synthetisierenden, den Klassenantagonismus versöhnenden gesellschaftlichen Rolle, ist sie tatsächlich zumindest die der Nichteindeutigkeit, des Schwankens zwischen den beiden Polen. Von entscheidender Bedeutung ist nun aber, das diese deutlich wahrgenommene innere Nichtidentität in einem Akt kompensatorischer Leugnung zur eigentlichen Identität, zur gesellschaftlichen und ökonomischen Synthese überhöht wird.

»In einer fortgeschrittenen Gesellschaft und durch den Zwang seiner Lage, wird *der Kleinbürger* einesteils Sozialist, anderenteils Ökonom, d.h. er ist geblendet von der Herrlichkeit der großen Bourgeoisie und hat Mitgefühl für die Leiden des Volkes. Er ist Bourgeois und Volk zugleich. Im Innersten seines Gewissens schmeichelt er sich, unparteiisch zu sein, das rechte Gleichgewicht gefunden zu haben, das den Anspruch erhebt etwas anderes zu sein als das rechte juste-milieu. Ein solcher Kleinbürger vergöttlicht den *Widerspruch*, weil der Widerspruch der Kern seines Wesens ist. Er selber ist bloß der soziale Widerspruch in Aktion.« (Marx, MEW 27: 462)

Wo der Kleinbürger den sozialen Widerspruch personal verkörpert, empfindet er sich gerade als dessen Aufhebung, wo die unwiderrufliche Trennung zwischen Arbeit und Eigentum durch ihn selbst hindurchgeht, fingiert er in seiner eigenen zerrissenen Existenz deren ewige Einheit. Die historische Herkunft des Kleinbürgers aus der Identität von Arbeit und Eigentum kehrt sich mit den Vorzeichen der ökonomischen Rahmenbedingungen in ihr Gegenteil. Er mag noch so starr an seiner alten Produktionsweise festhalten, sie wird nie mehr dieselbe, er selbst nie wieder der mittelalterliche Zunftbürger sein. »Innerhalb eines durch die kapitalistische Produktion beherrschten Gesellschaftszustandes ist auch der nichtkapitalistische Produzent durch die kapitalistischen Vorstellungen beherrscht.« (Marx, MEW 25: 49)

Der gesellschaftliche Imperativ heißt im Kapitalismus Trennung, Entfremdung von Arbeit und Eigentum. Wo beides dennoch zusammengeht, geschieht es quasi künstlich und unter Vorbehalt. Somit wird der Kleinbürger zum Schauplatz eines inneren Klassenkampfes zwischen den beiden in ihm wirkenden antagonistischen Kräften Arbeit und Eigentum. Er ist definiert durch ein in personaler Einheit sich vollziehendes Aneignungs- bzw. Ausbeutungsverhältnis, er ist sein eigener Kapitalist und Lohnarbeiter zugleich.

»Der unabhängige Bauer oder Handwerker wird in zwei Personen zerschnitten ... Als Besitzer der Produktionsmittel ist er Kapitalist, als Arbeiter ist er sein eigner Lohnarbeiter. Er zahlt sich also sein Salair als Kapitalist und zieht seinen Profit aus seinem Kapital, d.h. er exploitiert sich selbst als Lohnarbeiter und zahlt sich in dem surplus value den Tribut, den die Arbeit dem Kapital schuldet ... Die Produktionsmittel werden nur Kapital, soweit sie als selbständige Macht der Arbeit gegenüber verselbständigt sind. Im angegebenen Fall ist der Produzent – der Arbeiter –

Besitzer, Eigentümer seiner Produktionsmittel. Sie sind also nicht Kapital, sowenig wie er ihnen gegenüber Lohnarbeiter. Nichtsdestoweniger werden sie als Kapital aufgefaßt, und er selbst in sich gespalten, so daß *er* als Kapitalist sich selbst als Lohnarbeiter anwendet.« (Marx, MEW 26.1: 383f.)[39]

In diesem Zustand eines inneren Widerstreits antagonistischer Interessen ist zugleich die strukturelle Nichthintergehbarkeit seiner Grundlage beschlossen. Der Kleinbürger protestiert gegen Wirkungen, nicht gegen Ursachen, gegen die Gesetze der Zirkulation, nicht der Produktion. Er fühlt dumpf den Zuwachs der vergesellschaftenden Kräfte in der modernen Welt; die reale Abstraktion der Verhältnisse, die sie auf ökonomischem Wege vornimmt, bleibt unbegriffen. Der analytische Schritt der Kritik der Politischen Ökonomie wird nämlich genau dem Prozeß zugerechnet, den sie kritisiert.

»Die Arbeit, die sich im Tauschwert darstellt, ist vorausgesetzt als Arbeit des vereinzelten Einzelnen. Gesellschaftlich wird sie dadurch, daß sie die Form ihres unmittelbaren Gegenteils, die Form der abstrakten Allgemeinheit annimmt.« (Marx, MEW 13: 21)

Diesen Schritt kann der Kleinbürger nicht mitvollziehen. Sein Ideal der individuellen Arbeit und des individuellen Tausches von Gebrauchswerten weiß sich ja gerade als Protest gegen die Vereinzelung, die der gesellschaftliche Charakter der Arbeit im Kapitalismus fordert, als Protest des Arbeitseigentümers, der in besonderer Qualität das kapitalistische Schicksal der Entfremdung erleidet: nicht allein die Entfremdung von den Produkten seiner Arbeit, sondern vornehmlich die Entfremdung von sich selbst. Denn was sich zwischen Kapitalist und Arbeiter als Antagonismus zweier gesellschaftlicher Lager in Gestalt der Aneignung entäußerter, lebendiger Arbeit durch das Kapital, durch die tote Arbeit zeigt, vollzieht der Arbeitseigentümer an sich selbst: »...die *Aneignung* erscheint als *Entfremdung*, als *Entäußerung*, und die *Entäußerung als Aneignung*, die *Entfremdung* als die wahre *Einbürgerung*.« (Marx, MEW I, 522) Die gesellschaftliche Identität (»Einbürgerung«) des Kleinbürgers im Kapitalismus ist damit bestimmt als seine immanente Entfremdung.[40]

3
Reformismus und Orthodoxie

Der Sozialismus, entstanden als kleinbürgerlich-proletarischer Protest gegen die kapitalistische Enteignung, hat als soziale Bewegung der Arbeiterklasse immer auch den Klassenwiderspruch, den er zu überwinden trachtet, in sich verkörpert. Wie bei Marx zu sehen, ist ein Gutteil dieses Widerspruchs dem kleinbürgerlichen Faktor zuzurechnen, jenem »sozialen Widerspruch«, dessen Betätigungsfeld nach wie vor auch die Arbeiterbewegung blieb. In der Tat ist ein erheblicher Anteil gerade der Funktionärselite in Gewerkschaften und SPD immer mittelständischer (vor allem handwerklicher) Herkunft, eine Tatsache, die für die sich anbahnende Spaltung der deutschen Arbeiterbewegung in einen reformistischen und einen revolutionären Flügel von nicht unerheblicher Wirkung ist.

Natürlich ist die SPD in erster Linie eine Arbeiterpartei, und ihre raschen Organisations- und Wahlerfolge in der Zeit nach Aufhebung der Sozialistengesetze versetzen gerade den im konservativen Lager untergeschlüpften Mittelstand in Angst und Schrecken. So kann August Bebel – selbst Drechslermeister – ein Einfluß des Mittelstandes auf die Sozialdemokratie noch 1904 recht gering einschätzen:

»Es sind Handwerker, kleine Kaufleute, Kleinbauern, kleine Beamte, Lehrer, Künstler, Angestellte in den verschiedenen Betrieben usw. Die Angehörigen keiner dieser Schichten und sie alle zusammen nicht sind stark und einflußreich genug, die sozialdemokratische Partei ihres proletarischen Charakters zu entkleiden und ihr einen anderen Stempel aufzudrücken.« (Bebel in: Friedemann 1978,1: 492)

Unumstritten ist diese These nicht. Schon einige Jahre zuvor entstehen auf seiten derer, die mit dem proletarischen Charakter der Partei die revolutionäre Perspektive der Arbeiterbewegung verbinden, Befürchtungen hinsichtlich einer »verkleinbürgerlichten« Partei, eines Sieges der kleinbürgerlichen Sozialisten trotz aller Warnungen.

»Die Wahlagitation, im Bund mit dem Sozialistengesetz, hat also die Sozialdemokratie entproletarisiert und aus ihr eine Partei gemacht, die zwar noch viele proletarische Elemente enthält und folglich noch proletarische Züge aufweist, die aber in ihrem Wesen verkleinbürgert ist und praktisch den Interessen dieser sozialen Schicht dient.« (In: Friedemann 1978,1: 162)

Mit dieser Entwicklung – einerseits Eintritt vieler Handwerker und anderer Mittelständler in die Partei und deren hoher Repräsentanz in der Funktionärsschicht, andererseits Bürokratisierung und »Verspießerung« der Bewegung – sehen sich die Revolutionäre immer stärker konfrontiert, sowohl in der politischen Praxis als auch in der Theorie. Das von Marx anvisierte Ziel, die proletarische Revolution, hat zur Voraussetzung eine klassenbewußte Bewegung, doch schon früh vermißt man bei allzu vielen Genossen die nötige »revolutionäre Gesinnung«, über die ein Kritiker meint: »Hinter Heringstonnen läßt sich diese nicht produzieren.« (In: Friedemann 1978,1: 158) Die Arbeiterbewegung, ob durch Zutritt kleinbürgerlicher Massen oder durch »Verkleinbürgerlichung« weiter proletarischer Kreise, entwickelt sich jedenfalls in der praktischen Politik hin zu Positionen, die allesamt bereits von Marx als kleinbürgerlicher Sozialismus denunziert worden sind: Legalismus, Parlamentarismus, Reformismus, Kompromißlertum und Staatsloyalität. Dazu kommen Tendenzen zur organisatorischen Versteinerung und Bürokratisierung, wie sie später Robert Michels analysieren wird (vgl. Michels 1970).

Ganz anders auf theoretischem Feld. Spätestens seit den Konflikten zwischen Eisenachern und Lassalleanern wogt die Diskussion über Strategie und Taktik, über Ziele und Mittel der Arbeiterbewegung. Schließlich artikuliert die in der praktischen Arbeit seit je dominierende reformistische Fraktion ihre Haltung auch theoretisch immer vernehmbarer. Ein Vorläufer dieser Richtung ist Ferdinand Lassalle. Sicherlich wird die Marxsche Einschätzung Lassalles, die sich etwa in der Reihung reformistisch – demokratisch – kleinbürgerlich zusammenfassen läßt, nicht der historischen Person gerecht, eher schon ihren theoretischen Positionen. In seinen geschichtsphilosophischen Hintergrundannahmen vom Hegelschen Identitätsdenken beeinflußt, steht Lassalle ein Klassenmodell der Gesellschaft vor Augen, das eine deutliche Parallele zu den dualistischen Konzepten des Frühsozialismus bildet. Neben den Resten der Aristokratie sieht es eine bürgerliche Klasse vor, die in zwei Unterklassen zerfällt:

»...nämlich erstens die Klasse derer, welche ganz oder *hauptsächlich* aus ihrer *Arbeit* ihr Einkommen beziehen... in diese Klasse gehören also die Arbeiter, die Kleinbürger und Handwerker und im ganzen die Bauern. Und zweitens die Klasse derer, welche... über das *große Kapital* verfügen... Man könnte diese die *Großbürger* nennen.« (Lassalle 1970: 39)

Der Dualismus wird am Kriterium der Arbeit entwickelt: hier die lebendige, dort die tote. Doch in dem Moment, wo dieses Kriterium sozial identifiziert wird – hier die ehrliche Arbeit, dort das Schmarotzertum – gerät das eigentlich analytisch zu Verbindende, der Kapitalbegriff, zur personalisierenden Kategorie. Entsprechend unscharf sein Gegenpart, Arbeiter und Kleinbürger und Bauern. Daß diese anschließend im Begriff des Arbeiter-Standes zusammengezogen werden, erscheint nur folgerichtig. So weit Lassalles Klassenbegriff hinter Marx zurückfällt, so deutlich scheint die alte Ideologie vom Arbeitseigentum durch:

»So sehr der Arbeiter und der Kleinbürger, mit einem Worte die ganze nicht Kapital besitzende Klasse, berechtigt ist, vom Staate zu verlangen, daß er sein ganzes Sinnen und Trachten darauf richte, wie die kummervolle und notbeladene materielle Lage der arbeitenden Klasse zu verbessern... sei... so darf und wird doch dennoch der Arbeiter niemals vergessen, daß alles einmal erworbene gesetzliche Eigentum völlig unantastbar und rechtmäßig ist.« (Lassalle 1970: 39)

Ein in diesem Zusammenhang neuer Begriff kommt ins Spiel, der Staat. In typisch kleinbürgerlicher Weise lebt das Lassallesche Programm aus einem komplementären Zug von Revolutionspathos und »Staatsdoktrin«. So kommt es zu jener einzigartigen Konzeption einer sozialen Revolution des Arbeiterstandes, durch die der Staat seiner gewaltigen Aufgabe gerecht wird, »die Keime des Menschlichen zu entwickeln, wie er dies, seitdem die Geschichte steht, getan hat und für alle Ewigkeit tun wird« (vgl. Lassalle 1970: 346). Diese aus dem Hegelschen Erbe entstammende Konstruktion eines qua Revolution zu sich selbst kommenden Staates als höchste sittliche Instanz führt aber in der Praxis zur reformistischen Option, zu einem Verein, »welcher den Zweck verfolgt, auf friedlichem und legalem Wege, insbesondere durch das Gewinnen der öffentlichen Überzeugung, für die Herstellung des allgemeinen gleichen und direkten Wahlrechtes zu wirken« (vgl.

Lassalle 1970: 346). Erstaunlicherweise erwächst dieser Reformismus aus der Einsicht in die Unvermeidlichkeit der Revolution. »*Ich . . . glaube* an die Revolution, und *weil* ich an sie glaube, will ich sie nicht *herbeiführen* . . ., sondern für *den Fall*, daß sie kommt und von unten kommt, will ich sie im voraus *humanisieren, zivilisieren*!« (Lassalle 1970: 342)

Für die Strategiedebatte in der Sozialdemokratie der 90er Jahre, die unter der Überschrift Revisionismusstreit bekannt wird, kann die Position Lassalles sicherlich als Quelle angesehen werden. Dies betrifft erstens den Arbeiter und Kleinbürger zusammenfassenden Begriff des Arbeiter-Standes und zweitens die (von Marx als kleinbürgerlich-demokratisch qualifizierte) praktische Orientierung auf den Staat. Vor allem diese Staatsorientierung wird zum Leitmotiv des Revisionismus, wie ihn seit den 90er Jahren Eduard Bernstein entwickelt, allerdings unter theoriegeschichtlich gegenüber Lassalle völlig verkehrten Vorzeichen. Die strategische Orientierung des Revisionismus auf den Staat leitet sich (in strikter Wendung gegen das in der Marxschen Dialektik der revolutionären Entwicklung wiederkehrende Hegelsche Geschichtsmodell) von einem pragmatischen Theorie- und Praxiskonzept ab.

So ist der Staat für den Revisionismus das Vehikel zur Transformation der Gesellschaft zum Sozialismus – nicht mehr (wie bei Lassalle) aber auch nicht weniger. Wo der revolutionäre Marxismus den Staat über die Revolution und die Diktatur des Proletariats wieder in die Gesellschaft zurückholen will, möchte der Revisionismus diesen zunächst legal (über Parlamente und Gewerkschaften) erobern, um ihn für die sozialistische Sache zu instrumentalisieren. Der Sozialismus stellt sich hiernach als Endresultat einer langen Reihe von schrittweisen Reformen her. Diese Annäherung an liberal-demokratische, parlamentaristische und revolutionsskeptische Positionen legitimiert sich bei Bernstein aus der Notwendigkeit zur Revision zentraler theoretischer Grundannahmen von Marx angesichts sozial-ökonomischer Entwicklungen, die die revolutionäre Ausrichtung der Arbeiterbewegung obsolet gemacht hätten. Das wichtigste empirische Argument, auf das er sich in diesem Zusammenhang bezieht, ist das Ausbleiben der von Marx prognostizierten restlosen Polarisierung der bürgerlichen

Gesellschaft in Kapital und Arbeit und der vorhergesagten ökonomischen Konzentration mit den Folgen der kapitalistischen Krise, als deren komplementäre Prognose die bekannte »Niedergangshypothese« des Mittelstandes besteht. Genau hier aber setzt Bernstein ein:

> »Wenn der unablässige Fortschritt der Technik und Zentralisation der Betriebe in einer zunehmenden Zahl von Industriezweigen eine Wahrheit ist, deren Bedeutung sich heute kaum noch verbohrte Reaktionäre verschweigen, so ist es eine nicht minder feststehende Wahrheit, daß in einer ganzen Reihe von Gewerbszweigen kleinere und Mittelbetriebe sich neben Großbetrieben durchaus lebensfähig erweisen.« (Bernstein 1921: 98)

Unter expliziter Bezugnahme auf Proudhon (vgl. Bernstein 1921: 67) entwickelt Bernstein aus der Revision der Marxschen Begriffe Klassen, Krise und Revolution eine pragmatische Strategie der Arbeiterbewegung, die über genossenschaftliche Gegenökonomie und demokratische Übernahme der Staatsmacht letztendlich den Sozialismus herbeiführen soll. Dieses Konzept wendet sich gegen beide möglichen Varianten eines revolutionären Sozialismus zugleich, gegen den blinden, ungeduldigen Aktionismus und Anarchismus sowie gegen den stoischen, historisch siegessicheren Attentismus.

> »Wollte die Arbeiterklasse darauf warten, bis das ›Kapital‹ die Mittelklassen aus der Welt geschafft hat, so könnte sie wirklich einen langen Schlaf tun. Das Kapital würde diese Klassen in der einen Form expropriieren und sie in der anderen immer wieder neu ins Leben setzen. Nicht das ›Kapital‹, die Arbeiterklasse selbst hat die Mission, die parasitischen Elemente der Wirtschaft aufzusaugen.« (Bernstein 1921: 90)

Dies bedeutet auf der Seite der Revisionisten, daß der wider alle Vorhersagen auch noch im Übergang zum Monopolkapitalismus »real existierende Mittelstand« als empirischer Beleg zur Falsifizierung der Marxschen Prognosen zum Basisargument für die realistische Perspektive des demokratischen Sozialismus wird. Die Reaktion der Orthodoxen hierauf orientiert sich an Marx: solche Positionen verständen sich von selbst – als kleinbürgerlich.

Womöglich sind dabei beide Seiten im Recht, die Orthodoxen und Revolutionäre in der Theorie, die Revisionisten und Reformer in der Praxis. So stellt sich der Revisionismusstreit und die

seit dem I. Weltkrieg vollzogene Spaltung der deutschen Arbeiterbewegung schließlich als beinahe unvermeidlich dar. Die einstmals entwickelte Vorstellung der Einheit von Theorie und Praxis
– die radikalste Idee des Marxismus – scheitert an der ungleichzeitigen Entwicklung Deutschlands. Der Kleinbürger als Repräsentant dieser Ungleichzeitigkeit stellt insofern nicht zufällig eines der
zentralen Themen dieser Kontroverse dar. Schließlich behält der
Reformsozialismus gegenüber der revolutionären Richtung in der
Revolution von 1918/19 die Oberhand, nicht nur aus Gründen der
objektiven Machtverhältnisse, sondern auch wegen der inneren
Verfassung der deutschen Arbeiterbewegung, über die sich die
Praktiker seit je im klaren sind.

»Wer aber sich in der wirklichen Arbeiterbewegung umsieht, der wird
auch finden, daß die Freiheit von denjenigen Eigenschaften, die dem aus
der Bourgeoisie stammenden Affektationsproletarier als spießbürgerli-
che erscheinen, dort sehr gering eingeschätzt wird, daß man dort keineswegs das moralische Proletariertum hätschelt, sondern im Gegenteil sehr
darauf aus ist, aus dem Proletarier einen ›Spießbürger‹ zu machen.«
(Bernstein 1921: 255)[41]

Kleinbürgerliche Sozialisten – den Sattler Friedrich Ebert als
prominentesten zu nennen – besetzen nun die Staatsführung; ob
sie jemals wirklich die Macht innehaben, ist eine andere Frage. Ihr
schärfster Kritiker ist Wladimir Iljitsch Lenin.

Für Lenin, den Theoretiker der kommunistischen Partei als
Avantgarde der Arbeiterklasse, sind Männer wie Scheidemann
»Schurken« und selbst der noch in den 90er Jahren zu den erbit-
tertsten Gegnern Bernsteins zählende Karl Kautsky ein »Philister«
(vgl. Lenin 1970,5: 564). Versuchen diese im »Weimarer Kompromiß« einen anderen Staat, die Republik, ohne die Klassenverhält-
nisse grundlegend in Frage gestellt zu haben, so ist für Lenin der
Staat, ob Republik oder nicht, lediglich »eine Maschine zur Unter-
drückung einer Klasse durch eine andere«. Sein Verdikt trifft damit diejenigen, für die »der Staat etwas außerhalb der Klassen
oder über den Klassen Stehendes ist« und die sich gerade darin als
Kleinbürger entpuppen (vgl. Lenin 1970,4: 584).

»Weil lediglich rührselige Kleinbürger und Philister davon träumen
können, das Joch des Kapitals abzuschütteln, ohne den *Widerstand* der

Ausbeuter in einem langen und schweren Kampf zu *unterdrücken*, und mit diesen Träumen betrügen sie sich und die Arbeiter.« (Lenin 1970,4: 671)

Lenins Beitrag zur Kleinbürger-Analyse ist alles in allem wenig originell. Seine Einschätzung sowohl des kleinbürgerlichen Sozialismus als auch des mittelständischen Faktors als Hemmschuh der Entwicklung sind direkt den Marxschen Bestimmungen entnommen und auf die aktuelle Politik angewandt. Hauptsächlicher Charakterzug der von der Ideologie des Kleineigentums geprägten »Zwischenklasse« bleibt das Schwanken, bleibt weiterhin kruder Antikapitalismus, Feigheit und sozial-historischer Identitätsverlust.[42]

»Der Kleinbürger befindet sich in einer solchen ökonomischen Lage, seine Lebensbedingungen sind derart, daß er nicht umhin kann, sich selbst zu täuschen, es zieht ihn unwillkürlich und unvermeidlich bald zur Bourgeoisie und bald zum Proletariat. Eine selbständige ›Linie‹ kann er *ökonomisch* gesehen *nicht* haben. Seine Vergangenheit zieht ihn zur Bourgeoisie, seine Zukunft zum Proletariat. Sein Urteil zieht ihn zum Proletariat, sein Vorurteil ... zur Bourgeoisie.« (Lenin 1970,3: 346f.)

Im von Marx übernommenen und im revolutionären Kampf geschulten scharfen Tonfall zieht Lenin gegen kleinbürgerliche Renegaten und sentimentale Philanthropen ins Feld. Sein Motiv ist die Zuspitzung der Alternative Bourgeoisie oder Proletariat, aus deren Radikalität die revolutionäre Bewegung ihre Kraft schöpfen soll. In dieser Konstellation ist der Kleinbürger nur retardierender Faktor.

»Wir wissen, daß diese kleinbürgerliche Hydra mit ihren Millionen Fangarmen bald hier, bald dort einzelne Schichten der Arbeiter erfaßt ... Wer das nicht sieht, der zeigt gerade durch seine Blindheit, daß er im Banne kleinbürgerlicher Vorurteile steht.« (Lenin 1970,4: 396)[43]

Verblüffende Logik: Wer diese Einschätzung des Kleinbürgers nicht teilt, muß selbst einer sein! Nun ist Lenin durchaus Realist. In einem wichtigen Aspekt der Marxschen Kleinbürger-Theorie hält er sich zurück – bei der Niedergangshypothese. Wie seine Gegner im reformistischen Lager kann nämlich auch er nicht übersehen, wie zählebig, ja vital das mittelständische Element im Kapitalismus überdauert. Doch mit einiger Raffinesse wendet er diesen Befund gerade gegen seine revisionistischen Rivalen.

»Der Kapitalismus entstand und entsteht immer wieder aus der Kleinproduktion. Eine ganze Anzahl von ›Mittelschichten‹ wird vom Kapitalismus unausbleiblich immer wieder neu geschaffen... Diese neuen Kleinproduzenten werden ebenso unausbleiblich wieder in die Reihen des Proletariats geschleudert. Es ist ganz natürlich, daß die kleinbürgerliche Weltanschauung in den großen Arbeiterparteien immer wieder zum Durchbruch kommt. Es ist ganz natürlich, daß es bis zu den Peripetien der proletarischen Revolution so sein muß und stets so sein wird; denn es wäre ein großer Fehler zu glauben, die ›volle‹ Proletarisierung der Mehrheit der Bevölkerung sei notwendig, damit diese Revolution durchführbar werde.« (Lenin 1970,2: 272)

Mit dieser Argumentation wird die von der Marxschen Prognose abweichende Realität mit dem revolutionären Programm in Einklang gebracht. Für den Leninismus bedeutet dies, daß nicht die vollendete Durchkapitalisierung, sondern Krisen und die Aktion des klassenbewußten Proletariats das Signal für die Revolution setzen und weiterhin, daß die kleinbürgerlichen Elemente vor allem in der Führung der Arbeiterbewegung rücksichtslos bekämpft werden müssen. Dem von ihnen ausgehenden lähmenden Gift ist allein das Prinzip der zentralistischen Kaderpartei als revolutionäre Avantgarde gewachsen. Hiermit verstärkt Lenin das Marxsche Grundmotiv noch einmal: Für viele ist der kleinbürgerliche Sozialismus von nun an Hauptfeind des Proletariats.

»Das Kleinbürgertum aber, *das heißt* alle Helden der II. Internationale und der ›zweieinhalben‹ Internationale, kann dem ökonomischen Wesen der Sache nach auch nichts anderes sein als der Ausdruck von Klassenohnmacht – daher die Schwankungen, die Phrasen, die Hilflosigkeit. 1789 konnten die Kleinbürger noch große Revolutionäre sein; 1848 waren sie lächerlich und jämmerlich; 1917 bis 1921 sind sie widerliche Helfershelfer der Reaktion, sind sie ihrer tatsächlichen Rolle nach direkte Lakaien der Reaktion...« (Lenin 1970,6: 267)

Analyse und Verkennung des Problems liegen dicht beieinander. »Lakai der Reaktion« ist der Kleinbürger nämlich weniger im reformistischen Lager der Arbeiterbewegung, wo Lenin ihm das Handwerk legen will, als in den völkischen und nationalsozialistischen Organisationen. Existenziell gefährlich wird er der revolutionären Sache nicht in den reformistischen Arbeiterparteien, sondern in den faschistischen Bewegungen. Fatale Konsequenz: als die Kleinbürger in der SA längst offenen Terror üben, bekämpfen revolutionäre Kommunisten die kleinbürgerlichen »Sozialfaschisten« – in der SPD.

Die sozialistische Diskussion der Weimarer Zeit verläuft entlang der seit dem Revisionismusstreit bekannten Linien. Es geht um die Stellung der Mittelstände zur Arbeiterbewegung, vor allem in Bezug auf den Strukturwandel vom »alten« zum »neuen« Mittelstand und um die Affinität kleinbürgerlich-mittelständischer Kreise zur politischen Rechten, schließlich zum Faschismus. »Kleinbürger«, zu allermeist in der klassifizierenden Prägung »Kleinbürgertum« ist von nun an ein sicheres Kennzeichen des linken Diskurses. Der diesem Begriff anhaftende pejorative Unterton signalisiert den Sieg der Marxschen Polemik. Der Festigkeit ihrer klassentheoretischen Grundannahmen entsprechend, bedient sich seiner auch in erster Linie die revolutionäre Fraktion. Ihre Autoren halten sich bezüglich des »Kleinbürgertums« an die von Marx bekannte, durch Lenin verlängerte Diagnose: anachronistische Produktionsweise, Niedergang im Kapitalismus, Hemmschuh der Arbeiterbewegung, reaktionäres Potential.

Die subtile Marx-Interpretation von Georg Lukács etwa, wonach die kapitalistischen Verdinglichungsimperative keinesfalls vor dem Klassenbewußtsein des Proletariers halt machen müssen, verwendet die rund 70 Jahre alten Marxschen Begriffe. Seine Analyse des kleinbürgerlichen »Klassen«-Bewußtseins:

> »So kann bei diesen Klassen (wenn sie im streng marxistischen Sinne überhaupt Klassen genannt werden dürfen) nicht eigentlich vom Klassenbewußtsein gesprochen werden: ein volles Bewußtsein ihrer Lage würde ihnen die Hoffnungslosigkeit ihrer partikularen Bestrebungen der Notwendigkeit der Entwicklung gegenüber enthüllen. Bewußtsein und Interessen stehen hier demzufolge im Verhältnis eines *kontradiktorischen Gegensatzes* zueinander.« (Lukács 1979: 139ff.)

Dies führt geradlinig zur Kritik des kleinbürgerlichen Sozialismus als »Kritik vom Standpunkt des Kapitalismus aus«, als verdinglichte, d.h. kapitalistische Bewußtseins- und »Lebensformen« im Proletariat (vgl. Lukács 1979: 164). Von hier aus mündet Lukács' politisch-ideologische Charakterisierung des Kleinbürgers in eine der bündigsten Formulierungen überhaupt, kein Wunder, wenn man bedenkt, daß sein Verdinglichungstheorem dem Entfremdungs- und Fetischisierungsgedanken von Marx entstammt, welches als das logische Rückgrat der Kleinbürger-Theorie zu gelten hat: »Das verdinglichte Bewußtsein muß in den beiden Extremen des rohen Empirismus und des abstrakten Utopismus gleichmäßig und gleich hoffnungslos befangen bleiben.« (Lukács 1979: 164)

Lukács' These der Verdinglichung des proletarischen Bewußtseins kann damit inhaltlich auch als Verkleinbürgerlichung dieses Bewußtseins verstanden werden. »Roher Empirismus« und »abstrakter Utopismus« sind dessen grundlegende ideologische Formprinzipien. So scharfsinnig die erwähnte Konstruktion des kontradiktorischen kleinbürgerlichen und des dialektischen Gegensatzes von Bewußtsein und Interessen auch ist, so blind steht sie Entwicklungen gegenüber, die sich jenseits der bekannten klassentheoretischen Grundannahmen abzeichnen. Gemeint ist hier die Entstehung des sogenannten »neuen« Mittelstandes der Angestellten, die, obwohl lohnabhängig, doch in erstaunlichem Maße von kleinbürgerlicher Ideologie zehren.

Anders in der Diskussion aus dem Umkreis der Sozialdemokratie. Hier wird in einer bis zum Ende der Weimarer Republik rasch anschwellenden Zahl von Publikationen das veränderte Profil der mittleren Gesellschaftsschichten, deren ökonomisches, soziales und politisches Schicksal thematisiert. Zunächst steht die soziologische Fragestellung im Vordergrund: eine seit dem letzten Drittel des 19. Jahrhunderts sich stürmisch entwickelnde neue Schicht mit für die industrielle Ökonomie maßgeblichen Aufgaben; neue, vor allem großstädtisch geprägte Lebensformen und eine unklare, in jedem Fall aber »mittlere« soziale Rolle sind zu begreifen.

4
Sozialistische Mittelstandssoziologie

Die Soziologie entdeckt die Angestellten bereits seit der Jahrhundertwende, die sozialistische Diskussion nimmt sich ihrer erst an, als ihr »Weg nach rechts« unübersehbar geworden ist. Zunächst neigt man dazu, aufgrund der eindeutigen sozialökonomischen Stellung der Lohnabhängigkeit, die neue Schicht eher als »neues Proletariat« denn als neuen Mittelstand anzusehen. Ein Pionier der Angestellten-Soziologie, Emil Lederer, weist jedoch schon 1912 auf den politischen Gehalt dieser Einschätzung hin:

> »Bezeichnend für die Allgemeinheit, mit der die Kategorisierung *Unternehmer-Arbeiter*, das soziale Denken beherrscht, ist, daß diese. . .ganz spezifische Schicht je nach der Klassenzugehörigkeit des Beobachters entweder als neuer Mittelstand angesprochen wird, um die Zahl der selbständigen Berufstätigen wenigstens *sozial* zu vermehren, oder aber als schlechtweg Proletariat. . .um ein rascheres Tempo der Entwicklung konstatieren zu können.« (Lederer 1912: 21 f.)

Die alte These vom Niedergang des Mittelstandes, ob gewünscht oder gefürchtet, fungiert offensichtlich als Leitfaden dieser Einschätzungen. Demgemäß erscheinen die Angestellten der revolutionären Linken als über kurz oder lang zu den Reihen des Proletariats stoßende Bundesgenossen, erst recht in der Zeit der wirtschaftlichen Krise, als Rationalisierung, Konzentration und Arbeitslosigkeit auch vor den Kontoren der Angestellten keinen Halt mehr machen. Diese Erwartung erfüllt sich allerdings nicht. Differenzierter argumentieren die sozialdemokratisch orientierten Autoren. Einig ist man sich hier über die ideologische Ausrichtung der Angestellten. Diese ist weniger von der realen sozialökonomischen Stellung als vom Statusempfinden als Mittelstand bestimmt. Während seit dem ersten Weltkrieg die Konzentration und Verstaatlichung der industriellen Produktion die traditionelle »Kragenlinie« zwischen »white collar« und »blue collar« in Bewegung bringt, radikalisiert sich nämlich die mittelständische Ideologie innerhalb der Angestelltenschaft proportional zur tatsächlichen Annäherung der Lage von Arbeiter- und Angestelltenschaft, eine genau umgekehrte Polung jener Sein-Bewußtseins-Mechanik, von der die orthodoxen Marxisten ausgehen.

Eindringlichen Nachweis dieser paradoxen Entwicklung liefert auch den Sozialisten die soziologisch-literarische Studie Siegfried Kracauers »Die Angestellten«. Sie verdeutlicht die Festigkeit berufs- und mittelständischer Ideologie, vor allem in Gestalt des Abgrenzungsstrebens gegenüber dem Proletariat und verweist auf das darin enthaltene antidemokratische Potential.

»Auf das Monatsgehalt, die sogenannte Kopfarbeit und einige andere ähnliche belanglose Merkmale gründen in der Tat gegenwärtig große Teile der Bevölkerung ihre bürgerliche Existenz, die gar nicht mehr bürgerlich ist; durchaus im Einklang mit der von Marx ausgesprochenen Erfahrung, daß der Überbau sich nur langsam der von den Produktivkräften heraufbeschworenen Entwicklung des Unterbaus anpasse. Die Stellung dieser Schichten im Wirtschaftsprozeß hat sich gewandelt, ihre mittelständische Lebensauffassung ist geblieben. Sie nähren ein falsches Bewußtsein.« (Kracauer 1971: 81)

Von dieser Erfahrung aus kündigt sich das Ende der alten sozialökonomischen Klassentheorie an, wie es bereits in der These von Lukács implizit ausgedrückt ist. Wo gesellschaftliches Bewußtsein unter den Bedingungen sozialer Ungleichzeitigkeit nicht bloßes Epiphänomen, sondern ebenso auch Ursache sozialer Differenzierung ist, ist dessen ideologiekritische Bestimmung als »falsches Bewußtsein« nicht mehr von der Gewißheit eines zielgerichteten historischen Prozesses vorzunehmen, dessen soziologische Analyse vom Kriterium des Produktionsmittelbesitzes dominiert wird.

Wenn Autoren wie Theodor Geiger, Rudolf Küstermeier, Carl Dreyfuß oder Hans Speier im Blick auf den kleinbürgerlichen Angestellten die direkte Ableitbarkeit gesellschaftlichen Bewußtseins aus diesem Antagonismus mit Recht leugnen, so heißt das nicht, daß sie diesen Klassengegensatz selbst in Abrede stellen, sondern daß sie beginnen, die Vermittlung gesellschaftlichen Bewußtseins als Grundlage der Klassenanalyse zu thematisieren. Dies führt zu einem Begriff des Kleinbürgers, der in der Klassengesellschaft als politischer Typus gerade durch seine dem Klassengedanken entgegengesetzte, mittelständische Ideologie zu definieren ist. Dieser

Typus findet sich in der Weimarer Zeit in großer Zahl im alten wie im neuen Mittelstand, und sei es nur, weil sich etwa die Angestellten überwiegend aus Familien ehemals Selbständiger rekrutieren (vgl. Speier 1977: 44–51).

Bei den genannten Autoren dominiert der Mittelstandsbegriff, womit der sogenannte neue Mittelstand dem politischen Begriff des Kleinbürgers zugänglich wird. Zwar wird man gewiß nicht einfach behaupten können, der Angestellte sei ein Kleinbürger, aber es ist festzustellen, daß kleinbürgerliche Ideologie unter den Angestellten vom Kaiserreich bis zur Weimarer Zeit zu entsprechenden politischen Optionen führt, wie Untersuchungen zur Politik der verschiedenen Angestelltenverbände und -gewerkschaften dieser Zeit eindeutig erweisen (vgl. Hamel 1967).

»Der Mittelstand will als solcher erhalten bleiben...dieser Wunsch bildet die eigentliche Basis seines politischen Strebens.« (Küstermeier 1933: 37) Die politische Mittelstandsideologie tritt für den neuen Mittelstand die Nachfolge der Ideologie vom Arbeitseigentum an. Beide Ideen sind nämlich im Kern, in der Vorstellung von politischer und ökonomischer Selbständigkeit, gleichbedeutend. In diesem Strukturwandel, in dem sich vorzüglich der Wandel der Produktionsweise widerspiegelt, ist damit die Identität kleinbürgerlicher Ideologie ausgedrückt.

»Die Eigentumsfrage, die für die Ideologie und Mentalität des alten Mittelstandes von so großer Bedeutung ist, spielt für den neuen Mittelstand kaum eine Rolle. Indessen haben auch die Beamten und Angestellten etwas, was sie vom Proletariat grundsätzlich unterscheidet und dessen Erhaltung und Ausbau den wesentlichen Inhalt ihres berufsständischen und politischen Strebens ausmacht. Das sind die ›wohlerworbenen Rechte‹. ... In diesen Vorrechten steckt ›Kapital‹, sie stellen, wenn man will, ›Eigentum‹ dar...« (Küstermeier 1933: 75)

Gesellschaftstheoretisch bedeutet dies, daß in modernen Klassengesellschaften die soziale Selbstinterpretation, gerade wo sie ideologischer Art ist, für soziale Differenzierung konstituierend sein kann. In dem Maße, wie das Klassenmodell nicht diese faktische Kraft des Ideologischen erfaßt, sondern sie lediglich als falsches Bewußtsein von objektiven sozialökonomischen Tatbeständen ableitet, ist seine ideologiekritische Reichweite beschränkt.

Mit unterschiedlicher Tiefenschärfe wird diese Frage in der sozialistischen Diskussion zu Ende der Weimarer Republik erörtert und zwar mit neuer Dringlichkeit angesichts des Erklärungsdefizits bezüglich der Angestellten.

»Die Klassentheorie erklärte die mittelständische Ausrichtung der bürgerlichen Angestelltenverbände aus dem ›falschen Bewußtsein‹. Wie aber erklärte sie das falsche Bewußtsein? Die Mittel, über die sie verfügte, einsichtig zu machen, daß praktisch sein konnte, was theoretisch nicht sein durfte, waren gering.« (Speier 1977: 87)

Das Mittel, dessen sich die beiden wichtigsten der Linken nahestehenden Autoren zu Ende der Weimarer Zeit bedienen, ist relativ neu: empirische Sozialforschung. Sowohl Theodor Geiger als auch Emil Grünberg interpretieren Sozialstruktur und Ideologie mittelständischer Schichten auf der Grundlage sozialstatistischer Daten.[44] Die Schichtungssoziologie Geigers schließt sich unmittelbar an reformistische Positionen an. Ihr empirischer Befund ist eine Gesellschaft, die entgegen der Marxschen Prognose weiterhin mit starken mittelständischen Elementen durchsetzt ist. Die eingeschränkte Aussagekraft der orthodoxen Klassentheorie angesichts einer Vielzahl von Überschneidungen zwischen sozialökonomischer Stellung im Produktionsprozeß und Ideologie zwingt Geiger zu einer Differenzierung von ökonomisch (Klassenmodell) und ideologisch-mentalitär (Ständemodell) zu beschreibenden Sozialstruktur, welche er schließlich in einer von den Wirtschaftsmentalitäten ausgehenden Schichtungstheorie wieder synthetisiert. Zu dieser Konsequenz nötigen ihn vor allem die Widersprüche im mittleren Bereich: »...wo die Frage nach der gegenwärtigen sozialen Schichtung des deutschen Volkes aufgeworfen wird, richtet sich heute mit Grund das Hauptinteresse nicht mehr nach links, sondern auf die Mitte.« (Geiger 1932: 109)

Sind die ideologischen Optionen im »rein« kapitalistischen und »rein« proletarischen Bereich noch wesentlich von ihrer ökonomischen Basis bestimmt, so sind bei den Mittelschichten »Mentalitätszüge wirtschaftsfremder Motivation sehr viel stärker ausgeprägt« (vgl. Geiger 1932: 108). Geiger bezieht sich hiermit auf die trotz der Deklassierungseffekte nach wie vor erstaunliche Konsistenz kleinbürgerlicher Standes- und Eigentumsideologeme, jener »Front des Eigentumsdenkens«, der sich die Arbeiterbewegung gegenübersieht (vgl. Geiger 1932: 107).

Sowohl vom Gesichtspunkt sozialdemokratischer Taktik zur Gewinnung kleinbürgerlicher Massen, die bereits unübersehbar im Sog nationalsozialistischer Propaganda stehen, als auch vom Standpunkt gesellschaftstheoretischer Prognose plädiert Geiger für eine Abkehr von der Klassentheorie. Er empfiehlt, die sozialdemokratische Rhetorik hinsichtlich des Nationalgefühls und der Deklassierungsängste auf mittelständische Tonlagen umzustellen, denn die bisherige Praxis aktiviere lediglich antisozialistische Ressentiments.

»...die Verelendungstendenz hat gerade in dem Bemühen der sozialistischen Agitation, sie dem widerstrebenden Kleinbürgertum einsichtig zu machen, in dessen Empfindungen eine Umkehrung ihres Sinnes erfahren: aus einer *Tendenz des Kapitalismus*, deren tatsächliche Wirksamkeit dem Kleinbürger dargetan werden sollte, wurde in seinen Ohren ein *Programm des Sozialismus*, als dessen Opfer er sich ausersehen glaubte.« (Geiger 1931b: 632f.)[45]

Auf der anderen Seite zeigt ihm die Analyse der schichtspezifischen Mentalitäten unmißverständlich die ideologische Konvergenz von altem und neuem Mittelstand in der »ständisch-romantischen Formel«, im »ständischen Wunschbild«.

»Die ständischen Vorstellungen sind zugleich die *Brücke zum neuen Mittelstand*, der ja nicht die wirtschaftlichen Sorgen des Besitzmittelstandes hat. Ständisches Prinzip – das bedeutet Geltung und Prestige. Die Klassengesellschaft kennt kein oben und unten – sie hat nur ein links und rechts. Ständisches Prinzip – das ist der Protest gegen die Einebnungstendenzen der Klassengesellschaft.« (Geiger 1932: 121)

Die Hoffnung der Arbeiterbewegung auf die Angestellten, das sogenannte Stehkragenproletariat, sieht Geiger dementsprechend enttäuscht. Das »Bekenntnis zur Sozialdemokratie« sei für diese Schichten »mit einem untragbaren ›Triebverzicht‹ verbunden«, mit der Folge, daß »die ›falsche Ideologie‹ vorgezogen« werde (vgl. Geiger 1931b: 625). Damit diagnostiziert er die relative Entkopplung politischer Option von der ökonomischen Lage und findet die Mittelschichten (im Zeichen des Nationalsozialismus (psychisch vorbereitet »für einen kleinbürgerlichen Radikalismus« aus wirtschaftlicher Bedrängnis, wobei nichts zur Sache tut, »wieweit die Existenzängste sachlich begründet, wieweit sie kollektiv-neurotisch übersteigert sind« (vgl. Geiger 1932: 120). Durch diese Übersteigerung, diese »Panik im Mittelstand« seien alter und neuer Mittelstand im Extremismus vereint. Kleinbürgerlicher Extremismus in diesem Sinne bedeutet die Übersteigerung der Mittelstandsideologie, bedeutet, daß der Kleinbürger aus einem »Mittler zwischen zu einem Kämpfer gegen zwei Fronten geworden« ist (vgl. Geiger 1932: 124).

Geiger sieht in aller Klarheit die Bedeutung der Mittelschichten für das Schicksal der Arbeiterbewegung, wie er genauso nüchtern die politischen Implikationen der verschiedenen Mittelstandssoziologien im Auge hat.[46] Dennoch bleibt er vor Irrtümern nicht bewahrt, wo er den dissoziierenden Kräften im mittelständischen Lager auf mittlere Sicht die stärkere Wirkung zutraut, wenn er etwa behauptet: »...trotz ständischer Mentalität, trotz nationaler Geltungsbedürfnisse sind diese beiden Blocks des Mittelstands durch eine Welt voneinander getrennt.« (Geiger 1932: 122)

Letztlich setzt Geiger auf einen Eigensinn der ideologischen Entwicklung im Bereich der Angestellten, die vom Nationalsozialismus zwangsläufig enttäuscht werden müßten. Die Naivität dieser Prognose läßt sich rückblickend leicht feststellen. Sie besteht in der Blindheit gegenüber den selbst zutage geförderten Mentalitätsanalysen, in der systematischen Unterschätzung ideologischer Bindekräfte gegenüber der Logik der ökonomischen Basis, wiewohl doch gerade diese relative Entkopplung methodischer Ausgangspunkt ist. Doch hierin ist nicht nur eine Schwachstelle Geigers zu erblicken. Seine Arbeiten sind typisch für die fatale Neigung zu politischem Illusionismus innerhalb der zerstrittenen Linken in den letzten Jahren der Weimarer Republik. Sie spiegeln in diesem Punkt die Naivität seiner Partei, der Sozialdemokratie, nur allzu getreu wider. Erst nach der Katastrophe, 1949, kann auch Geiger die ganze Gefährlichkeit der mittelständischen Konstellation nüchtern beurteilen:

»Das Prestigebedürfnis nach Abhebung von der Arbeiterklasse griff daher begehrlich nach der Standesideologie der gewerblichen Mittelschicht. Aus völlig verschiedenen – zum Teil geradezu entgegengesetzten – Beweggründen nähren so die gewerbliche Mittelschicht sowohl als große Teile der Angestelltenschicht Widerwillen gegen das Klassenmodell als solches und finden einander in einer sentimental verlogenen Standesideologie. Die letzte Konsequenz dieser neuen Frontbildung war die Spießbürgerrevolution des Faschismus und Hitlerismus.« (Geiger 1949: 167)

Unter den vielen mittelstandssoziologischen Autoren gegen Ende der Weimarer Zeit nimmt Emil Grünberg eine Sonderstellung ein. In seiner Schrift »Der Mittelstand in der kapitalistischen Gesellschaft« führen präzise gesellschaftstheoretische Begrifflichkeit und genaue Erfassung der sozialstatistischen Daten zu einer der aussagekräftigsten und politisch fruchtbarsten Analysen überhaupt. Grünberg geht von den Marxschen Erkenntnissen aus: einfache Produktionsweise, Niedergang, Neigung zu politischem Irrationalismus. Die empirischen Untersuchungen zur ökonomischen Lage des Handwerks zeigen ihm:

»Die im Jahre 1848 im kommunistischen Manifest erstmalig expressis verbis ausgesprochene und später vom Erfurter Programm (1891) übernommene These von der zwangsläufigen Vernichtung des Mittelstandes im kapitalistischen System erscheint durch die bisherige Untersuchung vollauf erwiesen.« (Grünberg 1932: 121)

Konsequent deutet er das Mittelstandsproblem von den nach wie vor heftigen Bekundungen mittelständischer Lebenskraft und Unentbehrlichkeit aus, die sich natürlich in erster Linie als Widerlegung der Niedergangsthese versuchen. So stehen »die ständigen Hilferufe und Klagen des Mittelstandes in traurig-groteskem Widerspruch zu den großspurigen Beteuerungen seiner unverwüstlichen, urwüchsigen Lebenskraft, seiner großen wirtschaftlichen Bedeutung und der Haltlosigkeit der Niedergangstheorie« (vgl. Grünberg 1932: 207).

Grünberg sieht die im Kampf mit dem »Drachen« der Marxschen Prognose stehenden Vertreter der »Drachentötertheorie« längst von der realen Entwicklung widerlegt. Dennoch bleibt ihre Bedeutung durch die Aggressivität ihrer zahlreichen Anhänger, sowie »als Beweis von der Weiterexistenz des gewerblichen Mittelstandes, nicht zwar als ökonomische, wohl aber als gesellschaftliche Kategorie« (vgl. Grünberg 1932: 123). Auf dem Wege zu diesem Befund muß allerdings der Beweis der faktischen ökonomischen Marginalisierung erst erbracht werden. Hierzu setzt Grünberg bei der bekannten Unterscheidung zwischen altem und neuem Mittelstand an. Seine (klassentheoretische) Position ist eindeutig: »Alter und neuer Mittelstand gehören zwei verschiedenen Klassen an; den antagonistischen Klassen der kapitalistischen Gesellschaft.« (Grünberg 1932: 164)

Über diese sozio-ökonomische Unterscheidung gelingt die Analyse eines vielfältig in sich gespaltenen Mittelstandes, der trotzdem – zwar nur vorläufig – als ideologische Einheit anzusehen sei. Wenn daran anschließend auch Grünberg dem Optimismus über die endliche Rolle der Angestellten als ›Neuproletarier‹ verfällt, erscheint dennoch seine Konstruktion als Ausnahme: klassenanalytische Differenz und ideologische Konsistenz im Mittelstand sind zugleich erfaßt.

Grünbergs Modell enthält zunächst eine ›alte‹ gewerbliche Mittelklasse kleiner Produzenten und Händler, eine Klasse, die »weder auf den Verkauf ihrer Arbeitskraft an fremde Verfügungsgewalt angewiesen ist, noch selbst fremde Arbeitskraft ausbeutet« (vgl. Grünberg 1932: 168). Auch wenn diese Bestimmung des »weder-noch« die zentrale Marxsche Pointe des »sowohl-als-auch« nicht reflektiert, interpretiert Grünberg diese Mittelklasse ganz im bekannten Sinne als Übergangsklasse, für welche die Niedergangshypothese ungebrochen gültig sei. Anders beim hinzukommenden Mittelstand: »Daß die Angestellten und Beamten sich selbst als Mittelstand und nicht als Proletarier fühlen, ändert nichts an der objektiven Tatsache ihrer proletarischen Situation...« (Grünberg 1932: 169).

Auf der Grundlage dieser Unterscheidung zwischen sozio-ökonomischer Tiefenstruktur (Klassenanalyse: Mittelklasse und proletarischer neuer Mittelstand) und der Oberflächenstruktur (ideologische Selbstauslegung als Mittelstand) gelingt Grünberg eine Neuformulierung des Mittelstandsbegriffs als Topos politisch-ideologischer Integration für die von Proletarisierung und Deklassierung – oder auch nur der Angst davor – geprägten Schichten in der bürgerlichen Gesellschaft. Von der Existenz des Mittelstandes ist damit so lange auszugehen, wie die Zugehörigkeit zum Mittelstand behauptet wird. Dieser scheinbare Widerspruch löst sich bei

Anerkennung der schichtkonstituierenden Kraft der Ideologie auf. Bei der Suche nach einem den Mittelstand vereinheitlichenden Kriterium bleibt Grünberg somit lediglich das Standesbewußtsein:

»Das einzig Einheitliche einer überaus heterogenen und von Klassengegensätzen zerrissenen Schicht ist ihre Proletarisierung und ihre aggressive Abschließung gegen das Proletariat.« »...er will Mittelstand sein; sein Wollen und Fühlen macht ihn dazu.« »Demnach muß dieses Standesbewußtsein stärker sein als Klassengegensatz und Klassenlage.« (Vgl. Grünberg 1932: 165f.)

Ist die reale Lage der alten Mittelklasse faktisch der der Arbeiterklasse angeglichen und die des neuen Mittelstandes strukturell die eines neuen Proletariats, so scheint die »Existenz des Mittelstandes ausschließlich auf der ideologischen Abgrenzung gegenüber dem Proletariat« zu beruhen (vgl. Grünberg 1932: 176) Damit ist der Perspektivwechsel von der Mittelstandssoziologie zum politisch-ideologischen Mittelstandsbegriff, den die vorliegende Arbeit mit dem des Kleinbürgers identifiziert, vollzogen. Kleinbürgerlich-mittelständische Ideologie ist bei Grünberg zunächst geprägt vom Moment reaktionär gefärbter Fortschrittsfeindlichkeit:

»Und wie die Mittelklasse der kapitalistischen Gesellschaft muß auch der neue Mittelstand danach trachten, die Welt zurückzuschrauben oder wenigstens zu immobilisieren. Sie alle sind ihrem Sinnen und Streben nach verkörperte Statik, weil jede Dynamik – sei sie kapitalistisch, sei sie sozialistisch – ihre ›bürgerliche Existenz‹ zerstört.« (Grünberg 1932: 182)

Die Selbstüberschätzung der eigenen sozialen Rolle, das altbekannte mittelständische Sendungsbewußtsein in umgekehrter Proportionalität zur realen gesellschaftlichen Bedeutung ist ein Muster kompensatorischer Irrationalisierung:

»Der Mittelstand beansprucht also, daß *die gesamte wirtschaftende Gesellschaft den Interessen seines ›Standes‹ untergeordnet werde; sie soll unwirtschaftlich – entgegen der primitivsten Vernunft – handeln, lediglich um ihn vor dem Untergang zu bewahren.* Daher muß der Mittelstand die Irrationalität zum rationalen Prinzip seines Selbstbehauptungskampfes erheben.« (Grünberg 1932: 211)

Geblieben ist von der einstigen gesellschaftlichen Rolle lediglich die Illusion der Selbständigkeit und ein je aussichtsloser, desto krampfhafter geführter Kampf gegen die moderne Welt, die ihn nicht nur in seiner ökonomischen Existenz, sondern vor allem in seinem Sozialprestige bedroht. Die symbolischen Formen seiner Deklassierung nimmt der Kleinbürger damit mindestens ebenso ernst wie die materiellen; er »kämpft nicht gegen die Verschlechterung seiner Lage, er kämpft gegen seine Proletarisierung« (vgl. Grünberg 1932: 179f.). Die eigentliche Opposition des Kleinbürgers gilt ja gerade einer Welt des ökonomischen Primats, des »Mammonismus« und Klassenneides, die die einstmalige wahre und gute Ordnung auf den Kopf gestellt hat. In diesem systematischen Absehen von den wahren Gründen seiner Sorgen, in der Fixierung auf die Symptome und Epiphänomene des eigentlich auf ihn (und in ihm) wirkenden kapitalistischen Prinzips erkennen wir den seit Marx bekannten, typisch in der Ideologie vom Arbeitseigentum wirkenden kleinbürgerlichen Konkretismus wieder.

Denn das Kleinbürgertum konnte und kann nur gegen die Formen kämpfen, die das System annimmt, niemals aber gegen das System selbst, – Privateigentum und private Unternehmerschaft – sein eigenes Lebenselement.« (Grünberg 1932: 182)

So entwickelt Grünberg die Dialektik des Mittelstands aus seiner objektiven sozialen Rolle als »Fundament kapitalistischer Herrschaft« (vgl. Grünberg 1932: 185) und der statisch-konkretistisch gefärbten Ideologie als kleinbürgerliches Paradoxon. Aus diesem Paradoxon, in dem gleichzeitig ein Schlüssel zur Faschismustheorie liegt, wird sich die Rolle des Kleinbürgers im Nationalsozialismus ableiten.

»Der Kleinbürger kämpft nicht gegen die Ware, er kämpft gegen das Warenhaus. Der Staat, dessen Macht der Kleinbürger stärken will, damit er das große Kapital verbiete, ist der Staat des großen Kapitals; es ist der Staat der Bourgeoisie, die der Kleinbürger befehdet, und der er gehorsamste Gefolgschaft leisten muß. Seine Revolution ist das Bollwerk gegenüber der Revolution.« (Grünberg 1932: 184)

Die für unseren Untersuchungszeitraum relevante Diskussion von Kleinbürger und Sozialismus findet in der Analyse Grünbergs ihr vorläufiges Ende; sie ist unter den mittelstandssoziologischen Arbeiten ihrer Zeit die gehaltvollste, teilt aber mit diesen – aus heutiger Warte beurteilt – die Neigung zur Unterschätzung der zerstörerischen Wucht des losgelassenen kleinbürgerlichen Extremismus, wie er sich im Faschismus artikuliert. Neben den politisch-psychologischen Gründen für diese Blindstelle war vor allem an Geiger zu zeigen, daß die Mittelstandssoziologie theoretisch zuallermeist nicht in der Lage ist, diese Gefahr zu konzeptualisieren. Ein hierzu komplementäres Defizit entspringt auf der Seite des revolutionären Sozialismus der orthodoxen Klassentheorie, die zwar frühzeitig das kleinbürgerliche Element im Faschismus erkennt, jedoch die Ausstrahlungskraft der mittelständischen Ideologie weit über den Bereich des alten Mittelstandes, des Marxschen Kleinbürgertums, systematisch unterschätzt.

Es bleibt der sozialistischen Theorie ein seit Marx bestehendes Desiderat, und zwar die sozio-ökonomische Begründung für die Überlebensfähigkeit des Mittelstandes, auch des Selbständigen, als soziales Eigengewicht in der kapitalistischen Gesellschaft, eine Begründung jenseits apologetischer »Drachentötertheoreme«. Bereits seit dem Revisionismus vorhandene Ansätze hierzu nimmt Fritz Marbach auf. Seine *Theorie des Mittelstandes* (1942) ist prinzipiell in Parallele zu den Arbeiten Geigers zu sehen, verarbeitet aber auch Motive Bernsteins und verbindet beide Quellen zum Ansatz einer politökonomischen Theorie des Kleinbürgers, die auch unter den Bedingungen des Spätkapitalismus standhalten kann.

Marbach definiert den gewerblichen Mittelstand von einer »grundlegenden Unterscheidung zwischen Kapital und Arbeitsvermögen«, zwischen »kapitalistischem Erwerbseigentum« und »mittelständischem Arbeitseigentum« aus (vgl. Marbach 1942: 232/ 51). Kapital als anonymer, sich selbst verwertender Wert ist als Begriff auf das mittelständische »Kapital« nicht anzuwenden, sondern dieses ist als dem arbeitenden Produzenten unmittelbar eigenes Produktionsmittel zu verstehen. Der Mittelständler ist damit »Arbeitsbürger«, also durchaus im Sinne von Marx Arbeiter und Bourgeois zugleich (vgl. Marbach 1942: 67). Damit scheint bis in die Wortwahl hinein die Ideologie vom kleinbürgerlichen Arbeitseigentum reformuliert zu sein. Doch Marbachs Ziel, die Kritik der Niedergangshypothese, in der er eine typische »déformation professionelle des deutschen Marxismus« vermutet (vgl. Marbach 1942: 106), besteht nicht in der Neuauflage des »Drachentötertheorems«, sondern im Aufweis des politökonomischen Grundes der Fortexistenz auch des selbständigen Mittelstandes trotz der gesellschaftlichen Primärtendenz der Konzentration und Monopolisierung. Er findet diesen Grund in der Basisüberlegung der Marxschen Krisentheorie des Kapitalismus, in der These vom tendenziellen Fall der Profitrate.

Marbachs Analyse mündet in ein Paradoxon. Der Mechanismus des Profitratenfalls nämlich, in dem die steigende organische Zusammensetzung des Kapitals als Ergebnis kapitalistischer Konkurrenz die mittelständische Existenz bedroht, eröffnet dieser zugleich immer erneute Lebenschancen. Wenn auch die industrielle Großproduktion mit hohem Anteil konstanten Kapitals zunächst die handwerkliche Individualproduktion mit vergleichsweise hohem Anteil variablen Kapitals verdrängt, so sind zugleich in der sich daraus ergebenden Konzentrationstendenz die Verwertungskrisen des Kapitals begründet. In dem Maße wie die in Verwertungsschwierigkeiten befindlichen Großbetriebe durch Rationalisierung auf eine Steigerung des relativen Mehrwerts hinarbeiten, müssen sie notwendig Bereiche der Produktion, die nur mit hohem Aufwand lebendiger Arbeit zu betreiben sind, aus Rentabilitätsgründen aufgeben, so in der Reparatur-, Luxus- und Individualproduktion, derer sich immer wieder neue Kleinbetriebe annehmen können. In der hier nach wie vor erforderlichen handwerklichen Produktion ist, so Marbach, die Mehrwertproduktion aufgrund des hohen Anteils der Arbeitskraft gesichert. Damit findet der weniger krisenempfindliche, kostenelastischere und anpassungsfähigere Klein- und Handwerksbetrieb auch im entwickelten Monopolkapitalismus seine dauerhafte ökonomische Existenzgrundlage.

»So kommen wir... zu dem für den Mittelstand tröstlichen Schluss, dass die gleichen Erscheinungen, die ihn einer raschen und zwangsläufigen Liquidierung entgegenzutreiben schienen, im Verlauf ihrer Entwicklung aus sich selbst heraus diejenigen Bedingungen erzeugen mussten, die Voraussetzung sind für den weiteren Bestand eines seiner wichtigsten Sektoren, des Gewerbes nämlich und, eines Teiles wenigstens, des Handwerks.« (Marbach 1942: 90)

Mit dem Bild einer Baggermaschine skizziert Marbach diesen Mechanismus, der weniger den ganzen Mittelstand als immer verschiedene Berufsarten betrifft: »Es fallen immer welche; es sind welche unten, aber es steigen immer auch welche.« (Marbach 1933: 42) Nicht nur das makroökonomische Argument ist an dieser Beobachtung von Interesse.

»Die Wandlung der organischen Zusammensetzung des Kapitals, die in den Augen ihrer frühsten Beobachter als das große Ausradieren des selbständigen Mittelstandes erschien, hat sich im Verlaufe der Zeit als eine Wächterin über dem Stand bzw. der Klasse erwiesen. Aber eben über dem Stand, nicht über den geschäftlichen Individualitäten dieses Standes.« (Marbach 1942: 257)

Was dem »Individuum dieses Standes« nämlich unmittelbar vor Augen steht, ist nicht das Gesamtbild der Ökonomie mit seiner relativ stabilen Zahl mittlerer Existenzen, sondern deren Innenansicht: der Mittelstand als Schauplatz eines permanenten Strukturwandels durch Reussieren und Fallieren einzelner Betriebe, Ruinierung ganzer Berufe und Entstehen neuer – scheinbar schicksalhafte Prozesse des Auf und Ab. Diese Wahrnehmung der ökonomischen Welt mündet in das Bild einer allein durch das asketische Arbeitsethos und den Glauben an die Mission des Mittelstandes beeinflußbaren gleichsam metaphysisch begründeten ökonomischen Prädestination aus unergründlichem Ratschluß. Hieraus nährt sich schließlich jene Mentalität des elitär-darwinistischen Fatalismus, wie er auch im Liberalismus anzutreffen ist.

Erst vor diesem Hintergrund gewinnt das Bild kleinbürgerlicher Wahrnehmungen kapitalistischer Ökonomie Konturen. Es ist fixiert auf die Mikro-Ebene und geprägt vom drohenden Schicksal der Proletarisierung und vom greifbaren Beispiel des Aufstiegs. Die im Proletariat und im besitzenden Bürgertum vorherrschende relative Stabilität der wirtschaftlichen Lage kennt der Kleinbürger nicht. Er vermeint sie bestenfalls aus vergangenen Zeiten zu erinnern. Wo im Zeichen der Krise der Arbeiter lediglich seine »Fesseln« und der Kapitalist seine Profite zu verlieren hat, da droht dem Kleinbürger der Verlust von beidem, Freiheit und Einkommen des »Arbeitsbürgers«. Der Kapitalismus garantiert ihm nur den schwankenden Boden, auf dem er steht.

Das Streben nach ökonomischer Sicherheit ist damit der Leitfaden kleinbürgerlichen Wirtschaftshandelns. Zwei Wege führen dorthin, staatliche Fürsorge, wie sie die Beamtenexistenz bietet und die Selbständigkeit durch persönlich erworbenes Arbeitseigentum. Zwei Ideen repräsentieren auch diese Alternative im Politischen, der Sozialprotektionismus konservativer Provenienz und der gemäßigte Liberalismus der vormonopolistischen Ära.

Marbach entwickelt aus der Vorstellung eines quantitativ in etwa stabilen, aber in sich rotierenden Mittelstandes eine soziologisch plausible Differenzierung. War bislang das Kriterium des alten und neuen Mittelstandes zumeist mit dem der Selbständigkeit bzw. Unselbständigkeit identifiziert, so isoliert er nun diese beiden Kriterien voneinander, was zu einem viergeteilten Mittelstandsbegriff führt (vgl. Marbach 1942: 195 ff.):

- alter selbständiger Mittelstand (altes Handwerk, Kleinhandel),
- neuer selbständiger Mittelstand (neues Handwerk, Reparaturgewerbe etc.),
- alter unselbständiger Mittelstand (Beamte etc.),
- neuer unselbständiger Mittelstand (Angestellte etc.).

Nun ist der alte (selbständige und unselbständige) Mittelstand von seinen retrograden, fortschrittsfeindlichen Orientierungen her bekannt. Innovatorische Bestrebungen können aber nach Marbach nicht generell vom neuen, sondern lediglich vom »neuen unselbständigen« Mittelstand, den Angestellten erwartet werden (hierin schließt er sich dem Optimismus seiner Vorgänger an). Der immer wieder neu entstehende »neue selbständige« Mittelstand sei hingegen geradezu prädestiniert für konservative Ideologie, indem der zum erfolgreichen Kleinunternehmer avancierte Handwerker sein eigenes Schicksal aus der persönlichen Leistungsfähigkeit, deren Durchsetzungsvermögen aber mit einer funktionierenden und deshalb bewahrenswerten Ordnung erklären wird.

> »Während der neue *unselbständige* Mittelstand ein Gärstoff der Gesellschaft ist, ist der neue *selbständige* Mittelstand ein gesellschaftliches Bindemittel erster Ordnung, weil er die Vacuum-Bildung zwischen Proletariat und Kapitalität laufend verhindert.« (Marbach 1942: 198)

Marbach sieht die Angestellten allerdings realistisch, d.h. wesentlich bestimmt vom mittelständischen Standesbewußtsein und entsprechend ihre Rolle als sozialer »Gärstoff« in weiter Ferne.[47] So bleibt die ideologische Ausrichtung im gesamten Mittelstand geprägt vom »wirtschaftlichen Kompromißcharakter seines Daseins«. Es dominieren »Enge des Horizonts, Fantasiemangel, Kleinlichkeit, Unaufgeschlossenheit und sozialkonservative Überängstlichkeit, verbunden jedoch mit einer eruptiven Aufbegehrlichkeit überall dort, wo der Staat unerwünschte oder unverstandene Vorkehren trifft.« Es herrscht »Egozentrik« als »psychologische Kompensation objektiv bedingter, kollektiver Minderwertigkeitsgefühle« (vgl. Marbach 1942: 63/280). Gleichzeitig führt die Übertragung individueller Ängste auf den ganzen Stand zu einer kollektiven Selbsteinschätzung, die Marbach entsprechend »Standesunterbewußtsein« nennt (vgl. Marbach 1942: 181). Genau dieses Bewußtsein, im wesentlichen das Abgrenzungsstreben gegenüber dem Proletariat, definiert auch bei Marbach den Mittelstand. So wird die »Fiktion« der Mittelstandszugehörigkeit »eine soziologische Realität«, deren ideologisches Zentrum aber ist bekannt (vgl. Marbach 1942: 387): »So sehr der Mittelstand am Prinzip des äquivalenten Tausches aller Waren und Leistungen interessiert ist, so sehr ist er auch am Grundsatz freien Besitztums interessiert.« (Marbach 1942: 148)

Hiermit schließt sich der Kreis. Das Paradoxon der mittelständischen Ökonomie, das in der Idee vom Arbeitseigentum aufgehoben ist und einen zentralen Widerspruch der bürgerlichen Gesellschaft reflektiert, den von Gleichheit (Äquivalenz) und Freiheit (Eigentum), prägt kleinbürgerliche Ideologie bis heute.

Wie zu zeigen war, ist die Diskussion von Kleinbürger und Sozialismus durch die Marxschen Bestimmungen dominiert, sei es in der Absicht, sie zu widerlegen oder sie zu verifizieren. Auch wo sie, wie bei den letztgenannten Autoren, über Marx hinausgeht, bleibt man auf seine Begriffe angewiesen. Dies betrifft auch Marbachs »Schaufelbaggertheorie«. Wenn Engels 1865 von der Zwischenklasse des Kleinbürgertums spricht, das von der modernen Industrie »produziert« wird (vgl. Engels, MEW 16: 67) und das Kommunistische Manifest von einer »neuen Kleinbürgerschaft«, die »als ergänzender Teil der bürgerlichen Gesellschaft stets von neuem sich bildet« (vgl. Marx/Engels, MEW 4: 484), scheint

diese Überlegung auch den Vätern der sozialistischen Klassentheorie nicht fernzuliegen, obwohl sie diesen Faden nicht systematisch weiterspinnen. Marx und Engels bilden ihre Kleinbürger-
Analyse im Kampf gegen den kleinbürgerlichen Sozialismus. In
dessen Borniertheit ist bereits das ganze kleinbürgerliche Dilemma enthalten:

> »Seinem positiven Gehalte nach will jedoch dieser Sozialismus entwe-
> der die alten Produktions- und Verkehrsmittel wieder herstellen und mit
> ihnen die alten Eigentumsverhältnisse und die alte Gesellschaft, oder er
> will die modernen Produktions- und Verkehrsmittel in dem Rahmen der
> alten Eigentumsverhältnisse, die von ihnen gesprengt wurden, gesprengt
> werden mußten, gewaltsam wieder einsperren. In beiden Fällen ist er re-
> aktionär und utopisch zugleich.« (Marx/Engels, MEW 4: 485)

Die Tragik des Verhältnisses von Kleinbürger und Sozialismus
scheint auch darin begründet zu liegen, daß der Sozialismus mit
dieser Erkenntnis praktisch so wenig anzufangen weiß. Wie die
vorliegende Arbeit u.a. zeigen will, wird der Kleinbürger nirgends treffender analysiert als in der sozialistischen Debatte. Nirgends aber fühlt er sich weniger verstanden und schlechter aufgehoben als im Sozialismus.

Die Analyse mündet in dieses Bild eines Abstoßungsverhältnis-
ses. Es bleibt auf der einen Seite die politische Geschichte des in
sich gespaltenen Sozialismus in Deutschland, der zu keiner Zeit
eine rein proletarische Angelegenheit ist, sondern von Beginn an
eine Arbeiterbewegung mit unverkennbar kleinbürgerlichem
Antlitz. Auf der anderen Seite steht die politische Geschichte des
Kleinbürgers als von Proletarisierungsängsten getriebenem einge-
fleischtem Gegner des Proletariats. Beide, Kleinbürger und Sozialismus, sind von den Widersprüchen des ungleichzeitigen Ge-
schichtsverlaufs Deutschlands in der bürgerlichen Epoche gezeichnet, ja sie verkörpern bis zu einer gewissen Grenze diesen Widerspruch wechselseitig füreinander: Die Dialektik des Sozialismus läßt sich durchaus am Begriff des kleinbürgerlichen Sozialismus studieren und das Paradox des Kleinbürgers ist sein Antisozialismus, der aus antikapitalistischen Impulsen stammt.

Die Ideologie vom Arbeitseigentum, als zweite, nämlich ökonomische Elementarideologie des Kleinbürgers, ist der Kitt, der

diese komplexe Beziehungsstruktur ermöglicht. Da sich in der bürgerlichen Gesellschaft das Arbeitseigentum immer in Gefahr befindet, ist der Kleinbürger auf der Suche nach mächtigen Freunden, die sich seiner wirtschaftlichen und weltanschaulichen Sorgen annehmen. Als ideell und materiell Obdachloser findet er – vorläufig – Unterstand bei den Konservativen.

Kapitel 3

Der Traum vom Ständestaat: Kleinbürger und Konservatismus

Der Konservatismus des Kleinbürgers ist beinahe sprichwörtlich. Vieles spricht dafür, im Konservatismus die dem kleinbürgerlichen Interesse am ehesten entsprechende politische Idee zu vermuten. Doch damit ist nicht viel gewonnen; die Diskussion des Verhältnisses von Kleinbürger und Politik ist mit dem Konservatismus keinesfalls ans Ziel gelangt. Allerdings ist, wenn überhaupt von einer dauerhaften politischen Bindung des Kleinbürgers die Rede sein kann, diese am ehesten der Konservatismus. Doch diese Nähe bleibt erklärungsbedürftig, sie ist zwar ein typisches Muster, aber kein logisches. Es wird sich nämlich zeigen, daß der kleinbürgerliche Konservatismus immer ein Produkt der Verlegenheit gewesen ist, politisches Asyl, nicht politische Heimat des Kleinbürgers.

Diese These ist in den vorstehenden Kapiteln schon mehrfach angesprochen worden. Die folgende Analyse gilt dem kleinbürgerlichen Konservatismus, und zwar als einem nicht genuinen Entsprechungsverhältnis, sondern als eine aus der Not geborene Verbindung, deren eigentlicher Grund negative Identifikation ist: Anti-Liberalismus und Anti-Sozialismus. Entsprechend ist die konservative Mittelstandspolitik im wesentlichen als durch taktische Notwendigkeit hervorgerufene politische Rhetorik zu verstehen, in der eine traditionell ohne eigene Massenbasis operierende Bewegung sich die nötige Unterstützung sichert. Dem Konservatismus Deutschlands, einer immer von Elitenideologien zehrenden und sich selbst als Elite definierenden politischen Bewegung, sind die Kleinbürger seit je die liebsten Untertanen. Diese suchen nach weltanschaulichem Halt und ökonomischer Protektion. Der Konservatismus verspricht sie ihnen.

In einem diffusen ideologischen Klima des Antimodernismus, vor allem aber in der Vorstellung eines starken Staates, der der modernen Entfesselung von gesellschaftlichem und ökonomischem Prozeß Einhalt gebieten soll, finden sich so spätestens seit der Bismarck-Ära alte Eliten, Landaristokratie und kleinbürgerlicher Mittelstand im konservativen Lager zusammen. Die sie verbindende politische Idee ist die vom Ständestaat. Sie stellt durch die wechselhaften Etappen der Geschichte beider, des Kleinbürgers und des Konservatismus, das ideologische Bindeglied dar, nachdem das Versprechen von der bürgerlichen Emanzipation durch den Liberalismus und das vom Arbeitseigentum durch den Sozialismus enttäuscht worden ist.

»Der Mittelstand ist in seinem ganzen Wesen *traditionsgebunden* und daher, im Gegensatz zum reinen Kapital und zum reinen Arbeitssektor – *konservativ* ... Reaktionär ist der Mittelstand ... dort, wo er die zünftlerischen und ständischen Ideen in die Neuzeit verpflanzen will. ... er hält ... darauf, die Tradition zu wahren und Bestehendes, das irgendwie verteidigenswert erscheint, zu konservieren. Daher ist er eben konservativ.« (Marbach 1942: 124f.)

Kleinbürgerlicher Konservatismus formuliert sich wesentlich in der Idee vom Ständestaat. Je nach gesellschaftlichem Hintergrund durchläuft diese Idee verschiedene Stufen ideologischer Rationalität, die im folgenden vom altständischen Konservatismus über das Kaiserreich bis hin zur sogenannten konservativen Revolution und den Übergängen zum Faschismus zu Ende der Weimarer Zeit untersucht werden.

1
Traditionalismus, Statik, Romantik

Zunächst gilt es allerdings, das Grundmuster kleinbürgerlicher Ideologiebildung, die retrograde Orientierung, von ihrer speziellen Ausprägung im Konservatismus zu unterscheiden. Wie gezeigt, wirkt dieses Grundmuster sich auch auf das Verhältnis des

Kleinbürgers zu Liberalismus und Sozialismus aus, es stellt ein Re-
aktionsschema dar, das unterschiedliche politische Physiogno-
mien annehmen kann. Retrograde Ideologie ist keinesfalls gleich-
zusetzen mit kleinbürgerlichem Konservatismus, sondern könnte
eher, um die Unterscheidung Karl Mannheims aufzugreifen, mit
dem Begriff des Traditionalismus angesprochen werden.[48] Natürlich mündet der kleinbürgerliche Traditionalismus nicht zufällig
oft in konservative Optionen, steht er doch in ausdrücklicher Analogie zu dem des Konservatismus selbst. Beide sind Antworten
auf die als bedrohlich empfundene Entwicklung der modernen
bürgerlichen Gesellschaft.

Der deutsche Konservatismus der Frühzeit ist die politische
Idee der um ihre Privilegien bangenden Aristokratie, die gegen
die Ideen von 1789, gegen naturrechtliches Denken und gegen die
aufstrebende Bourgeoisie antritt. In der sicheren Gewißheit, daß
die kommende bürgerliche Klassengesellschaft mit den feudalen
Ständen und ihrem Staat, der alten Monarchie über kurz oder lang
aufräumen wird und in der sich daraus ergebenden konservativen
Abwehrhaltung finden sich aber bald schon Aristokratie und Mittelstand zusammen; die alten Stände gegen die neuen Klassen,
Bourgeoisie und Proletariat. Das Muster ist bekannt: Die prä-
gende soziale Erfahrung des Kleinbürgers ist die Angst vor dem
Verlust seines einstmals sicheren gesellschaftlichen Status' und
Prestiges. Die Entwicklung des Fortschritts folgt der kapitalistischen Logik, der eine Logik des Niedergangs des Mittelstandes in-
newohnt. Mit dem Rücken zur Zukunft sucht der Kleinbürger
wenigstens den status quo zu retten.

»Der Kleinbürger ist dem Entwicklungsgedanken feind, denn
die Entwicklung geht beständig gegen ihn – der Fortschritt
brachte ihm nichts als unbezahlbare Schulden.« (Trotzki 1971:
575) Die kleinbürgerlichen Ängste gelten der materiellen und moralischen Deklassierung gleichermaßen. Schulden zu haben, verträgt sich nicht mit dem alten Kodex des ehrbaren Wirtschaftens,
während der moderne Unternehmer mit dem kalkulierten Einsatz von Fremdkapital seine Geschäfte zu machen versteht. Was
im ökonomischen Bereich die schwindelerregende Beschleunigung der Zirkulation von Waren und Geld, die industrielle Großproduktion und Rationalisierung, sind im politischen Demokrati-

sierung, Parlamentarisierung, aber auch die Verrechtlichung, Formalisierung und Bürokratisierung des Gemeinwesens. Für den Kleinbürger wirft dies das Bild eines von gesellschaftlichen Widersprüchen, partikulare Interessen und rücksichtslosen Klassenkämpfen belagerten Staates, dessen einstmalige Würde und Handlungsfähigkeit in Frage gestellt sind.

Wo der Staat unter der unablässigen Drohung von Chaos, Anarchie und Bürgerkrieg steht, verspricht sich der Kleinbürger das Heil in einem mächtigen Souverän. Dieser soll als Verkörperung des nationalen Interesses die Handlungsfähigkeit im Sinne der Kriegsbereitschaft nach außen garantieren und im Inneren die gesellschaftlichen Widersprüche mit starker Hand stillstellen, d.h. aus der Gesellschaft wieder das machen, was sie vormals war, ein einiges Staatsvolk, gegliedert nach ständisch-organizistischer Vorstellung: Oben-Mitte-Unten, »Nährstand-Lehrstand-Wehrstand...«

Die Objekte der kleinbürgerlichen Identifikation mit dem konservativen Programm im 19. Jahrhundert sind die preußische Monarchie und der zu erringende deutsche Nationalstaat, zwei Ideen, die sich schließlich in der Person des »eisernen Kanzlers« verwirklichen, eine historische Verbindung von maßgeblicher politischer Bindekraft. Erinnert die seit 1806 verwaiste Kaiserkrone des Heiligen Römischen Reiches Deutscher Nation für den Kleinbürger noch an den Glanz des Zunftwesens und an mittelalterlichen Handwerkerstolz, so ist die Reichsgründung 1870/71 ein Versprechen der Kontinuität. Dessen Kurzlebigkeit tut der Zugkraft der kurz nach dem ruhmlosen Ende der deutschen Monarchie wieder neu gehegten konservativen und kleinbürgerlichen Träumen von einem »Dritten Reich« keinen Abbruch.

Bei all dem Jubel für Kaiser und Vaterland, für Bismarck und Hindenburg, ist nicht zu vergessen, daß es für den Kleinbürger eigentlich immer gegen etwas geht: gegen Sozialisten und Intellektuelle, gegen Liberalismus und Bolschewismus, gegen das dekadente Frankreich und das »perfide Albion«, gegen »Plutokratie« und Klassenkampf, nicht zuletzt gegen die Juden, deren antisemitisches Zerrbild ja nichts anderes als ein Kompositum der vorstehenden ist. Hinter dem Angriff auf diese Feindbilder steht die verzweifelte Abwehr der modernen bürgerlichen Gesellschaft.

Deren Motor ist in kleinbürgerlicher Wahrnehmung die beschleunigte Zirkulation von Geld und Geist. Dieser Zirkulation, dieser hochgradig ausdifferenzierten Welt mit ihrer Vielzahl an scheinbar beliebigen Deutungsmöglichkeiten und der wachsenden Pluralität der Lebensformen tritt das kleinbürgerliche stationäre und zirkuläre Denken entgegen, ein Denken, das in der »schlechten Unendlichkeit des immer gleichen Urteils« mündet, ein Mechanismus ohne Ausweg, geeignet nicht zur ideologischen Selbstverständigung, wohl aber zur irrationalen Verselbständigung (vgl. Horkheimer/Adorno 1947: 229).

Auch wenn dieser Mechanismus nicht identisch mit dem Grundmuster konservativen Politikverständnisses ist, ist er ihm doch strukturell aufs engste verwandt. Diese Verwandtschaft mündet in eine gemeinsame Politik der Fortschrittsfeindlichkeit und des starken Staates. Der kleinbürgerlichen Wahrnehmung und Verarbeitung gesellschaftlicher Erfahrung entsprechen die im Konservatismus beheimateten retrograden Gesellschaftsmodelle, die die Gegenwart unter dem Gesichtspunkt der Depravation, des Niedergangs und der Dekadenz von einem ursprünglichen Idealzustand begreifen bis hin zu den Bestsellern von O. Spengler.

Unschwer läßt sich erahnen, wo dieser Idealzustand verortet wird: im mittelalterlichen Ständestaat, in der seligen Zeit vor 1789 jedenfalls, wo die bürgerliche Wirtschaft und Kultur noch die kleinbürgerliche, d.h. nicht kapitalistische war. Dieses Moment des ständischen Gesellschaftsbildes als Gegenentwurf zum Klassenmodell und die dem zugrunde liegende Sehnsucht nach Schutz vor den Folgewirkungen der liberalen Ökonomie ermöglicht den Brückenschlag zum Konservatismus. Hier findet der Kleinbürger Verbündete im Kampf für gesellschaftliche Statik und Fesselung des losgelassenen Industriekapitalismus.

Wie sich anhand Liberalismus und Sozialismus die kleinbürgerliche Wahrnehmung von Gesellschaft und Ökonomie als konkretistisch erwies, zeigt sich in der historisch-politischen Idee des kleinbürgerlichen Konservatismus die Präferenz für das Statische. Wie der Konkretismus eine statische, undialektische Weltsicht, so ist Statik eine konkretistische Zeitwahrnehmung, die sozialhistorisch dem handwerklichen Lebenszusammenhang entstammt. »Die Zeiterfahrung der Handwerker, die auch ihre politische

Mentalität prägte, war die Bedrohung durch den Wandel...«
(Nipperdey 1983: 217)

Stand – status quo – Status – Staat, in dieser Wortkette der Statik
entfaltet sich die Logik kleinbürgerlich retrograder Geschichtswahrnehmung und kleinbürgerlichen Konservatismus', eine Logik, in der für das Element Entwicklung kein Platz ist. Indem sich
aber diese Kette in ihren Eckbegriffen wieder zusammenschließt,
nämlich in der Ideologie des Ständestaates, ist in diesem Zirkel-
schluß die ganze kleinbürgerliche Rück-Ständigkeit in der bürgerlichen Gesellschaft enthalten. »Die Kleinbürger fürchten jede Art
Veränderung und beten daher den kleinen Status quo an. Sie sehen
nicht, daß die schlimmste Art der Veränderung darin besteht,
nichts zu tun.« (Schumacher 1937: 214)

Zu studieren ist diese Verkettung im Kontext des Konservatismus des 19. Jahrhunderts und der sogenannten politischen Romantik Deutschlands. Die (nicht nur) kleinbürgerlichen Sehnsüchte nach der im Versinken begriffenen Welt des Ständestaates
sind dort als politische Theorie aufgehoben. Dieser Ständestaat ist
die klassische kleinbürgerlich-konservative Sozialutopie, eine
Idee, die aber nie für sich, sondern immer in Opposition zum
Klassenmodell steht. Diese Konkurrenz ergibt sich aus der Mehr-
deutigkeit der sozialstrukturellen Entwicklung, aus dem in sich
ungleichzeitigen Umwälzungsprozeß, in dem das Klassenprinzip
nicht einfach über Nacht an die Stelle der Ständeordnung tritt,
sondern auf verschiedenen Feldern während ganz unterschiedlicher Zeiträume.

»Am frühesten und deutlichsten setzen sich klassengesellschaftliche
Strukturen an der Basis der sozialen Pyramide, an zweiter Stelle in deren
oberen Rängen durch, später und sehr viel unvollkommener – zum Teil
gar nicht – in den weniger marktintegrierten Mittellagen (bei Bauern, Beamten, vielen Kleingewerbetreibenden und Freien Berufen).« (Kocka
1979: 143)

In diesen Mittellagen lebt das alte ständische Modell weiter, das
eine streng einzuhaltende Proportion zwischen Oben, Mitte und
Unten postuliert, jedoch zusehends in die Defensive gedrängt, als
schließlich auch der eigene Sektor nicht verschont bleibt. Die beschleunigte Durchsetzung des Klassenprinzips ist von hier aus

an einer zunehmenden Irrationalisierung der Ständeideologie abzulesen.

»Alles Ständische und Stehende verdampft, alles Heilige wird entweiht, und die Menschen sind endlich gezwungen, ihre Lebensstellung, ihre gegenseitigen Beziehungen mit nüchternen Augen anzusehen.« (Marx/Engels, MEW 4: 465) Gegen diese Entzauberung der Gesellschaftsordnung protestieren die Kleinbürger. Ihr Gegenentwurf entstammt dem alten Konservatismus und ist von Justus Möser bereits im 18. Jahrhundert formuliert (vgl. Möser 1970: 114ff.). Dessen Verfahren ist das »Romantisieren« von Staat und Politik, womit das anti-aufklärerische »altständische Denken politischen Zwecken dienstbar gemacht« wird (vgl. Mannheim 1984: 149). Dieser Denkstil ist kleinbürgerlich.

»...er geht nicht heran an den Gegenstand, sondern er lebt in ihm. Er geht nicht zurück in die Vergangenheit, sondern er lebt in jenen Resten vergangenen Lebens, die in der chronologischen Gegenwart noch vorhanden sind. Er lebt in ihnen und spricht aus ihnen heraus. Die Vergangenheit ist nicht etwas linear hinter ihm Liegendes, sondern ein Mitgegenwärtiges, aber nicht als Erinnerung und Rückkehr, sondern als Verintensivierung eines Gehabten, dem nur die Gefahr droht, daß es verschüttet wird.« (Mannheim 1984: 169)

Die Parallele zwischen dem »Denkstil« der politischen Romantik und der realen Lage des Kleinbürgers ist mit Händen zu greifen. Eine Grundfigur des romantischen Denkens, der Rückbezug auf einen verloren gegangenen ursprünglichen Idealzustand steht seitdem im Zentrum der Beziehung von Kleinbürger und Konservatismus. Das gemeinsame Programm heißt von nun an: »Der Ursprung ist das Ziel«. Dieser Antimodernismus wendet sich gegen das neue rationale Zeitalter, in dem abstrakte Strukturen herrschen und die Qualifikationen des Handwerklichen kaum mehr zukunftsträchtige soziale Kompetenzen vermitteln.

»Das Bürgerlich-Kalkulatorische ist immer abstrakt. Die Dinge und Menschen kommen nur als Faktoren in einem konstruktiven Zusammenhange vor. Mösers Berechnung ist stets *anschaulich* und *konkret*; er rechnet *mit* den Dingen, nicht indem er sie abzählt oder als Funktionen in einem vorauszuberechnenden Prozeß einstellt, sondern indem er sie als Bestandteile eines bestimmten Lebenszusammenhanges in ihrer Konkretheit als verpflichtend ansieht.« (Vgl. Mannheim 1984: 161)

Der Protest gegen das »Bürgerlich-Kalkulatorische«, das abstrakte Denken führt immer zurück auf die ständische Gesellschaftsidee, die in der ersten Hälfte des 19. Jahrhunderts und weit darüber hinaus nicht lediglich Vergangenes bezeichnet, sondern, wie die fortdauernde Existenz der feudalen »Klassen«, der Adligen, Bauern und Kleinbürger beweist, etwas Mitgegenwärtiges, dem nur die Gefahr droht, daß es verschwindet.[49] Die drohende partikularistische Klassengesellschaft empfindet der Kleinbürger als abstrakt und lebensfeindlich. Dagegen setzt die naturphilosophisch inspirierte politische Romantik ihr ständisch-romantisches Denken, in dem der Staat »stets ein fluktuierender, dynamischer Ausgleich gegeneinander strebender Kollektiveinheiten«, eben der Klassen ist (vgl. Mannheim 1984: 174). »Die ideologische Reaktion auf die Aufklärung verbindet sich mit der sozialen Reaktion des Adels: *die Romantik wird ständisch, und das altständische Denken wird romantisch.*« (Mannheim 1984: 141)

Der im Konservatismus seit Beginn des 19. Jahrhunderts hiervon ausgehende Generalangriff auf die Tradition des modernen staatstheoretischen Utilitarismus gehört somit zu den direkten Vorläufern und Stichwortgebern des kleinbürgerlichen Antimodernismus und Antirationalismus, wie er sich in ganzer Ausprägung allerdings erst nach der Enttäuschung von 1848 zeigt. Als maßgeblicher Autor des konservativ-ständischen Denkens in der Mitte des 19. Jahrhunderts ist Wilhelm Heinrich Riehl zu nennen. Seine Gesellschaftstheorie versucht die konservative Quadratur des Kreises; sie ist die Theorie einer ständischen und bürgerlichen Gesellschaft zugleich, indem sie eine berufsständische Soziologie mit der modernen Errungenschaft der Trennung von Staat und Gesellschaft zu verbinden sucht. Ständisch und bürgerlich zugleich, das ist aber ein alter, unerfüllbarer kleinbürgerlicher Traum.

Riehls »Prinzip der sozialen Gliederung des Volkes«, nach dem die Gesellschaft einfach die »Summe aller Stände« ist (vgl. Riehl 1976: 276), enthält ein klares politisches Ziel, nämlich die Entschärfung der realen Klassenantagonismen durch Reaktualisierung des ständischen Prinzips. Denn: »Die natürlichen Stände sind wahre Blitzableiter für den Klassenhaß.« (Riehl 1976: 179) Die im kleinbürgerlichen Sozialismus virulenten Ideen eines gemäßigten Staatsprotektionismus vertragen sich mit diesem Denken durchaus. Schließlich wird hier nicht die »eherne« Schranke der Eigentumsideologie überschritten.

»Der Staat soll das Gefährliche im Industrialismus aufzuheben, das Segensreiche aber sich zu gewinnen wissen, und dies geschieht, indem er der Industrie jenen mäßigen Schutz gewährt, der ihr natürliches Gedeihen fördert, die übrigen Faktoren der materiellen und sozialen Existenz aber nicht gefährdet.« (Riehl 1976: 200)

Das Statisch-harmonistische dieser Vorstellung ist Opposition gegen die dynamisch-dissoziierende Realität des Kapitalismus, es ist gleichzeitig eine Warnung an die Herrschenden vor der Radikalisierung, genauer: vor dem Sozialismus, der, wenn er schon den »Vierten Stand«, das Proletariat, ergreift, so doch am besten im Zaume gehalten werden kann, wenn wenigstens noch der alte Mittelstand, vor allem der Handwerker, auf dem Boden der bestehenden Ordnung gehalten werden kann. Denn: »Der Handwerker ist der konservative Mann als solcher unter den Stadtbürgern. Er wird aber nicht konservativ bleiben, wenn er verarmt oder verkommt.« (Riehl 1976: 194)

Für den ständischen Konservatismus à la Riehl ist das Bild dieses »konservativen Mannes«, eines eigentlich längst verschwundenen sozialen Typus, konstitutiv. In diesem Bild legitimiert sich eine Weltanschauung, die objektiv viel eher den landaristokratischen Interessen entspricht. Selten ist dieses sentimental ausgemalte Bild des Kleinbürgers mit größerer Einprägsamkeit gezeichnet. Es enthält ein über den Mittelstand hinausgehendes Identifikationspotential des »kleinen Mannes«, das bei genauerem Hinsehen die unverwechselbaren Züge des deutschen Michel offenbart, jenes ehrbaren, bescheidenen und gemütvollen Zeitgenossen, dessen Lebenskreis über die Trias des Privaten, Provinziellen und Praktischen nicht hinausführt und der seine sprichwörtliche Naivität mit ostentativer Zufriedenheit zur Schau trägt. Dieser deutsche Michel ist der deutsche Kleinbürger, brav und bieder, wenn er in Ruhe gelassen wird – aber nur dann. Er ist der »konservative Mann, welcher das Volk still und friedlich fortschreitend in poesiegeweihten alten Sitten erblicken möchte, den Bürger selbständig und eigenartig in seinen Genossenschaften, Gesellen und Lehrlinge sittlich gefestigt durch das Band der engeren Familie des Meisters und der weiteren Familie der Innung« (vgl. Riehl 1976: 196).

Mit dieser – hier mit Sympathie vorgetragenen – Gleichsetzung von konservativ, kleinbürgerlich und deutsch ist genau jenes Bild des von Marx und Engels verhöhnten kleinbürgerlichen Nationalcharakters umrissen, das bis zum heutigen Tag die Gestalt des deutschen Konservatismus bis in seine Führungsspitzen hinein bestimmt. Riehls bürgerliche Gesellschaft ist gekennzeichnet von der Konkurrenz der »Mächte des Beharrens« und der »Mächte der Bewegung«. Der Konservatismus seiner Zeit ist ein Programm der Restauration und der Statik gegen die politischen Nachbeben der Französischen Revolution. Seine Identität bewahrt er über die erste altständische Fassung hinaus vor allem in dieser dichotomischen Weltansicht: Beharren oder Bewegung, Ordnung oder Anarchie, Revolution oder Legitimität – »tertium non datur«: ein undialektischer, binärer Schematismus, der dem kleinbürgerlichen Politikverständnis vollständig entspricht.

Vor allem das Gegensatzpaar Revolution/Legitimität ist ein unumgehbarer Standard, und zwar seit der Parteientheorie Friedrich Julius Stahls (vgl. Stahl 1863: 1–11). Seine für den Konservatismus maßgebliche Aufteilung der politischen Landschaft in die zwei Lager der Revolution (Parteien der Linken: Liberale, Demokraten, Sozialisten) und der Legitimität (Parteien der Rechten: Monarchisten, Konservative) ist die parteipolitische Formulierung kleinbürgerlich-konkretistischer Politikwahrnehmung. Hier zählt nur die Entscheidung: für das Bestehende oder die Anarchie, für den Staat oder dagegen.

So kommt es bei Stahl zu der schiefen, aber mit dem »Vorzug« der Eindeutigkeit versehenen Alternative Revolution oder Legitimität (analog »Glauben oder Unglauben«), aus der heraus plötzlich so gegensätzliche politische Bewegungen wie Liberalismus und Sozialismus in ein und demselben Topf landen. Der kleinbürgerliche Anti-Liberalismus und Anti-Sozialismus wird hiermit umgeleitet in die Option für den Konservatismus, für Monarchie und »Legitimität«, d.h. die alte, durch die normative Kraft des Faktischen »legitimierte« Ordnung. Mit dem Namen »Partei der Legitimität« ist das Entscheidende bereits gesagt, nämlich daß diese Ordnung dem Zwang zur Legitimierung enthoben ist, da sie Legitimität qua Tradition aus sich selbst heraus verkörpert. Dies ist nichts anderes als die konservative »Beweislastverteilungsregel« (H. Lübbe), nach der grundsätzlich nie das Bestehende, sondern immer nur das Neue, Verändernde der Pflicht zur Begründung seines Anspruchs unterliegt.

Die Idee des Utilitarismus, die Vorstellung der rationalen Legitimation staatlicher Herrschaft als eine moderne Errungenschaft, die Idee, daß ein Staat, erst recht der im Monarchen verkörperte, seinen Machtgebrauch überhaupt zu rechtfertigen habe, bleibt dem Kleinbürger von hier aus immer unverständlich.

2
Asyl in ruhigen Zeiten

Die Konstellation, die aus der ideologischen Verwandtschaft eine konkrete politische Verbindung erwachsen läßt, ergibt sich nach dem Ende des liberalen Optimismus' 1848/49. Im Vorzeichenwechsel des deutschen Liberalismus von »Freiheit« zu »Einheit«, d.h. im wachsenden Anteil des nationalliberalen Flügels und der Stagnation der freisinnigen Richtung, kündigt sich die Wende zum autoritären preußischen Staat der Bismarck-Ära an. Im Enthusiasmus für Reichseinigung und Hohenzollern-Monarchie, die im wesentlichen auf dem Kompromiß zwischen Bürgertum und Aristokratie beruht, finden sich die Kleinbürger zu großen Teilen im konservativen Lager wieder, ein Weg, den auch Autoren wie Rochau beschreiten.

Diese Verbindung bewirkt zum einen der nationale Gedanke und zum anderen die Hoffnung auf ökonomischen Protektionismus, die – nach langen Jahren des Kampfes gegen industrielle Großproduktion und Gewerbefreiheit – die Konservativen dem Mittelstand versprechen. In der Tat wird der soziale Kompromiß der Wilhelminischen Ära auch auf die Interessen im Mittelstand ausgedehnt, wie die komplementäre Initiative von Sozialversicherungs- und Sozialistengesetzgebung zeigt. Hiermit werden genuin kleinbürgerliche Wünsche befriedigt, Protektionismus und Abwehr der Arbeiterbewegung.

Die politischen Konkurrenten des Konservatismus sind damit vorerst gelähmt. Der Liberalismus ist in sich gespalten und durch die Bismarcksche Machtpolitik paralysiert, der Sozialismus in Untergrund und Exil getrieben. Dem steht eine von nationalem Aufrüstungs-Pathos und patriarchalisch-ständestaatlicher Ideologie geprägte Rhetorik der Eliten in Politik, Militär und Wirtschaft entgegen, die zwar faktisch unverhohlen die Industrialisierung Deutschlands betreiben, dem Kleinbürger aber genügend symbolische Identifikationspotentiale eröffnen, um seine ideellen Bedürfnisse zu befriedigen.

Den kryptischen Impuls des Antikapitalismus, der sich beim Kleinbürger immer wieder gegen den Wirtschaftsliberalismus, gegen die Vorstellung vom freien, anonymen Markt wendet (und damit auch den politisch-freiheitlichen Gehalt des Liberalismus trifft), kann dies nicht gänzlich unterdrücken. So wächst seit den 90er Jahren der Ruf nach mittelständischer Interessenvertretung und es entsteht eine große Zahl berufsständischer und gewerkschaftlicher Organisationen des Mittelstandes, die als politische Gewichte im sich rasch zur Industrienation entwickelnden Deutschland eine nicht gering zu veranschlagende Rolle spielen.[50] Ihr Selbstverständnis ist das einer »Mittelstandsbewegung«, die, unzufrieden mit der Kräfteverteilung in Wirtschaft und Politik, eine neue »Mittelstandspolitik« fordert. Diese neue Politik der »Schutzverbände«, sowohl von Handwerkern und Kaufleuten als auch der Angestellten, besteht im wesentlichen aus einer alten Forderung: Sicherung der mittelständischen Privilegien gegenüber den Arbeitern und Schutz vor Rationalisierung und ökonomischer Konkurrenz der Großbetriebe.

Schon bald findet sich diese Forderung auch in konservativen Überlegungen wieder, vorzugsweise im Kreise der sozialkonservativen sogenannten Kathedersozialisten, die frühzeitig vor den Konsequenzen einer falschen Mittelstandspolitik warnen. Zum einen sei der radikalisierte Kleinbürger ein potentieller Sozialist, zum anderen sei eine kapitalistische Gesellschaft ohne den ausgleichenden »Puffer« hinreichend großer mittelständischer Schichten zum selbstmörderischen Klassenkampf verdammt, ein Argument, das seit Riehl aus der Diskussion nicht fortzudenken ist.

Der Sozialkonservatismus dieser Zeit steht ganz unter dem Eindruck der ersten großen Wahlerfolge der Sozialdemokratie nach den Jahren der Illegalität. Er trachtet danach, die eigenen Reihen von der für den Kapitalismus überlebenswichtigen Notwendigkeit zu überzeugen, auf die legitimen Interessen des Mittelstandes Rücksicht zu nehmen und beschwört nach außen aus antisozialistischen Motiven die ständische Gesellschaftsordnung und ihr »Herz«, den Mittelstand.

Unter dem Eindruck der bedrohlichen Lage des gewerblichen Mittelstandes in der ersten großen Welle der deutschen Industrialisierung stellt so z.B. Gustav Schmoller fest: »... das Verschwinden des Mittelstandes untergräbt unsere politische wie unsere soziale Zukunft.« (Schmoller 1870: 677) Zu erwarten seien schlimmstenfalls »als letztes Ergebnis soziale oder kommunistische Revolutionen von oben oder von unten, allgemeiner Umsturz oder eine Tyrannys, welche die Besitzenden beraubt, um den Besitzlosen panem et circenses ohne Arbeit zu reichen« (vgl. Schmoller 1870: 678). Schmoller schließt seine Warnung mit der klaren Handlungsanweisung, der sozialen Revolution sei allein durch sozialpolitischen Protektionismus des Mittelstands Herr zu werden.

»Noch sind wir hiervon weit entfernt, noch sind die guten Elemente zahlreich, noch ist die Ungleichheit des Besitzes nicht so groß, noch haben wir einen nicht unbedeutenden Mittelstand ... Mit allen Mitteln ist deshalb der steigenden Vermögensungleichheit entgegenzuarbeiten, und eine der wichtigsten praktischen Fragen ist eben die möglichste Erhaltung des noch vorhandenen Handwerkerstandes.« (Schmoller 1870: 678)

Natürlich ist diese Überlegung von der Sorge getragen, daß der Mittelstand in ökonomischer Bedrängnis »der Sozialdemokratie sich in die Arme werfen« könne (vgl. Schmoller 1870: 670). Deshalb setzt Schmoller noch auf die »Mittelparteien« und ihren »weitsehenden hochsinnigen Liberalismus«, der diese protektionistische Politik durchsetzen soll (vgl. Schmoller 1870: 679). Doch daß diese Hoffnung trügerisch, die Vertretung kleinbürgerlicher Interessen durch die Liberalen – von beiden Seiten aus – unmöglich ist, muß schließlich auch er zur Kenntnis nehmen; dem Liberalismus ist jeder Protektionismus fremd und die Handwerker lassen »sich von der Reaktion ins Schlepptau nehmen, welche ihnen mit Wiederherstellung der Zunft bessere Zeiten vorspiegelt« (vgl. Schmoller 1870: 667).[51] Sicherheit verspricht letztendlich nur der aufgeklärte monarchische Staat, der die Gefahren des ungehinderten »laisser faire« richtig einschätzt und weise vorausschauend mit väterlicher Güte und starker Hand entspechend handelt:

> »Greift man bei Zeiten ein, so werden wohl die Interessen der Faktore, der Kaufleute und Fabrikanten ab und zu verletzt, aber man erhält einen gesunden Mittelstand und vermeidet Nothstände, die zuletzt den Besitzenden mehr kosten...« (Schmoller 1870: 703)

Diese Kosten-Nutzen-Abwägung ist konservative Tradition seit Lorenz v. Stein; sie fügt dem Bild des alten Konservatismus die neue Schattierung eines sozialstaatlichen Interventionismus bei, der allerdings nicht mit Sozialstaatspostulaten sozialistischer Provenienz verwechselt werden darf. Das sozialkonservative Motiv ist eigentlich das eines intelligenteren, weitsichtigeren Konservatismus, der aus der nüchternen Abwägung der Folgekosten der kapitalistischen Ökonomie politische Schlußfolgerungen zieht. Diese münden in eine Präventivstrategie gegen den Klassenkampf durch die Erhaltung eines lebensfähigen Mittelstandes, dessen soziale Rolle die Konservativen in bewußter Aufnahme des mittelständischen Selbstbildes eines zum gesellschaftlichen Ausgleich berufenen Standes definieren. Schmollers Skizzierung dieses Bildes ist typisch hierfür. Er sieht im Mittelstand:

> »...eine Klasse oder eine Gruppe von Klassen ... die wirtschaftlich zwischen Bourgeoisie und Arbeitern steht ... Ihr geistiger Horizont und ihre sittlichen Traditionen sind die des Mittelstandes; sie können in den Klassenkämpfen ein Gegengewicht nach oben und unten bilden, nach beiden Seiten Brücke und Vermittlung darstellen.« (Schmoller 1918: 617)

Interessanterweise argumentiert diese Spielart des Konservatismus spiegelbildlich zu der revisionistischen des Sozialismus. Beide Richtungen kämpfen gegen die gleichen Übel, Wirtschaftsliberalismus und Klassenkampf; beide vertreten ähnliche Rezepturen, Staatsinterventionismus und mittelständisches Arbeitseigentum. So weit die Endziele voneinander abweichen – hier monarchistischer Ständestaat, dort demokratischer Sozialismus – so ähnlich sind sich die politischen Nahperspektiven; Revisionismus und

Sozialkonservatismus stehen Rücken an Rücken: in verschiedene Richtungen blickend, doch auf gleichem Boden.[52]

Entsprechend ist die Tradition der gegen die Marxsche Niedergangshypothese des Mittelstandes gerichteten »Drachentötertheorien« eine doppelte; sie entsteht seit dem letzten Drittel des 19. Jahrhunderts im Revisionismus und Sozialkonservatismus zugleich. In der praktischen Absicht, den Klassenkampf zu verhindern, soll auf wissenschaftlichem Felde die Klassentheorie widerlegt werden. Das Resultat der Ausbreitung dieser Ideen allerdings ist in beiden Lagern denkbar unterschiedlich. Für die Arbeiterbewegung bedeutet es letztlich die Spaltung; für die Konservativen hat sie sich bestimmt ausgezahlt. Schmoller, dessen erste Untersuchungen noch von der Sorge um die fortwährende Zuspitzung der Klassengegensätze und das völlige Verschwinden des Mittelstands ausgehen, schreibt vierzig Jahre später während des I. Weltkrieges beruhigt:

> »Neben den aristokratischen einflußreichen Kreisen steht heute in den meisten Ländern ein breiter Mittelstand von Bauern, Pächtern, Kleinhandwerkern und Kleinhändlern, welcher dem Klassenegoismus der oberen und der unteren Klassen entgegenzutreten bereit ist.« (Schmoller 1918: 630)

Der historische Grund für diese Koalition liegt in der Herkunft beider Gruppen aus der feudalen Gesellschaft. Ihr Lebensnerv ist die Identität in der politischen Rhetorik und die Tradition gemeinsam kleinbürgerlicher und konservativer Theoriefeindlichkeit. Diese Tradition ist gestiftet durch das ideologische Inventar der politischen Romantik, mit ihren um die Begriffe Eigentum, Mittelstand, Staat, Volk, Nation, Familie, Natur kreisenden retrograd-irrationalistischen Grundtönen. Sie mündet in ein Repertoire, das vom Präfix »Anti« geprägt ist: Anti-Sozialismus, Anti-Liberalismus, Anti-Individualismus, Anti-Intellektualismus, Anti-Kapitalismus, Anti-Semitismus, Anti-Rationalismus, Anti-Materialismus, Anti-Modernismus. Die einzige positive Identifikation außerhalb dieser Reihe gilt neben der bekannten Forderung des Mittelstandsprotektionismus dem Nationalismus – in entsprechend extremer Überhöhung, und preußisch-militaristisch eingefärbt – eine Kombination, die, wie bei Schmoller, oft in der vagen Vorstellung einer sozialen Monarchie mündet.

Alles in allem stellt sich vor diesem Hintergrund der kleinbürgerliche Konservatismus der Wilhelminischen Ära als eine ideologisch und organisatorisch wenig konsistente, eher apolitisch oder antipolitisch begründete Haltung dar. Es handelt sich eigentlich um einen nostalgischen, durchgängig vom antiliberalen Ressentiment getragenen Anti-Modernismus, der selten eine konsistente ideologische Gestalt annimmt. Mit Blick auf die Handwerksmeister der 90er Jahre schreibt diesbezüglich S. Volkov:

»Die positiven Elemente in der Ideologie der Handwerksmeister, Nationalismus, Monarchismus, Religiösität und Patriotismus, fügten sich nicht zu einer konsistenten und konstruktiven konservativen Vision zusammen und erst recht nicht zu einem spezifischen Programm politischer Aktion. In Wirklichkeit dienten diese Elemente hauptsächlich als Verlängerung der negativen Elemente ihrer Weltanschauung. Nationalismus und Patriotismus waren komplementäre Aspekte des Antisemitismus. Monarchismus war für sie die einzige bekannte Alternative zur verhaßten Demokratie und zum verachteten Parlamentarismus. Tradition und Religion wurde dem Fortschrittsdenken und dem Agnostizismus der Liberalen und Sozialisten zum Trotz geboten. Auch der nostalgische Konservatismus der Handwerksmeister folgte nichts anderem als der prinzipiellen Zurückweisung der Moderne.« (Volkov 1978: 323; Übers. B.F.)

Dieser Antimodernismus bezeichnet die ideologische Nahtstelle zwischen Konservatismus und Kleinbürger. Die sich daraus ergebenden politischen Bündnisse der Wilhelminischen Ära lassen sich funktional als Instrumentalisierung des Kleinbürgers verstehen. Der Konservatismus, traditionell organisiert als Honoratiorenbewegung, sieht im Mittelstand das eigentliche »Volk«, das im Kampf gegen die Arbeiterbewegung mobilisiert werden kann. Der Kleinbürger, von ökonomischen Existenzsorgen und sozialen Statusängsten verfolgt, ist auf der Suche nach einer politischen Heimat, in der nicht nur seine materiellen Bedürfnisse befriedigt werden.

»Sie reagierten auf objektive ökonomische Schwierigkeiten, soziale Spannung und politische Desorientierung genau so wie auf ihre subjektiven Ängste vor weiterer Modernisierung, ein ungestilltes Verlangen nach Zugehörigkeit und ein tiefsitzendes Gefühl der Heimatlosigkeit.« (Volkov 1978: 353; Übers. B.F.)

Vorläufig stillt dieses Verlangen der kleinbürgerliche Konservatismus. Über seine »künstliche« Genese ist ihm aber eine ideologische Sollbruchstelle eingebaut. Er selbst stellt in Gestalt der sich von der Realität zunehmend entfernenden ständestaatlichen Option eine Zunahme politischer Irrationalität gegenüber dem kleinbürgerlichen Liberalismus und Sozialismus dar. Unter den Erschütterungen von Krieg, Revolution und Wirtschaftskrise nimmt diese Irrationalität noch zu. Sie wird sich schließlich gegen Ende der Weimarer Zeit im reaktionären Konservatismus einerseits und in der Abwanderung der kleinbürgerlichen Massen zum Nationalsozialismus andererseits äußern. Zunächst gilt jedoch, daß der Konservatismus, obwohl er nicht genuin kleinbürgerlich ist, die im Mittelstand obwaltenden Irrationalismen und antimodernen Ideologien in Regie nimmt und sie damit gleichzeitig stillstellt. Diese erhalten sich dabei in zunehmender Abkapselung von der Realität, wie die seit den 80er Jahren im konservativen und kleinbürgerlichen Milieu gleichermaßen rapide anwachsenden antisemitischen Tendenzen deutlich machen (vgl. Volkov 1978: 215–223).

Die ideologische Klammer ist brüchig, doch sie hält in der Ruhe- und Prosperitätsphase vor dem I. Weltkrieg. Vor allem das antipolitische Potential des Konservatismus zieht den Kleinbürger an. Hier findet er die ersehnte »machtgeschützte Innerlichkeit« (Thomas Mann) und richtet sich ein nach dem Vorbild biedermeierlicher Behaglichkeit, wie sie etwa in der Zeitschrift *Die Gartenlaube* gepriesen wird. Es bleibt ansonsten bei Kaisertreue und Hurrapatriotismus, bei konservativem Mittelstandsprotektionismus und der sich in den vielen berufständischen Verbänden organisierenden »Mittelstandsbewegung«. Der Nationalökonom Werner Sombart beobachtet diese Konstellation schon früh mit einigem Mißtrauen. Seine Skepsis gilt der Vieldeutigkeit der Begriffe, vor allem was den Gebrauch der Schlagworte Mittelstandsbewegung und Mittelstandspolitik angeht, in dem Konservative und Kleinbürger zusammenfinden.

Die hiermit geschaffene Konfusion ist dadurch noch vergrößert worden, daß die politischen Träger dieser sog. Mittelstandsbewegung zwei Parteien sind, die die heterogensten sozialen Elemente in sich vereinigen: Zentrum und Konservative.« (Sombart 1903: 538)

Die aus der Not geborene politische Ehe von Konservatismus und Kleinbürger ist nach Sombart direkte Folge der noch nirgends abgeschlossenen sozialen Umwälzung des 19. Jahrhunderts, die im politischen Raum eine totale Konfusion hat entstehen lassen.[53]

»Heute kämpft das Proletariat an der Seite der Bourgeoisie für Erhaltung des Kapitalismus, den Handwerkertum und Gentilhommerie angreifen. Morgen stehen Junkertum und Bourgeoisie verbündet da im Kampfe gegen das Proletariat, das vielleicht Zuzug aus dem Kleinbürgertum erhält, um irgend ein demokratisches Prinzip zur Durchsetzung zu bringen. Während am nächsten Tage das Junkertum gegen Bourgeoisie und Kleinbürgertum irgend eine Arbeiterschutzbestimmung oder ein Verstaatlichungsprojekt zur Annahme zu bringen strebt.« (Sombart 1903: 547f.)

Was sich in diesen Turbulenzen ausdrückt, ist die Ungleichzeitigkeit von sozialer und politischer Entwicklung. Zum einen ist das 19. Jahrhundert in Deutschland der Schauplatz einer sozialen Revolution mit dem Ergebnis einer kapitalistischen Klassengesellschaft, zum anderen aber bleibt das politische System eines aus feudaler Zeit, an dessen Ende »feudaler regiert wird als im Anfang« (vgl. Sombart 1903: 543). Ausdrücklich hält Sombart das wichtigste sozialstrukturelle Charakteristikum der modernen Gesellschaft fest, den unvermeidlichen Siegeszug des Klassenprinzips. Folgerichtig wendet er sich gegen das landläufige Mittelstandsvokabular.

»Weil das Wort ›Mittelstand‹ so vieldeutig ist, verwendet man es nach Belieben à deux mains und verdunkelt dadurch den Tatbestand. Am besten ist es, den ganzen schwammigen Begriff ›Mittelstand‹, der schon alles mögliche bedeutet hat und alles mögliche bedeuten kann, überhaupt nicht zu verwenden; jedenfalls nicht dort, wo von sozialen Klassen die Rede ist.« (Sombart 1903: 538)

Der Fehlschluß – von Stand soll man scheigen, wo von Klasse die Rede ist – dieser von allerdings berechtigtem Unbehagen geleiteten Mahnung kehrt in Sombarts eigener Theorie wieder. Seine Klassenanalyse bleibt zweideutig, wo er eine Einteilung in die vier Klassen »Gentilhommerie«, »Bourgeoisie«, »petite bourgeoisie« – »allenfalls übersetzbar mit Kleinbürgertum, von mir als Handwerkertum (im weiteren Sinne) bezeichnet« – und »Proletariat«

vornimmt (vgl. Sombart 1903: 512). Die Begriffe sprechen für sich. Das Klassenmodell von Sombart ist keines, sondern stellt eine Mischkonstruktion aus Klassen- und Ständetheorie dar. Sein Differenzierungskriterium ist denn auch ein ökonomisches und ideologisches zugleich, wenn er die soziale Klasse definiert als »diejenige Gesellschaftsgruppe, die ihrer Idee nach ein bestimmtes Wirtschaftssystem vertritt« (vgl. Sombart 1903: 513f.). Dennoch prognostiziert er: »Die soziale Klasse saugt alle übrigen Gegensätze mehr und mehr auf...« (Sombart 1903: 548)

In der Warnung vor den politischen Folgewirkungen dieses Prozesses unterscheidet sich Sombart von den meisten konservativen Stimmen seiner Zeit nur wenig. Seine Sorge gilt einer Entwicklung, bei der die Politik schließlich »in eine Klassenguerilla ausartet« (vgl. Sombart 1903: 551). Doch was die ökonomischen Zukunftsaussichten angeht, gibt er sich keinen Täuschungen in Gestalt eines unreflektierten Mittelstandsoptimismus' hin. Wo der Kapitalismus »wenn noch nicht erobert, so mit Erfolg marodiert« hat, frißt an allen Gewerben potentiell »der Wurm« (vgl. Sombart 1903: 325/328). Gleichwohl reiht er sich, mit Blick auf Marx, unter Bezug auf die Sozialstatistik in die Phalanx der »Drachentöter« ein:

»...im neuen Deutschland sind die Klassen der vorkapitalistischen Zeit ganz und gar nicht verschwunden. Auch von der ›neuen Gesellschaft‹ bildet zunächst *das Kleinbürgertum alten Schlages* einen nicht zu unterschätzenden Bestandteil.« (Sombart 1903: 533)

So schief Sombart seine Klassenanalyse auch angelegt hat, so sensibel ist sein Gespür für die politischen Gewichte. Die Stärke seiner Kleinbürger- bzw. Handwerker-»Klasse« veranschlagt er auf ungefähr ein Viertel der Bevölkerung. Deren politische Bedeutung aber wächst durch ihre Verbindung zu den konservativen Eliten: »Ein Viertel aber ist viel. Zumal wenn man sich so einflußreicher Gönner erfreut wie das Handwerkertum.« (Sombart 1903: 539) Dem einem Konzept des »Sozialkapitalismus« verpflichtete Konservatismus Sombarts sind zwar romantisierend-verklärende Bilder der versunkenen kleinbürgerlichen Wirtschaftsepochen nicht fremd, alles in allem dominiert jedoch ein nüchtern bis pessimistischer Tonfall, der sich nicht umstandslos der in jenen Jahren geläufigen Mittelstandsrhetorik einverleiben läßt.[54] Nicht ungewöhnlich ist z. B. die Rede vom »glücklichen Mittelstand«, glücklich, da er Arbeit und Eigentum in sich vereint: »Der Mittelstandsbegriff verneint den arbeitslosen ›Besitzstand‹, wie er ebenso einen besitzlosen ›Arbeiterstand‹ verneint. « (Hoermann 1912: 100)[55]

Typisch für solche Konzepte des Arbeitseigentums aus konservativer Umgebung (auch im Sinne eines Niveauverlustes) ist die voluminöse Untersuchung von J. Wernicke (1907). In umgekehrtem Verhältnis zu den allgegenwärtigen Klagen über Elend und Bedrohung des Mittelstandes herrscht hier eine Art mittelständischer Euphorie. Dabei geht es nicht nur um eine theoretische Widerlegung der Marxschen Klassentheorie, sondern um die Inflation des Mittelstandsbegriffes und die ideologische Zurüstung einer sich großsprecherisch »Mittelstandsbewegung« nennenden politischen Organisation kleinbürgerlicher Ängste und Irrationalismen, an deren Wesen die Nation genesen soll. Dies zeigt sich beispielhaft im »Programm der Deutschen Mittelstandsvereinigung« von 1904, wo unter den Punkten 5 und 6 folgende Forderungen notiert sind: »5. Verschärfung der Bauvorschriften für Waren- und Kaufhäuser in Bezug auf feuerpolizeiliche Maßregeln zum Schutze des Publikums. 6. Verbot von Trusts.« (Wernicke 1907: 385)

Solche Ziele machen deutlich, daß sich der Mittelstand im Kapitalismus keineswegs so stark und sicher fühlt, wie Wernicke ihn schildert. Wie das »Programm« zeigt, geht es in erster Linie um eine konservative »innere Schutzpolitik«, eine »Sozialpolitik, um die degradierten Klassen zu heben« (vgl. Wernicke 1907: 971/317). Die Feinde sind bekannt, »Trusts und Kaufhäuser«; in Gestalt einer »Identifikation mit dem Angreifer« jedoch, welche die kleinbürgerliche Ideologie vom ständischen Kapital ein weiteres Mal bemüht, wird nun verkündet:

Die Feindschaft zwischen Kapital und Mittelstand ist demnach ein Märchen… Die Freundschaft zwischen beiden ist nur noch nicht genügend; mehr Freundschaft zwischen beiden, mehr Kapital für den Mittelstand!« (Wernicke 1907: 963)

Die Freundschaft, die Wernicke wie viele kleinbürgerliche Autoren seines Kalibers hier beschwört, ist so heißersehnt wie unecht. Das Kapital als ökonomisches Prinzip ist des Kleinbürgers bedrohlichster Gegner; der hofft zunächst lediglich auf »mehr Kapital«, auf mehr ökonomische Sicherheit. Analog ist das Bündnis mit dem Proletariat sachlich so naheliegend, wie aus Angst vor dem Abstieg unmöglich. Möglich ist allein die Freundschaft mit den Konservativen. Die versprechen beides, Schutz vor dem Kapital und dem Proletariat.

Kleinbürger und Konservatismus bilden ein defensives Kampfbündnis gegen den Fortschritt, »in der Hauptsache gegen mittelstandsfeindliche Liberale aller Schattierungen und besonders gegen die Sozialdemokratie« (Vgl. Wernicke 1907: 384). Was diesem Bündnis fehlt, ist die soziale Grundlage, eine Tatsache, die auch den aufmerksamen Zeitgenossen im Kaiserreich nicht verborgen bleibt, wie Wernicke aus der Presse zitiert: »Wie kommen die Konservativen dazu, sich als vorzugsweise Vertreter des Mittelstandes auszugeben? In Wahrheit sind doch die konservativen Parteien Parteien des Großgrundbesitzes.« (Vgl. Wernicke 1907: 365) Die »Drachentötertheorie« reicht als vorläufige Gemeinsamkeit. Ihr rein ideologischer Charakter wird in dem Moment offenbar, wo sie sich theoretisch bewähren muß; meist postwendend, doch selten eklatanter als bei Wernicke, dessen sozialökonomische Begriffsverwirrung bisweilen zu recht skurrilen Wortschöpfungen führt:

»Also nicht um Aufreibung und Verschwinden des Mittelstandes handelt es sich in der modernen Entwicklung, sondern um Umbildung, Fortentwicklung, Zunahme und Steigerung der Leistungsfähigkeit der Mittelstandsklassen.« (Wernicke 1907: 359)

Die auch von Sombart eindringlich beschriebene, aus dem mittelalterlichen Handwerk herrührende ständische Elementarideologie des Kleinbürgers fungiert unter den Bedingungen der kapitalistischen Klassengesellschaft als Surrogat der strukturell gefährdeten ökonomischen »Selb–Ständigkeit« (vgl. Sombart 1903: 61). Gleichzeitig aber wird sie übertragen auf ein Lösungsmodell für all jene Konflikte und Widersprüche, welche die Klassengesellschaft hervorruft. So wie im feudalen Ständestaat einstmals Gesellschaft und Staat ungeschieden voneinander organisiert waren, so soll die moderne Klassengesellschaft überwunden werden, nicht durch Abbau der Ungleichheit, sondern durch Restitution des Ständestaates.

Der in Deutschland nie ganz außer Konjunktur befindliche Begriff des Standes hat im kleinbürgerlichen Konservatismus eine feste politische Heimstatt. Er entspricht zugleich den strategischen Interessen der agrarischen und industriellen Oberschichten. Der Standesbegriff wird in dieser Tradition immer auch als Gegenspieler des Klassenbegriffs ins Spiel gebracht, in der Absicht, dem Klassenkampf entgegenzuwirken und gleichzeitig damit demokratische Ansprüche zu kanalisieren, indem eine ständische Interessenvertretung propagiert wird.[56] Die Träger dieser Absicht sind die Mittelschichten.

»Die kurze Rolle der Mittelschichten in der großen Politik ist ein Paradox der Gesellschaftsgeschichte: eine Klasse leugnet mit Entrüstung, Klasse zu sein, und führt einen erbitterten Klassenkampf gegen Wirklichkeit und Idee des Klassenkampfes.« (Geiger 1949: 168)

3
Kleinbürgerlicher Universalismus

Nicht selten enden solche Theorien in konkreten Plänen für die Wiederherstellung eines organischen Ständestaates nach mittelalterlichem Vorbild. Eines der am weitesten ausformulierten und gleichzeitig trübsten Konzepte dieser Art findet sich bei dem österreichischen Nationalökonomen Othmar Spann. Dessen politische Schriften enthalten durch ihre beispielhafte Verbindung von heruntergekommener Romantik und ständischer Ideologie ein verläßliches Kompendium des kleinbürgerlichen Irrationalismus konservativer Provenienz und verdienen deshalb eine ausführliche Würdigung.

Die Entfaltung des kleinbürgerlichen Konservatismus zum reaktionären Muster ist in den zu ihrer Zeit vielbeachteten Schriften Spanns vorzüglich dokumentiert. Er betrifft vor allem die Konzeption der ständischen Ordnung von Wirtschaft und Politik als Gegenentwurf zu Kapitalismus und Demokratie, zu bürgerlicher

Gesellschaft und liberalem Staat, die von christlich-sozialkonservativem Denken abstammt und bis in die Nähe faschistischen Gedankenguts reicht.[57] Dabei geht es Spann nicht primär um eine wissenschaftliche Widerlegung der Klassentheorie, sondern um den *Abbruch und Neubau der Gesellschaft*, wie der Untertitel seines Buches *Der wahre Staat* verkündet. Die Notwendigkeit dieses Vorhabens ergibt sich aus einem »in der kapitalistisch-liberalen Zeit-...mehr oder weniger standlos« gewordenen Wirtschaftsleben, aus dem »Versagen« der modernen Weltordnung, die der menschlichen Natur widerspricht (vgl. Spann 1969: 599).

»Der Mensch wird nun, sofern er wirtschaftet, eingeordnet in eine Organisation, und daraus folgt die grundlegende Tatsache: Er wird Organ dieser Organisation; und das bedeutet zuletzt: *die ständische Wirtschaft statt des Kapitalismus!*« (Spann 1972: 102)

Der »organischen Organisation« der Wirtschaft entspricht das Bild einer ständischen Gesellschaft und einer entsprechenden staatlichen Ordnung. Unter den Überschriften »Die politische Seite des Standes; Die beste Staatsform« faßt Spann zusammen:

»Die Gliederung der Stände, als ein Gebäude von Organisationen angesehen, bildet das Gesamtganze der Gesellschaft. Darin ist der Staat die ideelle Einheit dieser Gliederung, weil er nicht nur arteigene Organisation (ein Stand für sich), sondern auch höchster Stand ist, jener nämlich, der auf Grund der ideellen Einheit der zugrundeliegenden geistigen Gemeinschaften die Einheit der Gesamtorganisation des Lebens wahrt.« (Spann 1972: 225)

Dem ideologischen Charakter dieses Denkens wird man nur gerecht, wenn man in ihm nicht lediglich verflachten Hegelschen Staatsidealismus erkennt, sondern den kleinbürgerlichen Generalangriff auf das gesamte (von Hegel und anderen erst aufgebrachte) Problem, nämlich die Trennung von Gesellschaft und Staat. Der von Spann in Gestalt der ständischen Idee beabsichtigte Querschuß durch diese Sphären will dieses Problem schlicht eskamotieren. Das Motiv ist genuin kleinbürgerlich: unbegriffenes Leid an der modernen Entfremdung. Angst und tiefgefühlte »Stand-Ortlosigkeit« leiten solche Gedanken an. In der als Chaos wahrgenommenen modernen Welt verspricht die ständische Gesellschaft (hierarchisch gegliedert in fünf Stände: »Handarbeiter, höhere Arbeiter, Wirtschaftsführer, Staatsführer, Weise«) zumindest Beständigkeit (vgl. Spann 1972: 242f.).

»Daher wird in der ständischen Gesellschaft auch viel mehr Beständigkeit herrschen als heute. Wenn ›Stand‹ auf diese Weise ein Eigenes für den Einzelnen bedeutet, so andererseits auch ein für diesen Zu-ständiges, einen Stand-Ort im Ganzen. Damit ist wieder das angemessene Gegengewicht zur Individualität gegeben: Das Ganze, das umschließend in sich das Eigene einzufügen und einzugliedern hat.« (Spann 1972: 265)

Diese Form der »Begründung« macht deutlich, daß Spann sein ständisches Programm nicht eigentlich politisch meint, im Gegenteil. Es geht ihm, nach kleinbürgerlichem Beispiel, immer um ein Höheres, eine philosophische Mission, die seine großspurig »Universalismus« genannte Weltanschauung in einem historischen Endkampf zu erfüllen hat, und zwar gegen den »Individualismus«, womit – viel Feind, viel Ehr' – ungefähr die ganze Tradition des aufklärerischen Denkens gemeint ist. Die volle Notwendigkeit der angestrebten philosophischen Wende zum Universalismus und zu seinem »vollkommensten politischen Ausdruck«, der »ständischen Lebensordnung«, ist dabei letztlich nie nach Nützlichkeitskriterien zu bemessen, sondern allein an ideellen, geistigen Werten, an denen die existierende materialistische Klassengesellschaft fortwährend Verrat übt (vgl. Spann 1972: 230). »Die ständische Gesellschaft wird eine ungleich höhere und selbständigere, vertieftere Geistigkeit sich erringen, als es die kapitalistische Barbarenzeit vermocht hat.« (Spann 1972: 337)

Für den Kleinbürger liegt die Attraktivität einer solchen Gesellschaftsordnung nicht zuletzt in der angestrebten »Eigentumsordnung im ständischen Staate«. Hier plädiert Spann für das altbekannte Arbeitseigentum, ein »ständisch und staatlich beschränktes Privateigentum«, also ein Privateigentum, das »einen der ständischen Solidarität entsprechenden gemeinnützigen, zur Gemeinsamkeit hinzwingenden Einschlag erhalten« soll (Spann 1972: 283). Kaum verwunderlich, daß von hier aus eine »neue Blüte des Handwerks« versprochen wird. So reiht sich auch Spann in die Phalanx der Drachentöter ein und behauptet, »...*daß eine Ausbreitung des Handwerks- und Mittelbetriebes nicht nur wirtschaftlich möglich, sondern auch im Zuge der kommenden wirtschaftlichen Entwick-*

lung gelegen ist. Das vermeintliche ›Konzentrationsgesetz‹ Marxens gilt ja in dem erträumten Sinne nicht.« (Spann 1972: 305)

Doch dies wird keineswegs als eigentliches Motiv des kleinbürgerlichen Universalismus zugegeben. Dieser schöpft sein Pathos ja gerade aus seinen »antimaterialistischen«, ganz den letzten, ewigen Werten verpflichteten Zielen. Hierzu bedient sich Spann einer alten, der romantischen Ästhetik entstammenden Denkfigur, die er bedenkenlos auf seine Gesellschaftslehre überträgt. Es handelt sich um die seit der politischen Romantik im Konservatismus heimische Idee des Primats des Ganzen vor dem Teil: »Die Teilganzen der Gesellschaft haben bloß Dasein als gliedliche Bestimmtheiten des Gesamtganzen.« (Spann 1969: 672)

Diese Grundthese des von Herbert Marcuse als »heroisch-völkischer Realismus« analysierten Universalismus, der »Vorrang des Ganzen vor allen Gliedern« ist der kleinbürgerliche Protest gegen die Entdeckung des Individuums durch Aufklärung und Naturrecht (vgl. Marcuse 1934: 175). Sie ist der schwärmerische Versuch, jenes Prinzip der Trennung von Privat- und Öffentlichkeitssphäre aus der Welt zu schaffen, das für die bürgerliche Gesellschaft konstitutiv ist und für den Kleinbürger eine der Wurzeln seiner – von Marx analysierten – inneren Entfremdung. Aus dieser Entfremdung geboren und diese in jeder Wendung widerspiegelnd, muß er sie doch um so heftiger leugnen. Der kleinbürgerliche Universalismus offenbart dieses Motiv gerade wo er die Existenz des auf sich selbst zurückgeworfenen, durch Konkurrenz von den anderen abgespaltenen Individuums überhaupt abstreitet: »Mittelpunkt bin nicht ich, sondern eine Ganzheit, ein mich Bindendes und damit Erweckendes, Schaffendes, ein Primäres außerhalb meiner Person, eine Wirklichkeit über mir.« (Spann 1972: 101)

Der religiöse Charakter dieses Denkens ist offensichtlich. Das Heil verspricht allein die gefühlte Hingabe an das Höhere, die unio mystica mit dem Natürlich-Ursprünglichen, denn allein »durch Verehrung und Hingabe kann der niedere Mensch an dem Höheren in seiner Weise Anteil nehmen« (vgl. Spann 1972: 229). Doch in Wirklichkeit geht es nicht um Religion, sondern um Politik. Das Höhere ist nicht Gott, sondern ein vergöttlichter Staat, in dem das Niedere und das Höhere und selbstverständlich auch die

Mitte – jeder am vorgesehenen Platz – seinen legitimen Stand-Ort besitzt.

»Rechter Stand und rechtes Leben erstehen vor uns, wenn wir das Höhere hinaufheben über das Niedere, das Niedere beglücken durch die Anteilnahme am Höheren. Das Niedere macht dem Höheren Grund, das Höhere beseelt und erhebt das Niedere. So will es das Wesen der Dinge, das da ist die göttliche Wahrheit.« (Spann 1972: 350)

Diese Staatsreligion ist unter den Bedingungen eines nach Ende des Kaiserreichs radikalisierten politischen Antimodernismus zu verstehen. Sie transformiert Energien aus dem kleinbürgerlichen Irrationalismus ins antidemokratische Ressentiment und leitet Wasser auf die Mühlen des offen den autoritären Staat propagierenden Konservatismus der Zwischenkriegszeit. Nach »Dolchstoß« und Revolution weiß man, wo der Feind steht. Auch Spann läßt darüber keine Zweifel aufkommen: »Nun gilt es die Schmach zu sühnen, die Eiterbeule, die da heißt Demokratie und Marxismus, auszuschneiden« und Bundesgenossen zu gewinnen, die »in der ständischen Ordnung die feste Burg der aufbauenden Kräfte erkennen, die allein imstande ist, uns vor beiden zu schützen: vor der bolschewistischen Zerstörung wie vor dem demokratischen Kulturtod« (vgl. Spann 1972: 350/5).

Instinktsicher wird die gemeinsame Ursache beider Bedrohungen benannt, nämlich der Sündenfall des aufklärerischen Individualismus, der in Gestalt von Humanismus und Naturrecht über die historischen Etappen von Renaissance, Reformation und Französischer Revolution die Lösung aus den mittelalterlichen scholastischen Bindungen vollzogen hat und zur Ausgangsbasis für die politischen Grundübel des Liberalismus und der Demokratie wurde. Diese Entwicklung, in der kleinbürgerlichen Wahrnehmung unmittelbar mit dem Verlust seines gesellschaftlichen Status durch die moderne Ökonomie identifiziert, soll in der Abschaffung der bürgerlichen Demokratie und der Wiederherstellung des hierarchischen Ständestaates rückgängig gemacht werden.

Alles was sich in dieser Demokratie regt, ist Erscheinungsform eines vom rechten Pfade abgewichenen Prozesses und kann nach dem seit Stahl (1863) bekannten Muster in einen Topf geworfen

werden. Der Demokratie wird nun aber nicht nur ihre Existenz-
berechtigung, sondern überhaupt die »Wirklichkeit« abgespro-
chen, frei nach dem Hegelschen Satz, wonach alles, was vernünf-
tig auch wirklich sei und entsprechend etwas als unvernünftig Er-
kanntes bloß »faule Existenz« sein kann. So ist für Spann »das
Ständehaus die Wirklichkeit, die ›Schwatzbude‹ der Schein« (vgl.
Spann 1972: 313).

Kleinbürgerliche und konservative Staatstheorie konvergieren
im Ständemodell. Dieses verspricht das Ende des selbstzerflei-
schenden Parteienkampfes und einen dem Primat der Außenpoli-
tik verpflichteten starken Staat, in dem die Macht nach beruflicher
Qualifikation und Lebenserfahrung verteilt ist.[58]

> »Die Schuster sollen daher im Bereich der Schusterei, die Lehrer im Be-
> reich der Erziehung, der Feldherr im Bereich des Kriegswesens, der Kö-
> nig mit seinen Räten im Bereiche der politischen Ganzheit herrschen.«
> (Spann 1972: 226)

Der naive Biedersinn, mit dem man sich hier eine ständische
Organisation der Herrschaft denkt, trägt zugleich das Zeichen des
Elitären, wo es heißt: »nicht die Mehrheit soll herrschen, sondern
das Beste« (vgl. Spann 1972: 118). Doch wer oder was dieses Beste
ist, kann eben nicht eine Mehrheit entscheiden. So wie das »Leben
nie anders als aus dem Leben selbst heraus bestimmt werden«
kann, so kann auch der wahre Führer allein von den in seinem Me-
tier »Sachkundigen« bestimmt werden, also von der Führung
selbst (vgl. Spann 1972: 118f.). Auch der von allen demokratischen
Verfälschungen durch Sozialisten und Liberale gereinigte Wille des
Volkes ist hierzu nicht imstande. Wo vom Volkswillen überhaupt
die Rede sein kann, ist er nämlich immer Ergebnis tatkräftiger
Führung: »Der Volkswille als politischer Wille mußte erst gebildet
werden durch die Führer, ehe er sich als Wille äußern konnte...«
(Spann 1972: 119)

Im Klartext behauptet Spann hiermit eine prästabilierte Harmonie zwischen Volk und Führer, von »Höherem« und »Niede-
rem«, deren Realität allein auf metaphysisch-intuitivem Wege sie
selbst sich beweist. Die hierin enthaltene Demokratiefeindlichkeit
ist aber zugleich manifeste Politikskepsis, eine Haltung, die in
Deutschland neben der kleinbürgerlichen auch philosophische

Tradition hat. Doch seit ihrer Entstehung im idealistischen Identitätsdenken und ihrer anspruchsvollsten Formulierung, der Nietz-
scheschen Antipolitik, gibt sie ihren kritischen Stachel sukzessive
preis und endet bei kleinbürgerlichen Vertretern vom Schlage
Spanns. Diese Politikskepsis, die auf den Kleinbürger nicht unbe-
trächtliche Anziehung ausübt, ist ein auch dem Konservatismus
eigener Zug. Hintergrundmotiv ist das der politischen Romantik:
die willkürliche Übertragung eines ästhetischen Programms auf
die Politik. Die Konsequenz ist politischer Irrationalismus in mit
zeitlichem Abstand zu den ersten Autoren dieser Idee wachsen-
dem Maß. So meint denn Spann, als Mitherausgeber der Schriften Adam Müllers

> »Lange habe ich die Forderung *Adam Müllers* nach der Rückkehr zum
> Mittelalter als zeitwidrig, utopisch und unsachgemäß angesehen... Je
> mehr und folgerichtiger ich aber den universalistischen Gedanken zu
> Ende dachte, um so mehr mußte ich auf dieselben Forderungen und
> Schlußfolgerungen wie Adam Müller kommen.« (Spann 1972: 326f.)

Dieser geistige Rückzug verspricht schon bei bloßer Ankündi-
gung Entlastung von den intellektuellen und sozialen Anforderungen des modernen Lebens. Wenn die irritierenden Modernisie-
rungsschübe nach verstehender Rationalität verlangen, ersehnt
der Kleinbürger die Entrationalisierung des Lebens und der Gesellschaft; Spann sichert sie ihm zu.

> »So entsteht wieder Zutrauen – Autorität – Bindung an die Idee, Inner-
> lichkeit als Grundrichtung, und vor allem auch: Nicht das Wissen ist mehr
> das alleinherrschende Element in den geistigen Inhalten der Kultur; nun
> treten alle anderen Elemente des menschlichen Geistes dem Wissen zur
> Seite, und das Übersinnliche herrscht über allen. *Jedes universalistische
> Zeitalter ist ein Zeitalter der Entrationalisierung.*« (Spann 1972: 101f.)

Der moderne Rationalismus findet im Liberalismus seinen Ausdruck als antitotalitäres Potential. Dort soll der Primat des Individuums vor dem Ganzen gelten und entsprechend eine durch
demokratische Institutionen gewährleistete Bewahrung der gesellschaftlichen Sphäre vor Übergriffen durch den Staat. Dem
Konservatismus ist die umgekehrte Optik zu eigen; seine Frage
ist: wie kann der Staat vor gesellschaftlichen Übergriffen ge-
schützt werden? Im Zweifel gilt sein Primat dem Ganzen. Die

konservative Option von Spanns Universalismus führt dennoch nicht direkt zum Totalitarismus. Er propagiert vielmehr einen dezentralisierten Ständestaat als Antwort auf den liberalen Großflächen- und »Nachtwächterstaat«. Dieses Konzept berücksichtigt die alte konservative Sorge um die staatliche Handlungsfähigkeit und weiß sich zugleich eines Mediums des Ausgleichs sicher, da ja die getrennte Existenz beider, des Staates und der Gesellschaft, im ständischen Prinzip ihr Ende finden soll. Nicht das nüchterne Machtkalkül der totalen Staatsmaschinerie führt dieses Denken ins Feld, nicht die Idee einer »Verstaatlichung der Gesellschaft«, sondern den Traum der Wiederverschmelzung von Staat und Gesellschaft als »Verständischung«. Und genau in dieser Nuance tritt das spezifisch Kleinbürgerliche und gegenüber dem kühlen Machiavellismus eines Carl Schmitt hoffnungslos Rückständige dieses Konservatismus zu Tage. 59

»Stand schluckt Staat«, so denkt sich Spann die Zukunft, doch die Naivität der kleinbürgerlichen Utopie vom wiederhergestellten Ständestaat ist nur eine Seite der Medaille (vgl. Spann 1972: 313). Die andere zeigt sich in dem Moment, wo man darangeht, kleinbürgerliche Träume vom »Dritten Reich« in die Tat umzusetzen. Auch wenn diese Träume zunächst nur der Wiederherstellung der alten Zunftordnung gelten, es folgt aus ihnen schließlich der autoritäre Führerstaat.

Die Wirklichkeit des kleinbürgerlichen ständischen Konservatismus erschöpft sich nämlich nicht in den Entwürfen eines O. Spann – sonst könnte man diese getrost vergessen. Sie ist nur zu begreifen als komplementäres Verhältnis, als Einheit des ideologischen Musters mit seinen zwar so nicht beabsichtigten, dennoch keineswegs zufälligen Auswirkungen, nämlich der faschistischen Staatsideologie. Natürlich ist der Faschismus alles andere als ein mittelalterlicher Ständestaat, wie auch Spann nicht zum Chefdenker des Nationalsozialismus taugt. 60 Aber der dem konservativen Denken angehörige, seit dem 19. Jahrhundert sich durchhaltende Mythos vom Ständestaat gehört zu den ideologischen Standards, aus denen die faschistische Propaganda schöpft und durch deren Mobilisierung der Nationalsozialismus erhebliche Massenwirksamkeit bezieht – hauptsächlich im kleinbürgerlichen Milieu.

Nicht allein in den ständestaatlichen Zielen fühlt sich der Kleinbürger von einem Denken wie dem Spanns angezogen, sondern zugleich von dessen jeglichen Zweifel von vornherein ausschließender Überrumpelungsrhetorik. Diese bedient sich eines im Nachhall der Romantik heroisch auftrumpfenden logischen Dezisionismus, der in schlecht naturphilosophischem Jargon einherkommt. Dieser »Jargon der Eigentlichkeit« (Theodor W. Adorno) bemüht die Autorität einer Sprache, die, »edel und anheimelnd in eins«, sich doch »im Geschwollenen« der Unwahrheit überführt (vgl. Adorno 1964: 416/421). »In der neuen Geborgenheit ... trumpft patzig der Deklassierte auf, der weiß, was er sich herausnehmen darf.« (Adorno 1964: 436).[61] Z.B. folgendes: »Der Utilitarismus ist tot. Wahr ist nicht, was nützt, sondern: Was wahr ist, ist es kraft der Natur des Wahrseins.« (Spann 1972: 101) Spanns »wahrer Staat« zeigt vor diesem tautologischen Hintergrund sein wahres Gesicht. Es ist der von der Vernunft, vor allem vom Legitimationszwang vor den menschlichen Zwecken befreite, sich selbst durch eigene Vollkommenheit setzende Staat, »begründet« durch sein ureigenstes Wesen – Macht.

Der kleinbürgerliche Universalismus O. Spanns interessiert hier nicht wegen seiner staatstheoretischen Details. Sie stehen lediglich für die Weltanschauung eines kleinbürgerlichen Konservatismus, der quer durch die Felder Ökonomie, Politik, Geschichte und Philosophie seine Identität in Gestalt eines dichotomischen Weltbildes bewahrt. Bei Spann heißt diese Dichotomie Universalismus contra Individualismus, was nicht weiter von Belang wäre, fände sich nicht unter dieser Überschrift eine Zusammenfassung des kleinbürgerlichen Weltanschauungsrepertoires, die an Prägnanz kaum zu wünschen übrig läßt.

Der Kleinbürger lebt in ständiger Gefahr. Intellektuelles Abwägen und Differenzieren ist seine Sache nicht. Die Welt zerfällt in Gut und Böse, Freund und Feind, tertium non datur.

Der Feind – bei Spann der Individualismus – ist:

»a-metaphysisch, ferner im Gepräge alles Geistigen: empiristisch, relativistisch, subjektivistisch, induktiv, kausal-wissenschaftlich, utilitaristisch; und endlich in der Politik kosmopolitisch einerseits (soweit das Verhältnis der Völker in Betracht kommt), atomistisch und zentralistisch andererseits, soweit das innere Gefüge des Staates in Betracht kommt. Das Ganze dieser geistigen Kultur des Individualismus ist auf Wissen, auf das von der Erfahrung abgezogene Wissen gestimmt, das heißt die individualistische Aufklärung ist: rationalistisch, ist ›Aufklärung‹. Und was zuletzt das Gebiet der Wirtschaft anbelangt, so ist der Individualismus kapitalistisch, sofern er die Kräfte von innen nach außen drängt, sofern er Vertreter des freien Wettbewerbs und des freien Privateigentums ist, statt die Wirtschaft auf Organisierung zu gründen, wie es z.B. das Mittelalter getan hatte.« (Spann 1972: 93)

Das Gute – bei Spann der Universalismus – ist:

»Objektiv statt subjektiv; apriorisch statt relativistisch (innere Eigengesetzlichkeit der Ganzheiten); deduktiv statt induktiv; intuitiv statt empiristisch-sensualistisch (innere Erfahrung statt äußerer; inneres Wissen statt der Aufklärung); Gliederungs- und Zweckwissenschaft statt mechanistischer Kausalwissenschaft des Rationalen; metaphysisch statt a-metaphysisch; der Geist ist mit sich selbst beschäftigt – Zurückdrängung und Bindung der Wirtschaft; reine Sittlichkeit statt utilitaristischer; in der Wirtschaft ständisch statt kapitalistisch.« (Spann 1972: 101)

Nahezu alle Standards kleinbürgerlicher Ideologie sind in dieser Gegenüberstellung versammelt, sie konvergieren in einem einzigen: dem binären Schematismus des »entweder-oder«, der in subkutaner Beziehung zur sozialen Identität des Kleinbürgers – dem »sowohl-als-auch« – zu stehen scheint.

Die Befähigung zur Synthese hat als erste Voraussetzung die Anerkennung der Existenz des Widerspruchs, wenn nicht sogar dessen vorläufige Tolerierung. Doch bereits auf dieser ersten Stufe siegt beim Kleinbürger die Aversion gegen alles, was sich im binären Schematismus nicht ausdrücken läßt, gegen die Dialektik, die im Dualismus das »Dritte« erkennt und ihn damit aufhebt. Kleinbürgerliche Dialektik-Phobie löst den Antagonismus konkretistisch auf in eine Grundsatzentscheidung: ja oder nein; dafür oder dagegen. Dieser gewaltsamen Lösungsstrategie fehlt die Einsicht in die Produktivität von Kritik und Negation. Ob in der Erkenntnis oder in der gesellschaftlichen Praxis, der Widerspruch ist bedrohlich, er löst Angst aus, denn er geht mitten durch die soziale Existenz des Kleinbürgers hindurch.

Genuin kleinbürgerlich ist die Bildung von begrifflichen Gegensatzpaaren, mit denen die Komplexität des Sachverhalts auf eine scheinbar zwingend alternative Entweder-oder-Logik reduziert werden kann. Der Gewinn ist eine auf die Schwarz/Weiß-

Optik zurechtgestutzte Realität nach präformierten Standards und Stereotypen, ein durch Reduktion geklärtes Weltbild. Dieser Entlastungsmechanismus bedient sich eines einfachen Mittels: einem unverstandenen Begriff, hinter dem sich die Irritation kleinbürgerlicher Selbstgewißheit verbirgt, wird willkürlich eine schiefe Alternative entgegengesetzt, von der aus der zu erklärende Begriff nach Belieben umgepolt oder interpretiert werden kann.

Dieses Verfahren ist anhand der Gegenüberstellung der Begriffe von Stand und Klasse zu studieren. Andere Beispiele aus dem Bereich des kleinbürgerlichen Konservatismus wären: Kultur/Zivilisation; Kapital/Masse; Kommunismus/Egoismus; Freiheit/Sozialismus. Unter der zugigen Decke solch schiefer Begrifflichkeit träumt der Kleinbürger immer wieder von einem restituierten Ständestaat. Keineswegs hegt nur der kleine Handwerker solche Wünsche. Wie z.B. die dezidiert standesideologisch ausgerichtete Rhetorik des »Deutschnationalen Handlungsgehilfen-Verbandes« (DHV) zeigt, sind sie auch unter den Angestellten weitverbreitet.

»Der Stand wird in bewußten Gegensatz zur Klasse gesetzt – der Stand mit Rangordnungen gegen die solidarische Klasse. Und der ständische Gedanke wird als Weltanschauung propagiert, unter offenem Eingeständnis seiner ideologischen Funktion; er wird zum politischen Schlagwort, zum politischen Ziel... Der als letztes Ziel dieser Bestrebungen ersehnte Ständestaat unterscheidet sich kaum von dem utopischen Staatsideal der Romantiker. In der aktuellen Epoche der nationalistischen Neuromantik soll durch irrationale Beeinflussung die Ständebewegung zur Auferstehung gebracht werden; die Argumente haben sich seit Schlegel und Novalis, seit F. v. Baader und Adam Müller... wenig verändert.« (Dreyfuß 1933: 263)

Die Ideologie vom Ständestaat als dritter der in dieser Arbeit entwickelten kleinbürgerlichen Ideologiekomplexe enthält als konservative Option den Protest gegen die moderne bürgerliche Gesellschaft. Je nach politischer Großwetterlage kann dieser Protest auch in anderem Umfeld als dem von Spann gemeinten instrumentalisiert werden. Der theoretische Angriff des kleinbürgerlichen Universalismus gegen den Klassenbegriff geht praktisch gegen Klassenkampf und Klassengesellschaft, doch damit wirkt er keineswegs in der gewünschten Richtung auf die ständische Gesellschaft. Eher im Gegenteil. Die Praxis der Ideologie vom Ständestaat in der Weimarer Republik ist die Verschärfung des Anti-Sozialismus und Anti-Liberalismus. Ihre Wirkung geht gegen die Demokratie, mit der sie auch die Klassengesellschaft zu vernichten meint. Doch dies ist ein Trugschluß. Bürgerliche Klassengesellschaft ohne Demokratie bedeutet Faschismus.

4
Die Brücke nach rechts

Das Verhältnis von Kleinbürger und Konservatismus tritt in seinen grundsätzlichen Determinanten am ehesten zu Tage im Verlauf jenes Prozesses, der beide in die Nähe des Nationalsozialismus' treibt. Schon in Phasen relativer Ruhe seit der Gründerzeit, sind zentrale ideologische Positionen besetzt, von denen diese Entwicklung ausgeht. Dennoch beweist sich die Tragfähigkeit der ideologischen Brücke von kleinbürgerlichem Konservatismus zum Faschismus erst in der Krise, wo nämlich der ständische Antimodernismus ins faschistische Lager driftet. Keine neuen Ideologien sind hierzu erforderlich, lediglich neue Energien. Das changierende Bild kleinbürgerlicher Politikoptionen ist unmittelbar abhängig vom Tempo der gesellschaftlichen Dynamik. Der Kleinbürger reagiert mal apathisch-eskapistisch, mal extremistisch-aktionistisch; entscheidend aber ist: er re-agiert.

Spätestens mit der Etablierung der Weimarer Republik ist ein politischer Entwicklungsstand erreicht, der den Kleinbürger – nicht allein – nach der Wiederherstellung der Vergangenheit rufen läßt, wie es schon mehr als 70 Jahre zuvor Marx und Engels feststellten: »Sie sind also nicht revolutionär, sondern konservativ. Noch mehr, sie sind reaktionär, sie suchen das Rad der Geschichte zurückzudrehen.« (Marx/Engels, MEW 4: 472) Der Konservatismus, der mit seinem Versprechen, die Geschichte aufzuhalten, den Kleinbürger enttäuschen mußte, vollzieht in diesen Jahren in sich selbst eine Entwicklung zum reaktionären Muster. Sein Programm des kleinbürgerlichen Konservatismus wird radikalisiert:

autoritärer Antimodernismus, völkischer Nationalismus und ständische Wirtschaftsordnung; dazu selbstverständlich Verschärfung der antiliberalen und antisozialistischen Gangart.

Ideologisch abgefedert und programmatisch inspiriert wird diese konservative Radikalisierung durch eine literarisch-geistige Szene, die sich aus den zynischen Untergangsszenarios O. Spenglers, der völkischen Nationalökonomie Sombarts und dem autoritären Politikdarwinismus eines C. Schmitt speist. Die Konjunktur dieses mit der Geste radikaler Kritik auftretenden Antihumanismus in der Zwischenkriegszeit ist kein spezifisch kleinbürgerliches Phänomen, sondern das Signum einer nie fest in Aufklärung und Liberalismus verankerten bürgerlichen Intelligenz in Deutschland. Sie aktualisiert allerdings eine Fülle von ideologischen Standards kleinbürgerlicher Provenienz und ist ohne diesen Hintergrund nicht verstehbar. In der ideologischen Nachbarschaft von kleinbürgerlichen Intelligenzlern und desorientierten Bildungsbürgern ist damit ein wesentlicher Grund für die außergewöhnliche Schwungkraft dieses Gedankenguts in Deutschland zu erblicken, das andernorts nie zu vergleichbarer Massenwirksamkeit gelangte.

Wie Richard Saage anhand des »etatistisch-völkischen« Konservatismus von E. Forsthoff feststellt, handelt es sich hierbei um einen Konservatismus, der offen den autoritären, totalen Staat propagiert, ein Konzept, das allerdings »weder in der Dynamik der faschistischen Bewegung noch in der Statik einer berufsständischen Ordnung aufgeht« (vgl. Saage 1983: 189). Damit ist für das präfaschistische Interessen- und Ideologiegeflecht eine triadische Grundstruktur anzunehmen: autoritärer Konservatismus, retrograde Ständeideologie und faschistische Massenbewegung. An allen drei Faktoren ist das kleinbürgerliche Element beteiligt.

Kleinbürgerlicher Konservatismus ist mit Händen zu greifen, wenn mit elitär-rebellischer Gebärde die Vertreter einer jungen Generation der sogenannten Konservativen Revolution mit dem Ziel antreten, zusammen mit dem verhaßten parlamentarischen »System« auch die überkommenen feudalen Strukturen abzuschaffen. Nicht mehr vom »alten Kaiser Wilhelm«, sondern von einer Aristokratie unerschrockener Siegernaturen wird hier geträumt, die nach Revision der Kriegsniederlage einen neuen Typus von Herrschaft in der Mitte Europas aufrichten sollen. Es entsteht hier ein »Jungkonservatismus«, der alle Züge des Traditionalismus abgestreift hat und in seiner unzweideutigen Formulierung etwa raumpolitischer oder rassistischer Ideologeme zu den direkten Wegbereitern des Nationalsozialismus zählt.

Der in der Zeitschrift *Die Tat* und in dem sich seit Ende der 20er Jahre um ihre Autoren bildenden Kreis lautwerdende Ruf nach starkem Staat und Wiederherstellung deutscher Ehre ist explizit als mittelständisches Programm und der Mittelstand als legitimer Träger der Neuordnung im zu schaffenden ›Dritten Reich‹ gedacht.

> »... die Leitgedanken des Tat-Kreises sind das genaue Spiegelbild der schwierigen Situation des Mittelstandes. Sie weisen auf eine Haltung zurück, die in einem wesentlichen Sinne irreal und widerspruchsvoll ist.«
> (Kracauer 1977: 83)

Das geistige Klima, aus dem heraus sich dieser neue konservativ-romantische Irrationalismus bildet, beschreibt K. Fritzsche mit sechs »ideologischen Hauptlinien«, in denen die wohlbekannten Standards des kleinbürgerlichen Ressentiments aufscheinen (vgl. Fritzsche 1976: 355 ff.):
– romantische Staatsverklärung, Kanonisierung des Gewesenen,
– Nationalismus,
– aggressive Weltreichspläne,
– Entwürfe autoritärer Elitenherrschaft,
– Antisozialismus als zentrales ideologisches Negativ,
– Mystifizierung der Rasse: Antisemitismus.

Vor dem Hintergrund eines der Jugendbewegung entstammenden Lebensgefühls aus »Schwärmertum, Heilserwartung und Negation des Bestehenden« erwächst das Gesellschaftsbild eines »Nationalen Sozialismus als Sendung der Mitte«, eines deutschen oder preußischen Sozialismus, der im Grunde nur eine Neuauflage des kleinbürgerlichen Sozialismus im nationalistischen Gewand bedeutet (vgl. Fritzsche 1976: 53/167 ff.).

In den für jenen evidenzheischenden binären Schematismus typischen Schlagworten »jenseits von Kapital und Masse«, »gegen den Besitz aber für das Eigentum«, meldet sich im »*Tat*-Kreis« ein kleinbürgerlicher Antikapitalismus zu Wort, in dem die Kritik am System und die Furcht vor der Deklassierung bewußtlos miteinander verknäult sind, sodaß die Monopole und die Bolschewisten als identischer Gegner erscheinen. Das Wunschbild der *Tat*-Autoren ist der »freie, kleine, biedere, durch die Konkurrenz des Warenhauses nicht mehr bedrohte Unternehmer und Handwerker«, der »redlich und ruhig seinen Gemüsegarten ›ausbauen‹ kann« (Gabriel 1932: 425). So erblicken aufmerksame Beobachter im revolutionären Konservatismus der späten Weimarer Jahre Züge eines »Kryptomarxismus«, einen »leichtwiegenden Mischmasch von ›Marxismus‹ und ›Weltanschauung‹, von entstellten Erkenntnissen und breitgetretenen Empfindungen« (vgl. Gabriel 1932: 416), in dessen wirtschaftspolitischem Programm (Bändigung der Produktivkräfte, Kleineigentum, Autarkie, Zurücknahme der Arbeitsteilung) die alten Standards des kleinbürgerlichen Sozialismus ihre letzte Station auf dem Wege durch das politische Spektrum erreicht haben, bevor sie der Nationalsozialismus vereinnahmt.

> »Es ist in der Tat eine unklare und verschwommene Rebellion des Blutes gegen den Geist, eine Rebellion des Kleinbürgers gegen die mit eherner Notwendigkeit dahinschreitenden Gesetze der ökonomischen und gesellschaftlichen Entwicklung.« (Gabriel 1932: 428)

Je näher diese Haltung dem Paradox des kleinbürgerlichen Sozialismus steht, indem sie einen bornierten Antikapitalismus auf dem Boden der kapitalistischen Eigentumsordnung vertritt, desto schiefer gerät die Argumentation: »Im marxistischen Sozialismus sehen wir einen Antikapitalismus, der auf dem Boden und mit den Waffen des Kapitalismus kämpft. Wir lehnen den Kapitalismus als Wirtschaftssystem überhaupt ab...« (Fritzsche 1976: 107). In dieser grotesken Verzerrung spitzt sich kleinbürgerlicher Irrationalismus zu: Kapitalismus gleich Sozialismus gleich Liberalismus... (die Kette läßt sich nach Spannschem Vorbild beliebig verlängern). Die weit über ihre kleinbürgerliche Herkunft reichende Ausstrahlungskraft dieser mit dezidiert antibürgerlichem, anarchoidem Gestus vorgetragenen Idee ist Resultat einer Angleichung der Lage ansonsten heterogener Bevölkerungsteile, der Handwerker und Kleinhändler, der Angestellten, Beamten und insbesondere vieler Akademiker ohne Karrierechance. Was diese Gruppen vereint, ist der Verlust des einstigen Status, die Marginalisierung im politischen Einfluß und eine aus mangelnder Eindeutigkeit der sozialen Stellung erwachsende Orientierungslosigkeit, die sich nicht zuletzt im Titel der Zeitschrift *Die Tat* kompensatorisch niederschlägt. Kleinbürgerlich ist nicht ihre Herkunft, sondern ihr Schicksal; kleinbürgerlich ist ihre Politik und Ideologie.

»Die Veröffentlichungen des Tat-Kreises spiegeln mithin genau die durch die materielle und ideelle Situation bedingte Zerrissenheit des depossedierten Mittelstandes wider, der sich in die Romantik flüchtet und zwischen Gewalt und Vernunft hin- und hergeworfen wird.« (Kracauer 1977: 101)

Kleinbürgerliche Sehnsucht nach der statischen Welt, nach Schutz vor der Dynamik gesellschaftlicher Modernisierung, wird zum verbindenden Interesse in all jenen Schichten, die Opfer der kapitalistischen Krise geworden sind, für die sie den liberalen Staat verantwortlich machen. *Die Tat* verspricht ihnen für die Zukunft: »An die Stelle der Dynamik tritt die Statik.« (Fritzsche 1976: 172)

»Der Kampf gegen den Liberalismus in der totalitären Staatsauffassung« (Herbert Marcuse) ist der Beitrag des Konservatismus zur Vorgeschichte des Nationalsozialismus. Doch mit Liberalismus identifiziert der Kleinbürger nicht eigentlich eine politische Idee unter anderen, sondern das Prinzip des Fortschritts, das Prinzip der historischen Dynamik überhaupt. Das statische Grundmuster kleinbürgerlicher Geschichtswahrnehmung zieht schließlich auch den »radikalen« Jungkonservatismus wieder zurück in den Umkreis des Traditionalismus. Für Marcuse handelt es sich hierbei um:

»... die *Depravierung* der *Geschichte* zu einem ›nur‹ zeitlichen Geschehen... Eine solche Ent-Geschichtlichung findet sich allenthalben in der organizistischen Theorie: als die Entwertung der Zeit gegenüber dem Raume, als die Erhöhung des Statischen über das Dynamische, des Konservativen über das Revolutionäre, als die Ablehnung aller Dialektik, als Preis der Tradition um der Tradition willen.« (Marcuse 1934: 178f.)

Doch selbst diesem Konservatismus sind die Kleinbürger schon bald weggelaufen. Die politische Wanderung der Mittelschichten in der Weimarer Republik nach rechts macht beim autoritären Konservatismus nicht halt. Im Zeichen der sich zuspitzenden Krise können die Optionen eines anwachsenden kleinbürgerlichen Extremismus vom Konservatismus nicht mehr befriedigt werden, was einmal mehr zeigt, daß das konservative Lager für den Kleinbürger nur Asyl, nur Durchgangsstation ist.

Den Konservatismus betreffend ist aber der Schluß zu ziehen, daß er unter extremen äußeren Bedingungen selbst obdachlos werden kann. Jedenfalls bietet der deutsche Konservatismus der »Konservativen Revolution« an keinem seiner inneren Maßstäbe mehr Halt vor dem Abrutsch in den Faschismus. Weder Kleinbürger noch Konservatismus sind genuin oder gar naturgemäß faschistoid; festzustellen ist aber die Herkunft der wichtigsten Standards faschistischer Ideologie aus dem kleinbürgerlichen Konservatismus. Dem Nationalsozialismus fällt lediglich die Aufgabe zu, diese schlagkräftig zu bündeln und zu organisieren.

Wie gezeigt, trägt das politische Verhältnis von Kleinbürger und Konservatismus den Charakter einer Verbindung auf Abruf. Der Konservatismus kann nicht halten, was er dem Kleinbürger verspricht: dauerhaften Schutz vor den Folgen der »Entzauberung der Welt«. Dennoch ist der kleinbürgerliche Konservatismus eine politische Konstellation von hoher Widerstandsfähigkeit, wie die politische Geschichte Deutschlands auch in der zweiten Hälfte des 20. Jahrhunderts beweist. Die jeweilige politische Gestalt des kleinbürgerlichen Konservatismus ist bestimmt von äußeren Faktoren. Abhängig von der Stabilität der sozioökonomischen Gesamtlage schwankt sie zwischen apolitischem Traditionalismus und reaktionärer Aggression. Dennoch läßt sich die Affinität von Kleinbürger und Konservatismus prinzipiell in drei gemeinsamen Charakteristika zusammenfassen:

– Dichotomisches Weltbild (binärer Schematismus),
– Statik: Ruhe und Ordnung vor Dynamik und Zirkulation,
– Ideologisches Repertoire des Anti–Modernismus (Anti-...).

Die kleinbürgerliche Ideologie vom ständischen Kapitalismus und vom Arbeitseigentum verweist auf ein politisches Korrelat, das als Primat der Staatsidee entwickelt werden kann. Nun sind die Ökonomie des kleinen Selbständigen und der patriarchalisch-autoritäre Ständestaat im Kapitalismus unwiderruflich Vergangenheit. Der moderne Staat hat seinen Primat an die Ökonomie abgegeben und ist wesentlich bestimmt von den antagonistischen gesellschaftlichen Interessen. Gegen die neue, in Klassen geteilte Welt protestiert der Kleinbürger in Gestalt der Ideologie vom Ständestaat. Nur hier ist der Primat des Staates noch einmal denkbar, denn das Prinzip des modernen liberalen Staates ist seine Kontrolle durch die in demokratischen Institutionen organisierten gesellschaftlichen Interessen, sodaß sich mittlerweile die Gesellschaft gegenüber dem Staat so weit autonomisiert und verselbständigt hat, daß selbst ein deutscher Kaiser oder Generalfeldmarschall sie nicht im Zaume halten kann.

Gegen diese »Vergesellschaftung des Staates«, wie sie aus kleinbürgerlicher Sicht Liberalismus und Sozialismus nur graduell unterschiedlich betreiben, protestiert der Kleinbürger; daß er protestiert, hat einen objektiven Grund: er erblickt in dieser Vergesellschaftung die eigene. Der Weg, den diese Vergesellschaftung nimmt, führt über die Ökonomie. Für diese Erkenntnis braucht es keine Kapitalanalyse; sie ist kleinbürgerliche Alltagserfahrung. Doch gerade gegen den Marxismus, der jenen Basisprozeß der Ökonomie entdeckt, führt der Kleinbürger seinen verzweifelten Kampf, als ob entschlossene Leugnung die Wirkung zu bannen im Stande wäre. Diese Wirkung ist der immanente Prozeß der Entfremdung, jener von Marx entdeckte Riß, der mitten durch die bürgerliche Gesellschaft und gleichzeitig durch die kleinbürgerliche Existenz geht. Die Ideologie vom Ständestaat ist das Versprechen, diesen Riß wieder zu schließen. Sie erlaubt eine erträgliche Interpretation der Geschichte: nicht unausweichliches Schicksal, sondern revidierbare Abirrung vom rechten Pfad.

Und genau dies ist die erste Idee des modernen Konservatismus: Revision der modernen Trennung von Staat und Gesellschaft. Sein innerstes Prinzip ist von Anbeginn die Sorge um die Handlungsfähigkeit, um den Primat des Staates. Diese Idee formuliert er nach dem Muster des binären Schematismus. Der Konservatismus suggeriert nämlich die Möglichkeit einer Wiederherstellung des Primats des Staates, durch seine Leugnung des Begriffs der Gesellschaft. Gesellschaft, resp. Vergesellschaftung ist das Übel; der Staat wird erst wieder handlungsfähig, wenn »Gesellschaft« verschwindet und das »Volk« wieder in seine Rechte tritt.

Das ideologische »Angebot« des Konservatismus an den Kleinbürger ist auf dieser Ebene: die Ersetzung des Begriffspaares Gesellschaft und Staat durch dasjenige von Volk und Staat. Diese zu den eisernen Standards konservativen Denkens gehörende Gleichung enthält implizit aber den Übergang zur Ideologie von der eigentlichen Identität von Volk und Staat, die sich in der Person des genialen Führers verkörpert (vgl. Lenk 1971). Der kleinbürgerliche Protest gegen Klasse, Klassenstaat und Klassengesellschaft ist der gegen Gesellschaft überhaupt. Sein Traum vom Stand erwärmt sich am Begriff Volk, einem dem Interessen- und Parteienkampf fernen Organismus, der Ganzheit und Gemeinschaft signalisiert.

Damit leistet die konservative Ideologie vom Ständestaat den Transfer von Energien aus kleinbürgerlicher Angst vor der kapitalistischen Vergesellschaftung ins ideologische Nebelreich. Gesellschaft wird begrifflich eskamotiert, um den Staat zu stärken, um ihm die volle väterliche Autorität zurückzugeben, die er in der bürgerlichen Gesellschaft, ganz wie der Vater in der bürgerlichen Familie, zu verlieren droht. »›Die Politik‹ sollte also herrschen, ›die Wirschaft‹ dienen – die durchgängige kleinbürgerliche Utopie...« (Fritzsche 1976: 193)

Nicht vergessen werden soll an dieser Stelle, daß in Gestalt der kleinbürgerlich-konservativen Utopie der Wiedereinsetzung von Volk und Staat sich ein Stück berechtigten Protests gegen die Entfremdungs- und Verdinglichungsmechanismen der modernen Gesellschaft Ausdruck verschafft. Doch die Formen, in denen dieser Protest sich äußert, sind nicht beliebig. Mag die Sage vom Kyffhäuser ihr bieder-sentimentales Gesicht wahren, ihr ideologischer Gehalt ist die Hoffnung auf das »Dritte Reich«.

Kapitel 4
Die radikale Konsequenz:
Kleinbürger und Nationalsozialismus

In der nationalsozialistischen Verheißung eines tausendjährigen »Dritten Reiches«, eines Zustandes, in dem für alle Zukunft die Vergangenheit wieder hergestellt wird, ist der ideologische Gehalt des kleinbürgerlichen Faschismus ausgedrückt. Gerade in der Vagheit dieser Formel besteht ihre Anziehungskraft. Der zugleich nebelhafte und heroische Mythos eines im germanischen Großreich wieder zu sich selbst kommenden Volkes, das allzu lange Spielball der Geschichte und Objekt der Interessen neidischer Nachbarvölker war, eignet sich vortrefflich zur Mobilisierung politischer Sehnsüchte, weniger zur Verwirklichung programmatischer Ziele. Das »Dritte Reich« ist die mythische Hohlform, in die sich alle Quellen des kleinbürgerlichen Irrationalismus zu Ende der Weimarer Zeit ergießen. Was aus diesem Traum wird, steht auf einem anderen Blatt.

Damit ist die Logik des Verhältnisses von Kleinbürger und Nationalsozialismus nicht einfach als Identität zu verstehen, sondern eher als Paradoxon. So unerläßlich die kleinbürgerliche Massenbasis für den Sieg des Faschismus ist, so notwendig muß dieser, einmal an der Macht, die Versprechen brechen, mit denen er zuvor die Massen mobilisierte. Dieser in der Politischen Theorie als Differenz von sozialer Basis und sozialer Funktion des Faschismus bezeichnete Umstand wird im folgenden näher erläutert.

Die drei zentralen kleinbürgerlichen Ideologiekomplexe sind hierzu erneut zu sichten, denn das ideologische Arsenal beider, des Nationalsozialismus und des (damit keineswegs identischen) kleinbürgerlichen Faschismus, weist über die im Rahmen von Liberalismus, Sozialismus und Konservatismus diskutierten ideologischen Hauptkomplexe keine wesentlich neuen Bestände auf.

Wie zu zeigen ist, stellen die mit dem deutschen Nationalsozialismus verknüpften kleinbürgerlichen Ideologien, Ressentiments und Mythen »lediglich« eine nochmalige Irrationalisierung des gesamten bereits lange zuvor entwickelten Bestandes dar.

In diesem Sinne einer Aktualisierung genuin kleinbürgerlicher Ideologien auf extremstem Niveau ist bezüglich des Faschismus vom Radikalismus des Kleinbürgers zu reden: nicht allein im oberflächlichen Verständnis eines übersteigerten Aktionismus ist der kleinbürgerliche Faschist ein Radikaler, sondern im Wortsinne des »zu den Wurzeln selbst«. Im Extrem, im kleinbürgerlichen Faschismus, tritt die Essenz des Kleinbürgerlichen plastisch hervor. Dies erklärt auch, warum die wissenschaftliche Analyse kleinbürgerlicher Ideologie und Politik gerade im Kontext von Faschismus und Nationalsozialismus am weitesten gediehen ist; zu evident ist der Anteil des mittelständischen oder kleinbürgerlichen Faktors am Untergang der Weimarer Republik bzw. an den faschistischen und nationalsozialistischen Bewegungen nicht nur in Deutschland.

Die soziologische Verbindung, also die Affinität mittelständischer Bevölkerungsschichten zum Nationalsozialismus kann als erforscht gelten.[62] Dem Forschungsinteresse dieser Arbeit entsprechend steht hier ein anderer Aspekt im Vordergrund, der Strukturwandel kleinbürgerlicher Ideologien und ihre Erscheinungsform im faschistischen Gewand mit dem Ziel einer aus der extremsten Radikalisierung zu entnehmenden grundsätzlichen Wertung des Verhältnisses von Kleinbürger und Politik. Wenn unter »Kleinbürger« weniger ein soziographischer als ein politisch-ideologischer Begriff zu verstehen ist, dann gewinnt die Diskussion der kleinbürgerlichen Massenbasis des Faschismus einen neuen Akzent. Die Aufgabe besteht nicht länger im Nachweis eines signifikanten Überwiegens des mittelständischen Elements in der Mitgliederschaft der NSDAP, in deren Funktionärselite oder im Wählerpotential, wie er vielerorts vorliegt.[63] Gerade die jüngsten empirischen Untersuchungen relativieren die oft vorschnell getroffene Charakterisierung des Nationalsozialismus als Mittelstandsbewegung. Die Anziehungskraft der NSDAP als »Volkspartei mit ausgeprägtem Mittelstandsbauch« (Falter 1984: 55) geht nämlich weit über solche engen schichtenspezifischen Grenzen hinaus – genau wie die Verbreitung kleinbürgerlicher Ideologie.

Die ideologische Verwandtschaft zwischen Nationalsozialismus und kleinbürgerlichem Irrationalismus ist nicht zu übersehen. Nationalsozialistische »Weltanschauung«, Programmatik und Rhetorik lebt in nahezu jeder Verästelung aus kleinbürgerlicher Ideologie; sie stellt weithin ein zu seiner extremsten Konsequenz gekommenes Konglomerat kleinbürgerlicher Irrationalismen dar, allerdings mit einigen entscheidenden Differenzen, auf die besondere Aufmerksamkeit zu richten ist. Erklärungsbedürftig wird damit die weit über den engeren Bereich der Mittelschichten ins proletarische und bürgerliche Milieu ausgreifende Attraktivität dieser Ideologien als Spezifikum der deutschen Situation im betreffenden Zeitraum. Über die Erklärung dieser Konstellation erst könnte eine Antwort auf die Frage nach der Rolle des Faschismus im Zusammenhang eines deutschen »Sonderwegs« gelingen, wie sie u.a. das Bloch'sche Konzept der Ungleichzeitigkeit beinhaltet. Diese Antwort wird vom politischen Begriff des Kleinbürgers profitieren können. Am Untergang der Weimarer Republik ist nämlich das kleinbürgerliche Element nicht nur auf der Seite der Angreifer unter der Flagge des kleinbürgerlichen Faschismus beteiligt, sondern zugleich auf der Seite der potentiellen Verteidiger im Lager der politischen Konkurrenz.

Bei einer Gewichtung der verschiedenen Ursachenkomplexe für den Sieg des Nationalsozialismus über die Weimarer Demokratie wird die Schwäche der Verteidigung mindestens im gleichen Maße zu Buche schlagen wie die Stärke der Angreifer. Diese Schwäche beruht auf drei politischen Faktoren:

– Die quantitativ geringfügige und qualitativ oberflächliche Verankerung des politischen Liberalismus im deutschen Bürgertum und Mittelstand.
– Die Spaltung des Sozialismus und die interne Paralysierung der Arbeiterbewegung.
– Der reaktionäre und antidemokratische Charakter des Konservatismus als überwiegende politische Option der (administrativen, ökonomischen, militärischen und teilweise auch intellektuellen) Führungseliten.

Zur Genese aller drei Faktoren konnte aus der historischen Untersuchung kleinbürgerlicher Ideologien in den vorstehenden Kapiteln beigetragen werden. Die folgende Analyse will weder eine Faschismustheorie ersetzen, noch den Versuch darstellen, das Scheitern der Weimarer Republik verbindlich zu analysieren. Wenn aber dennoch behauptet wird, daß beide, Faschismustheorie und Geschichte der Weimarer Republik, auf die Beachtung des Kleinbürgers nicht verzichten können, so bedeutet dies unter der Bedingung des Perspektivwechsels auf den politischen Kleinbürgerbegriff, daß es eingedenk der Dialektik von sozialer Basis und sozialer Funktion des Nationalsozialismus keineswegs genügen wird, die Affinität von kleinbürgerlichem Mittelstand und Nationalsozialismus herauszupräparieren, wie es seit Beginn der dreißiger Jahre (etwa bei Geiger) gang und gäbe ist. Im Gegenteil klärt sich die tatsächliche Beziehung von Kleinbürger und Nationalismus vielleicht eher an den Bruchstellen zwischen kleinbürgerlichem Faschismus und Nationalsozialismus, dort wo die Enttäuschung kleinbürgerlicher Sehnsüchte durch die nationalsozialistische Herrschaftspraxis zu konstatieren ist.

Der ideologische Hintergrund dieser Beziehung kann wohl nur durch die Analyse jenes überschießenden Potentials erklärt werden, das eine vehement irrationalistisch gestimmte kleinbürgerliche Bewegung antreibt, deren radikaler Aktionismus aus gestauter Wut herrührt, die ihr Ventil sucht und von da aus auf beinahe beliebige Ziele gerichtet werden kann. Diesen emotionalen Stau beschreibt Siegfried Kracauer als inneren Kreislauf ungerichteter Energie: »Seinem (sc. des Mittelstands) Bewußtsein sind die Abflüsse versperrt; entweder es versiegt oder es staut sich an und strömt notgedrungen wieder zu seinem Ausgangsort.« (Kracauer 1977: 100)

Die sich im Aktionismus der völkisch-radikalen Organisationen seit den Tagen der Freikorps regenden Kräfte, die schließlich in den systematischen Terror der SA münden, tragen in Gestalt ihrer autoritär-anarchoiden Affektstruktur das Zeichen des kleinbürgerlichen Anarchismus.[64] Wie gezeigt, entspringt dieses Syndrom nicht etwa aus einer analytisch begründeten Ablehnung der bürgerlichen Welt, wiewohl solche Töne zu vernehmen sind, wenn die braunen Trupps gegen »Spießer und Reaktion« aufmarschieren. Antrieb dieses mit revolutionärem Pathos verbrämten Radikalismus ist eigentlich die kleinbürgerliche Rebellion gegen das moderne liberal-diskursive Politikmodell, das dem parlamentarisch verfaßten Weimarer System zugrunde liegt. Es ist dieses System als Ganzes, nicht allein das ökonomische Elend, gegen welches die verängstigten Kleinbürger rebellieren.

1
Panik im Mittelstand

»Die Kleingewordenen rebellieren«, schreibt Theodor Geiger mit Blick auf den sensationellen Erfolg der NSDAP bei den Reichstagswahlen im September 1930 unter der Überschrift »Panik im Mittelstand«: »Niemand zweifelt daran, daß der Nationalsozialismus... seinen Wahlerfolg wesentlich dem Alten und Neuen Mittelstand verdankt.« (Geiger 1930: 647) In den Analysen der rasch anwachsenden Massengefolgschaft der Nationalsozialisten ist die Diskussion des kleinbürgerlichen bzw. mittelständischen Elements Standard. Die ersten Hinweise auf den kleinbürgerlichen Charakter des Faschismus stammen aus der kommunistischen Diskussion der italienischen Entwicklung seit 1923. Fußend auf der Marxschen Klassentheorie wird hier der reaktionäre Charakter des Faschismus im Zusammenhang mit der historischen Rückständigkeit der alten »Zwischenklasse« nachgewiesen, derer sich eine in die Defensive gedrängte Bourgeoisie zur Sicherung der eigenen Klassenherrschaft bediene. Diese Analyse ist zugleich die Bestätigung der revolutionären Mission des Proletariats als historischer Antipode der Bourgeoisie und Überwinder des bürgerlichen Klassenstaates, dessen letztes Aufgebot im Faschismus und den ihn tragenden kleinbürgerlichen Massen zu sehen sei.

Die Kleinbürger (hier zumeist: das Kleinbürgertum) sind in dieser Perspektive die willfährigen Agenten einer durch die drohende Revolution zur faschistischen Konsequenz genötigten Kapitalistenklasse. Zum ausschlaggebenden Faktor werden sie allenfalls im punktuell eintretenden Kräftegleichgewicht des Klassenkampfes, der in Formen personaler bürgerlicher Klassenherrschaft mündet, als welche im Anschluß an die Bonapartismus-Analyse von Marx August Thalheimer den Faschismus kennzeichnet (vgl. Thalheimer 1979).

> »Aber ist die faschistische Massenbewegung vorerst zu einer Massenbewegung der Kleinbürger und Bauern geworden, so wurde sie zur Macht nur dadurch, daß sich die Kapitalistenklasse entschloß, sich ihrer zur Niederwerfung der Arbeiterklasse zu bedienen.« (Bauer 1936: 1457)

Maßgebend für diese zwar in vielen Nuancen vorgetragenen, im wesentlichen Lenin variierenden Analysen ist die aus der Politischen Ökonomie abgeleitete Unmöglichkeit des autonomen Handelns des Kleinbürgertums, etwa nach der Faustregel: keine Position in der modernen Ökonomie, kein Klassenstandpunkt, kein Klassenbewußtsein. Wieder mündet diese auf die Niedergangshypothese fixierte Sicht in die Verkennung des Problems, da man der historisch und ökonomisch längst erledigten Klasse politisch nur ängstliches Schwanken zutraut. Die Energien des kleinbürgerlichen Radikalismus werden so systematisch unterschätzt. Dabei enthält diese Analyse den Schlüssel zur Lösung in sich, und zwar in Gestalt der Unterscheidung von Massenbasis und »objektiver« Funktion des Faschismus. Denn: »Politische Aktivierung des Mittelstandes ohne und gegen die Demokratie heißt aber – Faschismus. Sie ist nur als eine Mobilmachung gegen das Proletariat durchzuführen.« (Schifrin 1932: 104)

Die praktische Konsequenz dieser Analyse ist aber weithin die (beinahe kleinbürgerlich zu nennende) Aufteilung der politischen Landschaft in zwei Lager: hie bürgerlich-kapitalistisch und da proletarisch-revolutionär, eine Vorstellung, nach der die »Kleinbourgeoisie« ohne eigene Identität ausschließlich als Handlanger der Großbourgeoisie gesehen wird. Aus der gleichen Schwarz-Weiß-Optik entspringt schließlich die fatale Feindbestimmung der Sozialdemokratie unter dem Stichwort »Sozialfaschismus«, eine Verschiebung der Maßstäbe, von der aus die erforderliche Differenzierung des kleinbürgerlichen Faschismus kaum mehr zu erwarten ist.

Einer der wenigen originellen Beiträge aus diesem Horizont ist der von Leo Trotzki. Nicht zufällig entsteht seine Faschismusanalyse als Kritik der parteioffiziellen kommunistischen Linie. Als einer der ersten sieht er nicht nur die ganze Schwungkraft der faschistischen Massenbewegung, sondern zieht auch entsprechende theoretische Konsequenzen, indem er seine Klassenanalyse Deutschlands als Zusammenspiel dreier Faktoren konstruiert: Bourgeoisie, Kleinbürgertum und Proletariat (vgl. Trotzki 1971: 356–361). Seine Feststellung: »Der Faschismus hat seine genuine Basis im Kleinbürgertum« (Trotzki 1971: 141), endet nicht in der groben Agententheorie, sondern bringt das Eigengewicht der kleinbürgerlichen Klassenlage zur Sprache, denn: »Die Großbourgeoisie liebt den Faschismus ebensowenig wie ein Mensch mit kranken Kiefern das Zahnziehen.« (Trotzki 1971: 359) Schon die Formulierung vom Faschismus als »Partei der konterrevolutionären Verzweiflung« macht deutlich, wie der unerläßliche psycho–soziale Faktor in die politökonomische Klassentheorie, die ja auch für Trotzki maßgeblich ist, hineinspielen kann.

»Das ganze Weltall ist in den Köpfen der Kleinbürger eingestürzt, die vollends aus dem Gleichgewicht geraten sind. Aus Verzweiflung, Angst und Erbitterung brüllen sie so laut, daß sie sich selbst übertönen und den Sinn der eigenen Worte und Gesten nicht erfassen.« (Trotzki 1971: 340)

Wiewohl auch Trotzki über die Instrumentalisierung der kleinbürgerlichen Bewegung für kapitalistische Interessen keinen Zweifel aufkommen läßt (»Durch die faschistische Agentur setzt das Kapital die Massen des verdummten Kleinbürgertums in Bewegung...«; Trotzki 1971: 194), bleibt bei ihm immer auch die Eigendynamik dieser Bewegung und ihr objektiver Grund, die kleinbürgerliche Wut und Verzweiflung, im Blick. Dennoch leidet auch sein Begriff vom Kleinbürger wie der anderer marxistischer Autoren unter der orthodox klassentheoretischen Verkürzung, er bleibt auf das alte, vorkapitalistische Kleinbürgertum reduziert. So kommt es zu folgender Skizzierung der faschistischen Massenbasis:

»Die Hauptarmee des Faschismus bleibt immer noch das Kleinbürgertum und der neue Mittelstand: das kleine Handwerks- und Handelsvolk der Stadt, Beamte, Angestellte, technisches Personal, Intelligenz, heruntergekommene Bauern.« (Trotzki 1971: 159)

Wie bei der Durchsicht sozialistischer Mittelstandssoziologien bereits angesprochen, ist aber die ideologische Verbindung etwa von altem und neuem Mittelstand gerade durch diejenigen Momente hergestellt, die als Konstituanten des Kleinbürgerlichen im hier angestrebten Verständnis anzusehen sind: »Mitte«, »Arbeitseigentum« und »Stand« sind exakt die Positionen, die Angestellte und Handwerker, Beamte und Kleinhändler, Freiberufler und deklassierte Intelligenz in einer gemeinsamen, primär ideologisch zu definierenden Identität als Kleinbürger zusammenführen, deren radikale Konsequenz schließlich der kleinbürgerliche Faschismus wird.

Diese von Theodor Geiger als Mentalität konzipierte Einheit sieht auch Svend Riemer als treibende Kraft in der Bewegung des Nationalsozialismus, »der nichts anderes darstellt, als die unter dem Eindruck des Inflationserlebnisses und der gegenwärtigen Wirtschaftskrise sich zu einer politischen Protestaktion zusammenfindenden kleinbürgerlichen Mitte« (Riemer 1932b: 266). In klarer Wendung gegen den orthodoxen Begriff Kleinbürgertum wird hier die angemessene, nämlich ideologische Bewertung unter den irreleitenden, weil die soziologische Assoziation hervorrufenden Überschriften »Habitus« und »Mittelstand« vorgenommen:

> »Unter dem Einfluß grundlegender Wandlungen der modernen Wirtschaftsorganisation, unter der Nachwirkung der Inflationserlebnisse sowie unter dem Druck der Weltwirtschaftskrise vollzieht sich eine Gewichtsverlagerung im Mittelstand in der Linie auf die Beamten- und Angestelltenberufe. Die Folge ist ein trotz vieler Verschiedenheiten gleichartiger Habitus des heutigen Mittelstandes, ist eine weitgehend gemeinsame Haltung gegenüber dem politischen und sozialen Geschehen.« (Riemer 1932a: 109)

Verständlich, daß diese »gemeinsame Haltung« nicht mit dem Etikett des Kleinbürgerlichen versehen wird, wo in engster Nachbarschaft zu solchen Überlegungen die orthodoxe Theorie sich einigermaßen unbekümmert des Terminus vom Kleinbürgertum bedient. Wenn Geiger aber von den »Gedrückten und Geängstigten« schreibt, die »ihre Lethargie abgeschüttelt« haben und »gegen alles und alle« schreien, dann meint er den Kleinbürger als ideologischen Typus, dessen Soziologie er vom Mittelstandsbegriff her zu fassen versucht (Geiger 1930: 649).

Weder die Mittelstandssoziologie noch die Klassenanalyse jener Zeit enthält einen hinreichend begründeten Kleinbürger-Begriff. Dennoch ergibt sich ein präzises Bild vom kleinbürgerlichen Element im Faschismus immer da, wo Ideologiekritik im Vordergrund steht, so auch im zeitkritischen Essay, in der Satire oder in der Literatur. Hier geht es vornehmlich um die »Kleinbürgerlichkeit der Bewegung«, um die soziale, ideologische und kulturelle Physiognomie einer vom Trauma des verlorenen Krieges, von Revolution, Inflation und Wirtschaftskrise gezeichneten Generation, die psychische und soziale Deklassierung nach kleinbürgerlichem Muster verarbeitet. Allein an der obersten Führungsschicht der NSDAP läßt sich eine nahezu komplette Typologie dieses Kleinbürgers entwickeln: der Landsknecht (Röhm, Göring), der Bürokrat (Himmler), der Intelligenzler (Goebbels), perfekt synthetisiert in der Gestalt des Führers, einer Verkörperung des gescheiterten kleinen Mannes, wie sie plastischer kaum denkbar ist: »Nicht jeder erbitterte Kleinbürger könnte ein Hitler werden, aber ein Stückchen Hitler steckt in jedem von ihnen.« (Trotzki 1971: 571)

»So wurde Hitler gewissermaßen zum weithin schallenden Sprachrohr eines kleinbürgerlichen Seelenzustandes; jeder entwurzelte Kleinbürger fühlte sich bis in die dunkelsten Herzensfalten hinab durch ihn gedeutet. Die nationalsozialistische Bewegung wurde zum Unterschlupf, in dem die deutsche Kleinbürgerseele den ausschweifendsten Träumen ihrer Verzweiflung nachhängen und sich doch ihrer Hasenherzigkeit überlassen durfte.« (Niekisch 1965: 38)

Dieser Kommentar beinhaltet bereits eine These über die Gründe der kleinbürgerlichen Begeisterung für den »Spießerkönig Hitler« (Bloch) und sein Programm, das E. Jäckel als »eine Aufzählung kleinbürgerlicher Beschwerden und Sehnsüchte der Nachkriegszeit« qualifiziert (Jäckel 1911: 84). Erst die Analyse dieser Beschwerden und Sehnsüchte, jener angstgeprägten Abwehrideologien, die aus dem biederen Kleinbürger einen Nationalsozialisten machen, führt zum Kern des Problems.

»Die große Zeit des Nationalsozialismus beginnt nach den Inflationsjahren; da stellt sich gescheitertes Kleinbürgertum haufenweise ein. Es bringt Gefühle giftiger Vergeltungssucht mit: dieser Staat, der seine Bürger so bestahl, soll es noch büßen. Die empörten Kleinbürger sind auf dem Wege der Rebellion gegen Staat und bürgerliche Gesellschaft; sie leisten Hitler Gesellschaft, weil sie ihn für einen Rebellen halten.« (Niekisch 1965: 38)

Diese Rebellion ist das Innerste des kleinbürgerlichen Radikalismus. Ihr Grundmuster, das auch im kleinbürgerlichen Anarchismus zum Tragen kommt, ist die affektuelle Negation des unverstandenen leiderzeugenden Mechanismus. Dessen Projektionsflächen zu Ende der Weimarer Zeit sind dem Kleinbürger und seinen Stichwortgebern das verhaßte »System« und seine Protagonisten Liberalismus und Sozialismus, wenn nicht gleich die verdrehte Figur des jüdisch-kapitalistischen Finanziers der bolschewistischen Gefahr ins Spiel kommt. Solche Rebellion ist die konkretistische Verwechslung sozialer Revolution, welche – im kommunistischen Verständnis – mit der Wut die Analyse verbindet, um deren Ursachen zu beseitigen. Kleinbürgerliche Rebellion ist dementgegen die blinde Verzweiflungstat, der Aktionismus, der im Kosmos des unbegriffenen Ursachenzusammenhangs gefangen bleibt, ja ihn erhält und verstärkt.

»Der Nationalismus ist ein Strohhalm, an den sich der Kleinbürger klammert, um nicht im antibürgerlichen Sozialismus zu ertrinken; er ist kein Ausbruch aus der bürgerlichen Gesellschaft, sondern eine äußerste Anstrengung, in ihr verharren zu können.« (Niekisch 1965: 39)

Die NS-offizielle Rhetorik der nationalen Revolution ist die zielgenau auf den Kleinbürger gerichtete Propaganda, die sich hiermit, wie so oft, eines Symbols der Arbeiterbewegung bedient. Daß diese Propaganda aber funktionieren kann, verdeutlicht den Grad der Ohnmacht und Verzweiflung innerhalb der kleinbürgerlichen Schichten, auf die sie gerichtet ist und zu deren schlimmsten Ängsten seit 1848 ja gerade diejenige vor Aufruhr und Revolution gehört. Die Wanderung kleinbürgerlicher Wählerschichten zur NSDAP, ihre Hinwendung zur »nationalen Revolution« bedeutet damit die letzte Etappe, die radikale Konsequenz kleinbürgerlicher Politik.

Unter den marxistischen Kleinbürger-Analysen nimmt diejenige von Ernst Bloch eine Sonderstellung ein. Sie enthält Elemente der marxistischen Klassenanalyse, eine präzise Bestimmung kleinbürgerlicher Ideologien und eine scharfsinnige Deutung des kleinbürgerlichen Faschismus aus dem gesellschaftstheoretischen Bezugssystem der Ungleichzeitigkeit. Wie viele seiner Zeitgenossen erfaßt Bloch die objektive Struktur des Faschismus als Dialektik von Massenbasis und sozialer Funktion: »Der deutsche Fascio ist die trübe Antwort der Mitte, die exakte des Großkapitals auf eine Krise, die ins Mark geht.« (Bloch 1935: 58) Doch wo diese Erkenntnis im marxistischen Spektrum – von Ausnahmen wie Trotzki abgesehen – zumeist zur Abkehr von der näheren Betrachtung dieser »trüben Antwort« und zur Konzentration auf das eigentliche Problem, nämlich die Kapitalanalyse, führt, wendet sich Bloch gerade diesem Thema zu. Der Grund:

> »Nicht die ›Theorie‹ der Nationalsozialisten, wohl aber ihre Energie ist ernst, der fanatisch-religiöse Einschlag, der nicht nur aus Verzweiflung und Dummheit stammt, die seltsam aufgewühlte Glaubenskraft.« (Bloch 1935: 65f.)

Diese Feststellung enthält auch eine Kritik der Arbeiterbewegung, deren historisches Versäumnis es ist, diese Glaubenskraft nicht für ihre Ziele eingespannt zu haben. Doch Bloch beklagt nicht nur den Verlust möglicher Adressaten fortschrittlicher Politik, sondern stellt jedem »Proletkult« fremd fest, daß »der jetzige Prolet doch meist nur ein mißglückter Kleinbürger« sei, der »zu den Völkischen« laufe (Bloch 1959b: 31). Minutiös analysiert er den ideologischen Hintergrund des kleinbürgerlichen Faschismus und die Wut der paramilitärischen Straßenkämpfer und Terroristen, die sich für ihre Führer die Hände schmutzig machen.

> »Besonders das Kleinbürgertum liebt seit alters die Faust im Sack; es paßt zu ihr, daß sie den Falschen schlägt, da sie vorzüglich in der Richtung des geringsten Widerstandes herausfährt. Aus der Nacht der langen Messer ist Hitler gestiegen, aus dem Traum dieser Nacht wurde er von den Herren gerufen, als er ihnen nützlich wurde. Der nazistische Rachetraum ist auch subjektiv verdrückt, nicht aufsässig; ist dumpfe Wut, nicht revolutionäre. Was den sogenannten eisernen Besen angeht, den Haß gegen das sittenlose Leben der Krummnasen und der Oberen, so verriet damit mittelständische Tugend, wie immer in solchen Fällen, nur ihren eigensten Traum.« (Bloch 1959a, 1: 32)

Doch damit kann es nicht sein Bewenden haben. Die Physiognomie der rebellierenden Deklassierten aus »Kleinbürger-Graus und zurückgebliebener Dummheit«, Morde und Pogrome kennzeichnen nur den militanten Arm einer politischen Bewegung, die ganz anderen Kräften dient (vgl. Bloch 1935: 69). »Der Anstifter, das Wesen der Messernächte war selbstredend das Großkapital, doch der rasende Kleinbürger war die erstaunliche, die gräßlich verführbare Erscheinung dieses Wesens.« (Bloch 1959a, 1: 32f.) Daß diese Erscheinung erst zu interpretieren sei, daß sie nicht beliebige Form, sondern notwendige Gestalt ihres »Wesens« sei, betrachtet Bloch als Aufgabe seiner marxistischen Faschismustheorie und nicht als Abfallprodukt der vorzunehmenden Klassenanalyse, denn die »Verführbarkeit« großer kleinbürgerlicher Massen ist eine notwendige Bedingung des Faschismus. In dieser Überlegung geht er über andere marxistische Ansätze hinaus, die sich oftmals mit Variationen der »Dimitroff-These« vom Faschismus als »offene, terroristische Diktatur der reaktionärsten, chauvinistischsten, am meisten imperialistischen Elemente des Finanzkapitals« begnügen (Kühnl 1979a: 58).

Die erwähnte Verführbarkeit ist als ideologisches Potential zu begreifen, als das eigentlich unter dem Signum des Kleinbürgerlichen zu fassende Syndrom, das zwar nicht einfach identisch mit dem Nationalsozialismus ist, sich jedoch bereitwillig von diesem in Regie nehmen läßt. Es leitet sich historisch aus dem alten Kleinbürgertum her, findet sich im betreffenden Zeitraum soziologisch aber nicht allein in dessen Resten, sondern, wie angesprochen, längst sogar im proletarischen Milieu und natürlich auch im sogenannten neuen Mittelstand. Schichtungssoziologische Feinheiten interessieren Bloch nur am Rande; die Angestellten sind (ideologisch) Kleinbürger, mittlerweile sogar deren »maßgebende Schicht« (Bloch 1935: 41).

Die Aufgabe besteht von hier aus im Aufweis desjenigen inneren Widerspruchs, der sich im eigentlich berechtigten Protest des Kleinbürgers gegen ein inhumanes Fortschrittsprinzip äußert, der jedoch in die Parteinahme für den Nationalsozialismus mündet. Die erste Konsequenz dieses Widerspruchs besteht im bekannten rebellischen Muster, dessen Motiv weniger die radikale Veränderung, als umgekehrt gerade die Angst davor ist.

»Gerade die Lebensangst des üblichen Kleinbürgers aber will Sicherheit; gerade die Ungleichzeitigkeit des dämonisierten Kleinbürgers, welche faktisch frühere Bewußtseinslagen streift und im Blutrausch steht, mindestens in archaischen Träumen, will gestaltlos vorgestelltes Chaos nicht, sondern geht dagegen an.« (Bloch 1935: 401)

»Die Angst vor dem Chaos«, wie Joachim Schumacher 1937 seine Studie nennt, löst den rebellischen Impuls aus: In diesem Sinne verstehen sich marodierende SA-Banden als Ordnungskräfte. Die Rebellion aber mündet in den »Staatsstreich von oben«, in die »Revolution mit Erlaubnis des Herrn Reichspräsidenten«[65], welche allerdings nicht das Werk der Parteimiliz, sondern die kalkulierte Machtübergabe an eine Partei ist, deren Rückhalt in ihren Wählern, jenen »verführten Kleinbürgern« besteht. Diese Verführbarkeit, deren sichtbarster Ausdruck die randalierenden Stoßtrupps sind, versteht Bloch als extremste Konsequenz der historischen Situation Deutschlands, die er vom Begriff der Ungleichzeitigkeit aus analysiert. Der Kleinbürger als Verkörperung dieser Ungleichzeitigkeit wird damit zum Schlüssel seiner Faschismusanalyse: »Nicht als wäre nun das Nazitum ein völlig Neues oder auch nur ein Phänomen, dessen man sich, vom Kleinbürger her, nicht versehen konnte.« (Bloch 1970: 186)

Das gleichzeitige Nebeneinander historisch höchst unterschiedlicher Klassen und wirtschaftlicher Existenzweisen auf der Grundlage einer dennoch einheitlich zu fassenden Vermittlung durch die bürgerlich-kapitalistische Gesellschaft sieht Bloch in Deutschland, dem »klassischen Land der Ungleichzeitigkeit« (Bloch 1935: 113), besonders kraß ausgeprägt. Wenn der »gleichzeitige« Grundwiderspruch der bürgerlichen Gesellschaft nach marxistischer Lesart der der jungen proletarischen Klasse gegen das sie ausbeutende Kapital ist, so kann die sich hieraus anbahnende Tendenz zur proletarischen Revolution durch den vergleichsweise weit zurückliegenden unerledigten, »ungleichzeitigen« Widerspruch überlagert werden. Von der historisch-materialistischen Hypothese einer logischen Stufenfolge der Gesellschaftstypen her ist es unter der Bedingung verschärfter Ungleichzeitigkeit möglich, daß die proletarische »Zukunft« zusammen mit einer liberal-demokratischen »Gegenwart« von der vorbürgerlichen »Vergangenheit« eingeholt wird, wenn nämlich der »ungleichzeitige

Widerspruch« zwischen bürgerlichem und feudalem Prinzip, zwischen vorkapitalistischer und kapitalistischer Wirtschaftsform und den sie verkörpernden Klassen als Hypothek der Geschichte das soziale Geschehen bestimmt.

Unter den Bedingungen der »daneben« längst etablierten modernen Industriegesellschaft und des dort bereits angewachsenen gleichzeitigen Widerspruchs nimmt die Austragung dieses aus der Vergangenheit ins Jetzt hinüberragenden Konflikts aber irrationale Formen an, eben jene Formen, wie sie die Situation der untergehenden Weimarer Republik kennzeichnen. Dies erst eröffnet die historische Chance des Faschismus als komplementäres Ereignis aus kleinbürgerlicher Rebellion und ultima ratio bürgerlicher Klassenherrschaft. Die Konsequenzen des im Kleinbürger manifestierten »wirtschaftlich–ideologischen Restseins aus früheren Zeiten« schildert Bloch als theoretische »Erbschaft dieser Zeit« (Bloch 1935: 16):

> »Das *subjektiv* Ungleichzeitige, nachdem es lange bloß verbittert war, erscheint heute als *gestaute Wut*. In ruhiger Zeit war sie das Verdrossene oder Besinnliche des deutschen Kleinbürgers, der sich vom Leben, worin er nicht mitkam, schimpfend oder innig zurückzog. Subjektiv ungleichzeitig im dürreren Sinn, aber ein Brennholz in der Wut sind auch die abgefallenen Zweige der Pflicht, der Bildung des ›Stands‹ der Mitte in einer Zeit, welche kleine Mitte mehr kennt. Dem entspricht das *objektiv* Ungleichzeitige als Weiterwirken älterer, wenn auch noch so durchkreuzter Verhältnisse und Formen der Produktion sowie älterer Überbauten. Das *objektiv* Ungleichzeitige ist das zur Gegenwart Ferne und Fremde; es umgreift also *untergehende Reste* wie vor allem *unaufgearbeitete Vergangenheit,* die kapitalistisch noch nicht ›aufgehoben‹ ist. Der subjektiv ungleichzeitige Widerspruch aktiviert diesen objektiv ungleichzeitigen, so daß beide Widersprüche zusammenkommen, der rebellisch schiefe der gestauten Wut oder der objektiv fremde des übergebliebenen Seins und Bewußtseins.« (Bloch 1935: 116f.)

Vom Standpunkt der Gesellschaftstheorie zeichnet zweierlei diese Analyse aus: zum einen die vollständige Einbeziehung des subjektiven Widerspruchs; zum anderen ihre Differenziertheit, die eine undogmatische materialistische Interpretation der deutschen Lage jener Jahre ermöglicht, deren entscheidendes Charakteristikum darin besteht, daß sie gleichviel unerledigte Vergangenheit wie unerledigte Zukunft enthält. Blochs klassenanalytisches Panorama der 30er Jahre ist damit in der Lage zu erklären, warum die historische Schlüsselrolle in dieser Situation – und sei es nur für einen entscheidenden Moment – dem Kleinbürger zugefallen ist und nicht, wie erwartet, dem Proletariat.

Diese vielerorts zur Heilsgewißheit übersteigerte Erwartung und die dazu komplementäre Unterschätzung des Kleinbürgertums gehört zu den theoretischen und praktischen Versäumnissen der Arbeiterbewegung am Vorabend des Faschismus, die Bloch schonungslos analysiert. Anstelle der erhofften proletarischen Revolution findet nämlich eine kleinbürgerliche statt, womöglich als verspäteter Preis für die »zu ihrer Zeit« nicht stattgefundene bürgerliche. Das Ergebnis dieser »Revolution« ist der Sieg eines Faschismus, der sich nicht zufällig National-Sozialismus nennt. Mit Bloch läßt sich dies so verstehen: »Jedes Volk hat nur denjenigen Sozialismus zu erwarten, den es aufgrund seiner errungenen bürgerlichen Freiheiten verdient.« (Bloch 1970: 28)

Gewiß übernimmt der Kleinbürger im Nationalsozialismus nicht die Rolle eines »historischen Subjekts«. Weder agieren die kleinbürgerlichen Faschisten als Klasse, noch bedeutet das etablierte Dritte Reich die Herrschaft der Kleinbürger. Die Wahrheit ist viel profaner; eine von der Wut und Verzweiflung kleinbürgerlicher Massen emporgetragene Clique eiskalter Machttechniker erhält die Chance aufzuräumen und beseitigt schließlich auch diejenigen, von denen sie diese Chance erhalten hat. Die Leistung Blochs besteht in der Verknüpfung dieser Erkenntnis mit der besonderen Lage Deutschlands: Feudale Vergangenheit und sozialistische Zukunft liegen hier in der »verspäteten« (H. Plessner), überstürzt und nur sektoral modernisierten Nation so dicht beieinander, daß die »Gegenwart«, eine den kapitalistischen Produktionsverhältnissen entsprechende bürgerlich-liberale Ordnung nicht zum Zuge kommt.

Die historische Rolle des Kleinbürgers ist hiermit einer Klärung nähergebracht. Seine ideologische Struktur gilt es weiterzuverfolgen. Seit Marx muß diese Struktur prinzipiell als unaufgelöster Widerspruch verstanden werden:

»Dies ungefühlte Nebeneinander ist das Merkwürdige der Zeit. Nicht nur fahren Elektrische, Trolleybusse, Eisenbahnen unverändert, mit allem Komfort der Neuzeit, jedoch dicht am Abgrund mittelalterlicher

Massenpsychose, sondern das Privatgefühl bei Nazissen hegt weithin noch Reste von Gutmütigkeit, von billiger Empörung gegen Sadisten und Menschenschlächter – mitten im Schlachthaus, dessen Zeichen man trägt. Hier ist eines der Rätsel in der Kleinbürgerseele oder die Kraft, unvermittelt Widersprüche nebeneinander zu ertragen (so wie der Kleinbürger selbst der klassegewordene Widerspruch zwischen ›Aufbruch‹ und Herrendienst geworden ist).« (Bloch 1970: 134)

2
Kleinbürgerliche Elemente der NS-Ideologie

Die folgende Sammlung nationalsozialistischer und kleinbürgerlich-faschistischer Ideologeme zielt auf die Verdeutlichung von Verwandtschaft und Differenz zugleich. Es gilt, die ideologische Verzahnung zweier per se nicht identischer Komplexe nachzuzeichnen, die unter den oben geschilderten Umständen ineinander greifen.

Der deutsche Faschismus ist die radikale Konsequenz des Kleinbürgerlichen unter den Bedingungen von Ungleichzeitigkeit und Krise. In ruhigen Zeiten mag die typische Haltung des Kleinbürgers sich eher als diffuser Konservatismus, als Biedersinn und Weltabgewandtheit und als, siehe oben, »das Verdrossene oder Besinnliche des deutschen Kleinbürgers, der sich vom Leben schimpfend oder innig zurückzieht«, äußern. Im Moment der gewaltsamen Störung des sorgsam gehegten Idylls wird er nun aber politisch. Was er mitbringt, ist Angst, Aktionismus, konkretistische Vorurteile und alte Ideologien nach dem Muster der skizzierten »Anti-Struktur«.[66] Die Stimmung dieses kleinbürgerlichen Radikalismus beschreibt R. Küstermeier:

»Alles ist nur gefühlt. Revolutionäre Stimmungen mischen sich mit reaktionären. Besonders innerhalb des alten Mittelstandes wollen die meisten weniger zu neuen Zuständen vorstoßen als zu alten, vergangenen zurück. Und überall wird die nüchterne Erkenntnis der Wirklichkeit erschwert, wenn nicht unmöglich gemacht durch eine höchst charakteristische Art, in Symbolen zu denken. Kapitalismus – das sind die Banken und

Warenhäuser. Marxismus – das ist der Mob, das sind die Faulenzer, die Arbeitslosenunterstützung bekommen, also auf anderer Leute Kosten leben, das sind die ›Bonzen‹, die ›Parteibuchbeamten‹, kurz die ›Nutznießer‹ des ›Systems‹. Beide, Kapitalismus und Marxismus, sind international und, last not least, hinter beiden stecken die Juden. Damit ist die Analyse der heutigen Ordnung bereits fertig. « (Küstermeier 1933: 49)

Wie dargelegt, existiert das triadische Fundament kleinbürgerlicher Ideologie unabhängig von und zeitlich vor der historischen Erscheinung des Faschismus. Zu zeigen ist seine Anverwandlung an dessen Gestalt als Radikalisierung im o. a. Sinne bzw. die genuin kleinbürgerlichen Elemente der nationalsozialistischen Ideologie.

Als die drei Kristallisationspunkte der NS-Ideologie können gelten:
– autoritäres Führerprinzip (innenpolitisches Ordnungskonzept),
– nationalistischer Imperialismus (außerpolitische Zielkonstante),
– rassistischer Antisemitismus.[67]

Ohne Zweifel besteht im politischen Autoritarismus des Nationalsozialismus einer der Hauptanziehungspunkte für seine kleinbürgerlichen Anhänger. Die hohe Attraktivität der symbolisch fingierten Integration von Volk und Staat in einer durch die Person des Führers verkörperten geeinten Nation als Überwindung der dissoziierenden Kräfte von Klassen, Parteien und Individualinteressen wurde im Zusammenhang mit dem kleinbürgerlichen Konservatismus auf ihr Versprechen einer Rückgewinnung staatlicher Handlungsfähigkeit gegenüber der ausufernden kapitalistischen Ökonomie zurückgeführt. Die Option für den starken Staat, auch für den totalen Staat Hitlers, entspringt dem kleinbürgerlichen Schutzbedürfnis vor der ökonomischen Konkurrenz.

»Der Kleinbürger braucht eine höchste Instanz, die über Natur und Geschichte steht, gefeit gegen Konkurrenz, Inflation, Krise und Versteigerung. Der Evolution, dem ›ökonomischen Denken‹, dem Rationalismus – dem zwanzigsten, neunzehnten und achtzehnten Jahrhundert – wird der nationale Idealismus als Quelle des Heldischen entgegengestellt. Die Nation Hitlers ist ein mythologischer Schatten des Kleinbürgertums selbst, sein pathetischer Wahn vom tausendjährigen Reich auf Erden. « (Trotzki 1971: 575)

Völkischer Nationalismus dient der Stillegung von Konflikten und Ängsten im Inneren. Damit ist der Kleinbürger aber Nationalist und staatstragender Untertan nicht bedingungslos, sondern unter der Voraussetzung, daß Staat und Nation ihm Schutz gewähren. Über die Einhaltung dieser Bedingung, die als Pflicht der Führung erachtet wird, wacht er mit buchhalterischer Genauigkeit. (Wenn schließlich alles schiefgeht, sind entsprechend nur »die da oben«, zumal der Führer schuld...). Diese Ambivalenz des Untertanengeistes und autoritärer Machtanbetung, wie sie psychoanalytisch als sadomasochistische Struktur aus Unterwerfungs- und Bestrafungswunsch gedeutet wird, gehört zu den originären Charakteristika kleinbürgerlichen Politikverständnisses.

»Obwohl er die Nation vergottet, will der Kleinbürger ihr doch nichts schenken. Im Gegenteil erwartet er, daß die Nation ihm selbst Besitz beschert und diesen dann gegen Arbeiter und Gerichtsvollzieher in Schutz nimmt.« (Trotzki 1971: 577)

Je nach den Zeiten, je nach dem Gang seines Geschäftes, ruft der Kleinbürger nach Staat und Autorität, zum Zeitpunkt der äußersten Krise sogar nach dem totalitären Führer. Dies darf allerdings nicht über den wahren Charakter der kleinbürgerlichen Staatsgläubigkeit hinwegtäuschen. Sie ist unmittelbar abhängig von der Gefährdung seines privaten Friedens, d.h. vor allem seiner ökonomischen Sekurität. Unterwerfung unter den Staat bedeutet dessen Fürsorgepflicht. Die Option für den totalen Staat wählt der Kleinbürger in der Gefahr, oder, damit gleichbedeutend, in der Angst vor Gefahr (sprich: Proletarisierung). Besteht diese akut nicht, so nimmt er eine eher indifferente Haltung ein und verfährt nach dem Motto: jedem das Seine.

Nicht der kalte Machtstaatsgedanke ist damit die eigentlich kleinbürgerliche Antwort auf die Krisenerscheinungen der modernen Industriegesellschaft, sondern eine moderatere Form des Antidemokratismus, wie sie im korporatistischen Denken gepflegt wird. Der Ruf nach dem starken Staat hat hier nicht die Idee einer totalen Prärogative des Machthandelns zum Hintergrund, sondern die Vorstellung von der Wiederverschmelzung von Volk und Staat im organischen Ständesystem.

Der aggressive Nationalismus, die sich aus alten Großmachtträumen und den Revanchegelüsten nach Kriegsniederlage und Versailler Vertrag speisenden imperialistischen und chauvinistischen Ziele sind sicherlich ein anderer Grund kleinbürgerlicher Parteinahme für den Nationalsozialismus. Sie bieten ein weites Spielfeld für die kompensatorische Überhöhung der mediokren, von Deklassierung bedrohten Existenz. Der hiermit verknüpfte Hang zu Militarismus und Kriegsverherrlichung als traditionelle Merkmale deutschen Untertanentums ist bekannt. Klingendes Spiel und schimmernde Wehr, das Leitbild des preußischen Leutnants der Reserve (»knapp und zackig«), all das beflügelt die Phantasie des Kleinbürgers – aber nicht nur die seine. Die nahezu universelle Durchdringung des sozio-kulturellen Klimas Deutschlands mit diesem Komplex erlaubt es daher nicht, dies als speziell oder typisch kleinbürgerlich zu qualifizieren.

Grund des genuin kleinbürgerlichen Faschismus ist dagegen primär die Idee eines neugeordneten Staates nach vorkapitalistischem, vorbürgerlichem und vordemokratischem Muster. Ziel ist dabei die Bändigung des sozialen und ökonomischen Konflikts. Die retrograde Utopie von der Wiedergewinnung gesellschaftlicher Statik im nach mittelalterlichem Muster berufsständisch geordneten »Dritten Reich« treibt den Mittelstand in Scharen zu den Nazis. Dazu kommt eine seit der Weltwirtschaftskrise zunehmend auf entsprechende Wählergruppen gerichtete Propaganda und die breite Aufnahme mittelstandspolitischer Forderungen in die offizielle Politik der NSDAP. Seit der Forderung nach der »Aufhebung der Zinsknechtschaft« aus dem Programm von 1920, nach Riemer »der symbolhafte Ausdruck dafür, daß Staat vor Wirtschaft geht, daß die autonome Gesetzmäßigkeit des Wirtschaftslebens zu durchbrechen ist«, bestimmen mittelstandszentrierte Vorstellungen die wirtschafts- und sozialpolitischen Verlautbarungen der NSDAP (Riemer 1932a: 113).

Allerdings sind diese Vorstellungen, etwa nach Beschränkung von Warenhäusern und Konsumgenossenschaften keine nationalsozialistischen Erfindungen, sondern alte Konzepte aus dem Umkreis des kleinbürgerlichen Konservatismus, Forderungen, mit denen der Mittelstand in der Weimarer Zeit quasi »von Partei zu Partei« wandert, bis er schließlich allein den Nationalsozialisten noch deren Verwirklichung zutraut – vergeblich, wie Alfred

Rosenberg rückblickend bemerkt: »Eine echte Mittelstandspartei hätte jedoch, zumal nach einem Sieg revolutionärer Art, mindestens die Warenhäuser und die Konsumgenossenschaften schließen müssen. Beides geschah nicht.« (Rosenberg 1934: 1448)

Zwar ist »das nationalsozialistische Wirtschaftsprogramm in seiner ursprünglichen Fassung aufs engste verknüpft mit der Interessenlage des Mittelstandes und der kleinbürgerlichen Schichten« (Hüfner 1930: 190), sodaß H. A. Winkler die nationalsozialistische Partei sogar als »Fleisch vom Fleisch der deutschen Mittelstandsbewegung« bezeichnet. Das allein erklärt jedoch keineswegs die Anziehungskraft dieser Partei für den Kleinbürger, da sie gleichen Forderungen jenes »obrigkeitlichen Sozialprotektionismus« auch von anderen Parteien aufgegriffen werden (Winkler 1972: 179).

»Die Taktik und Wirksamkeit der Nazis war ganz anders. Sie selbst bezeichnen sich niemals als Mittelstandspartei...« (Rosenberg 1934: 1448). Das bedeutet, daß sich die Faszination des Nationalsozialismus, auch das kleinbürgerliche Vertrauen in dessen Kraft, die wahre Mittelstandspolitik durchzusetzen, gerade daraus herleitet, daß er sein soziales Pathos aus dem Programm der radikalen und umfassenden nationalen Erneuerung, aus seinem Versprechen eines wahrhaften, nationalen Sozialismus gewinnt und es eben nicht durch die Anbindung an spezifische Gruppeninteressen politisch wieder verspielt.[68] Wenn der Mittelstand das eigentliche Volk ist, so wird die nationale Erhebung zum eigentlichen Ziel der Mittelstandsbewegung. Die Folge ist, daß die Bewegung des kleinbürgerlichen Faschismus »stets über ihre Klassenschranken hinausweisen muß, weil sie nicht als kleinbürgerliche erscheinen darf« (vgl. Jaschke 1982: 230). So ist die Glaubwürdigkeit des Nationalsozialismus für den radikalisierten Kleinbürger nicht dessen Kleinbürgerlichkeit, sondern seine Radikalität, eine Glaubwürdigkeit, die naturgemäß durch allzu präzise Programmatik nur zu gefährden ist.

»Der künftige Geschichtsschreiber, der das Aufblühen der ›Nationalen Revolution‹ zu schildern unternimmt, wird feststellen müssen, daß jede beliebige Gruppe von Nutznießern und von Strebern gesetzt hat auf das Pferd ›National-Sozialismus‹ (ein Name wie ›Hölzernes Eisen‹ oder ›Romantische Mathematik‹). Jede Gruppe versteckte sich hinter diese wild-

schöne Volkskulisse, bis zuletzt das brutale Nichts aus ihr hervortrat...«
(Lessing 1986: 113)

Nationaler, deutscher oder preußischer Sozialismus – diese
Schlagworte verheißen dem Kleinbürger die Gemeinschaft aller
Arbeitenden, der »schaffenden Stände«, wie sie gern genannt
werden. Sie garantieren wie selbstverständlich das durch redliche
Mühe erworbene Arbeitseigentum und setzen gegen die im Marxismus maßgebende Kategorie der Klasse die Bezugsgröße der
Nation. Die Solidarität der internationalen Arbeiterklasse wird ersetzt durch eine angeblich natürlichere Gemeinschaft von Volk
und Nation. Diese Konstruktion entspricht dem kleinbürgerlichen Weltbild in mehrfacher Hinsicht: im Rekurs auf das Arbeitseigentum, in der nationalistischen Abwehr »volksfremder« Wirtschaftssubjekte und in der harmonistischen Grundidee. Vor allem
aber scheint ihre programmatische Vagheit die Identifikation zu
ermöglichen.

Allerdings gehört auch dieser völkisch-nationale Sozialismus
zu den Positionen, die eher aus dem konservativen Hintergrund
stammen und, wie am Beispiel des *Tat*-Kreises demonstriert, dort
auch weiterhin gepflegt werden. Der Nationalsozialismus bedeutet zusätzlich einen besonderen Grad der Aggressivität und Radikalität, mit der für die Errichtung eines solchen Systems gewor-
ben wird, vor allem durch das Schüren antisemitischer Ressentiments. Der Weg des Kleinbürgers zum Nationalsozialismus ist
vor diesem Hintergrund weniger einer sachlich-programmati-
schen, als einer emotionalen Anziehung zuzurechnen.

Die Dumpfheit und Ungerichtetheit seiner sozialen Frustration
entlädt sich im rebellischen Affekt, der sich aus der eigentlich apolitischen Grundhaltung des Kleinbürgers, die weder Analyse noch
Strategie beinhaltet, quasi ziellos ausagiert. Die »Revolte« der
Mittelschichten ist grundsätzlich »richtungslos« (vgl. Riemer
1932a: 114). Diese Feststellung ist rückgekoppelt an die Konstante
der kleinbürgerlichen Apathie, Politikskepsis und Konfliktab-
wehr, die auch im kleinbürgerlichen Radikalismus noch erkennbar bleiben.

»Sehr viel von der Passivität des unpolitischen Kleinbürgers steckt
noch in diesem Ausweichen von der Wirklichkeit und dem Glauben an die

Allmacht der Idee, verbunden mit dem aktivistischen Motiv des Vertrauens auf die mitreissende Gewalt des Führers.« (Riemer 1932a: 114)

Die Tatsache, daß der Erfolg des Nationalsozialismus im Mittelstand nicht auf seinem Programm beruht, sondern gerade umgekehrt darauf, daß er »kein positives Programm« hat, führt auf den eigentlich metapolitischen Kern des kleinbürgerlichen Faschismus (vgl. Geiger 1930: 648). Es geht hierbei eher um die Aktivierung tiefliegender Ängste als um die Verfolgung klassenmäßiger oder standespolitischer Spezialinteressen. Wenn aber für den kleinbürgerlichen Faschismus die relative Entkoppelung der Ideologie von wie auch immer im einzelnen zu definierenden mittelständischen Interessen konstitutiv ist, so ist hierin die Präferenz des Kleinbürgers für die eher symbolische als direkt materielle Selbstinterpretation seiner Lage ausgedrückt. Damit ist die Anziehungskraft des Nationalsozialismus auf den Kleinbürger vorab in seinen symbolischen, emotionalen und ästhetischen Dimensionen zu vermuten, sodaß die soziale Ursache dieser Affinität nur indirekt zu entwickeln ist.

Die bekannten Versatzstücke aus Antiliberalismus, Antimodernismus und Antirationalismus verraten ihre kleinbürgerliche Qualität hier in ihrer Funktion als Komposita eines überwölbenden Schemas des weltanschaulichen Idealismus, in dessen romantischem Pathos der profane Grund noch deutlich aufscheint: die Furcht vor der Deklassierung. »Romantisch wird die Methode des Denkens in auswegloser Situation.« (Riemer 1932a: 112)

Diese Romantik mündet direkt ins Ressentiment. Dessen positives Gegenbild ist das »Dritte Reich«, ein durch unbefragte mythologische Kraft aufgeladenes Symbol mit hohem Integrationswert. »Es fordert nicht, sondern stellt den geschlossenen Ausdruck, das Symbol dar, das sich die nörgelnde Haltung der Unzufriedenen schafft.« (Riemer 1932a: 112) An dieser utopischen Projektion erlebt der Kleinbürger jene ideologische Gemeinschaft, die ihm aus seiner zweideutigen sozialen Lage sonst versagt bleibt.

> »So kann der Mittelstand zwar politisch erwachen, aber er vermag die Gesellschaft nicht umzustürzen; er wird nicht revolutionär, sondern *unzufrieden*. Seiner Politik fehlt es an positiver Gestaltung, sie erschöpft sich in einer großen Negation. *Um das Symbol des ›Dritten Reiches‹ sammelt sich*

die Front derer, die ihre Gemeinschaft in ihrem gleichartigen Gegner erlebt.«
(Riemer 1932a: 118)

In dieser romantischen Identifikation gelingt die symbolische Synthese alter politischer Sehnsüchte des Mittelstandes: Führerprinzip, Imperialismus und der Traum von sozialer Versöhnung in völkisch-nationaler Solidarität. Der kleinbürgerliche Faschismus erklärt sich damit als programmatisch unbestimmte Mixtur aus einer »radikalen, revolutionären Phraseologie und einer Politik, die trotz ihrer aktivistischen Emphase richtungslos bleibt« (Riemer 1932a: 117). Dies kann aber durchaus ein Erfolgsrezept sein. »Ökonomische Unklarheit, kleinbürgerlicher Muff und mystizistischer Nebel gehen gewiß trefflich zusammen; eines steht dem anderen bei.« (Bloch 1935: 148)

Eine gesonderte Betrachtung verdient im ideologischen Gerüst des kleinbürgerlichen Faschismus der Antisemitismus. Er zählt ohne Zweifel zu den tragfähigsten Brückenelementen von der kleinbürgerlichen Ideologie zum Nationalsozialismus.

»Heere von Arbeitslosen und Kleinbürgern lieben Hitler auf der ganzen Erde um des Antisemitismus willen, und der Kern der herrschenden Klasse stimmt in solcher Liebe mit ihnen zusammen.« (Horkheimer 1939: 133f.) Der nationalsozialistische Antisemitismus wird vom Kleinbürger nicht etwa nur wider Willen in Kauf genommen, sondern Rassismus und Antisemitismus üben von vornherein in hohem Grad auf die kleinbürgerlichen Massen Anziehung aus. Der kleinbürgerliche Faschismus in Deutschland ist genuin antisemitisch.

Für die deklassierten Kleinbürger hat das Bild vom Juden als innerem Feind Tradition und ist in seiner negativen Integrationsfunktion und als Medium aggressiver Triebabfuhr lediglich mit dem Feindbild vom revolutionären Sozialisten (Kommunisten, Bolschewisten) zu vergleichen. Wellen des kleinbürgerlichen Antisemitismus sind bereits seit der Gründerzeit zu beobachten, bewegen sich aber politisch im Umkreis des völkisch-nationalen Konservatismus, wie ihn etwa der »christlich-soziale« Pfarrer Adolf Stöcker verkörpert (vgl. Massing 1959: 1043ff.). Die Struktur dieses noch nicht primär rassistisch begründeten Antisemitismus der Wilhelminischen Ära beruht auf der vom Kleinbürger empfundenen ökonomischen Konkurrenz des Juden, die sofort mit der Idee des ökonomischen Liberalismus identifiziert wird.

»Die antijüdische Kritik (sc. nach 1873) verband ausnahmslos Forderungen auf Beschränkung der Rechte von Juden mit Forderungen auf Staatseingriffe in das Wirtschaftsleben. Juden und wirtschaftlichen Liberalismus pflegte man ebenso zu identifizieren wie Antisemitismus und soziale Reformen. Antisemitismus und Antiliberalismus bildeten die Ebene, auf der drei Kräftegruppen mit sonst verschiedenen Interessen zusammenfinden konnten: der alte Mittelstand, die preußischen orthodoxen Konservativen, die Katholiken.« (Massing 1959: 1243)

Aus der ökonomischen Begründung des antiliberalen Antisemitismus wird im Zeichen des Nationalsozialismus eine biologische. Der tiefe Haß derjenigen, die unter den kapitalistischen Existenzformen leiden, auf diejenigen, die sie im Bild des Vorurteils sichtbar verkörpern, sucht sich einen vorgeblich natürlichen Grund – die Rasse (vgl. Horkheimer/Adorno 1947: 207).

»Juden raus, nämlich aus dem anderen Laden. Und schlägt man das jüdische Kapital und lenkt darauf ab, so rettet man vielleicht das eigene. Seit die Klingel an der Tür rostet, blickt der Krämer besonders blau. Aber viele verbessern sich jetzt, blonden Haares, auch innerlich. Der kleine Mann fühlt sich gerne adlig. Das ersetzt ihm den Aufstrich aufs Brot.« (Bloch 1935: 49)

Die ideologische Kette von Antisemitismus und Antiliberalismus verlängert sich, wie gezeigt, in das Motiv des kleinbürgerlichen Antiintellektualismus und Antimodernismus. Ob der Jude nun als bolschewistischer Funktionär oder als »raffender« Kapitalist verteufelt wird, in jedem Fall bekämpft der Kleinbürger in diesem Bild den »typischen modernen, liberalen Menschen, der nicht blind gehorcht, sondern sich seine eigenen Gedanken macht, der nicht anbetet, sondern Vernunft gebraucht« (Rosenberg 1934: 1433). Dieser in Antisemitismus gegossene Antirationalismus enthält als kryptisches Motiv die kleinbürgerliche Abwehr der modernen Rationalisierung, die wesentlich mit dem Prozeß des Kapitalismus gleichgesetzt wird. Die konkretistische Verschlüsselung dieses Komplexes ist das Feindbild des Juden.

»Ebenso hält es der Mittelstand *ideologisch* in der ›Rationalisierung‹ nicht aus und gibt die Ratio desto eher preis, je mehr sie ihm in seiner Welt nur feindlich, doppelt feindlich erschienen ist. Nämlich als bloße spätkapitalistische Rationalisierung und als ebenso spätkapitalistische, doch ›marxistisch-jüdisch‹ verstandene Wertzersetzung überlieferter Gehalte. Der Übermensch, die blonde Bestie, der biographische Schrei nach dem großen Mann, die Witterung nach Hexenküche, nach einer längst vergangnen Zeit – all diese Fluchtzeichen aus Relativismus und Nihilismus, woraus im Salon der Oberschicht gebildete Diskussion geworden war, wurden in der Katastrophe der Mittelschicht echtes politisches Land.« (Bloch 1935: 110)

Mühelos läßt sich in dieser Haltung das bekannte Muster kleinbürgerlicher Wahrnehmung erkennen, jenes konkretistische Schema, das im rassistischen Antisemitismus zu seiner furchtbarsten Konsequenz gelangt. Dieser Antisemitismus ist das über den konkretistischen Verarbeitungsmechanismus sozialer Realität erzeugte Zerrbild des kleinbürgerlichen Antikapitalismus, ist unbegriffener sozialer Protest.

»Von einer solchen Haltung her wird der Kapitalismus an Symptomen erfaßt. Zins, Warenhaus und Handelsjude, das sind die Stellen, wo den einzelnen der Schuh drückt... Hier wird der Gegner plastisch und auch für den atomisierten Mittelstand greifbar. *Das System wird individualisiert;* man schlägt den Juden, wo der Kapitalismus gemeint ist, und begreift die Geschichte als eine Reihe von Machenschaften.« (Riemer 1932a: 112)

Zusammenfassend beschreibt P. v. z. Mühlen (1979: 246ff.) den weltanschaulichen Hintergrund von Faschismus und Rassentheorie als Gemeinsamkeit folgender ideologischer Faktoren:
– Antiliberalismus,
– antidemokratisches Denken,
– Ablehnung der Aufklärung (Kulturpessimismus/Irrationalismus),
– antiuniversale und antikosmopolitische Einstellung (Nationalismus),
– Antisozialismus und Antimarxismus.
Die in diesen Punkten enthaltene Gemeinsamkeit läßt sich vollständig auf den Kleinbürger übertragen. Mit dieser Feststellung wird allerdings kein Neuland betreten, sie ist den zeitgenössischen Beobachtern genau bekannt. Die Bedeutung der antisemitischen Propaganda; die ganze Brutalität, mit der der kleinbürgerliche Antisemitismus sich schließlich Bahn bricht, haben aber auch

seine nüchternsten Kritiker nicht vorhersagen können. Eine mögliche Erklärung hierfür findet Paul W. Massing in der von Marx geprägten »linken« Einschätzung der Kleinbürger:

> »Die Unterschätzung der potentiellen Gewalttätigkeit des Antisemitismus entsprang wohl der Konzeption vom Kleinbürgertum als einem anachronistischen Element in der entwickelten Industriegesellschaft – schwach, hilflos, dauernd am Rande sozialen und ökonomischen Zusammenbruchs. Aus dieser ursprünglich historisch-soziologischen Bestimmung war der Begriff ›Kleinbürger‹ im sozialistischen Wortschatz so etwas wie eine naturwissenschaftliche Kategorie geworden, die Bezeichnung für eine Gattung minderer Art: physisch klein, furchtsam dienstbeflissen, nicht ernst zu nehmen. Einem ›Kleinbürger‹ konnte man ebensowenig Energie und revolutionären Elan zutrauen wie Aggression und blinde Zerstörungswut.« (Massing 1959: 1241)[69]

Wie die vorstehenden Überlegungen verdeutlichen, ist der kleinbürgerliche Faschismus primär eine rebellische Bewegung, die sich programmatisch weitgehend in unpräzisen und negativen Positionen äußert. Das krasseste Beispiel liefert hierfür der Antisemitismus. Strukturell handelt es sich beim kleinbürgerlichen Faschismus damit um eine kaum reflektierte Heilserwartung, mit der man die neuen Machthaber des »Dritten Reiches« ausstattet. Diese Erwartungshaltung wird allerdings in ihren mittelstandspolitischen Forderungen enttäuscht. Der nationalsozialistische Staat ist alles andere als ein mittelstandsorientiertes System.

Tatsächlich ist aber davon auszugehen, daß der Kleinbürger im Dritten Reich dennoch auf seine Kosten kommt. Da seine positive Identifikation mit dem Nationalsozialismus, eine primär emotionale ist, können über die symbolischen Manifestationen des neuen Staates ein Gutteil der kleinbürgerlichen Sehnsüchte befriedigt werden. In der Tat ist ja der Massenerfolg des Nationalsozialismus ohne seine perfekte Handhabung ästhetischer und ritueller Politikformen nicht denkbar. So sind die Inszenierungen der Reichsparteitage, die weihevollen Aufmärsche und heroischen Massenspektakel aller Art, die beschwörende Metaphorik von Volksgemeinschaft und Opferwillen, von Heldentod und Mutterehre, aber auch die totale Politisierung des Alltagslebens, wo nahezu jeder mit Posten und Aufgaben betraut wird, Surrogat für die ausbleibende Erfüllung sozialprotektionistischer Wünsche, die das Dritte

Reich, das ökonomisch voll auf die Entfaltung der kapitalistischen Produktivität setzt, nicht realisiert. Wenigstens in der Wochenschau werden alte Träume wahr: »Der stärkste ist der vom ›Dritten Reich‹, das bloße Wort schon hüllt den Kleinbürger ahnend ein.« (Bloch 1935:63)

Das Symbol des Dritten Reiches ist der Köder des Nationalsozialismus für seine kleinbürgerliche Gefolgschaft. Doch in der Realität dieses Reiches zeigt sich trotz aller vernebelnden politischen Mystik und Ablenkung, daß beide ursprünglich Unterschiedliches darunter verstehen: der Nationalsozialismus den zentralistischen totalen Machtstaat, der Kleinbürger den korporativen Ordnungsstaat. So zerschellen viele kleinbürgerliche Illusionen zum Schluß an der Wirklichkeit. Den Kleinbürger verbindet mit dem Dritten Reich ursprünglich viel mehr als nur das politische Ritual, so wichtig diese Komponente auch sein mag. Er erwartet Schutz vor den Imperativen der modernen Welt. Der Staat der Nationalsozialisten hat eine andere Zielsetzung: rationale Arbeitsorganisation, Krieg und germanisches Großreich. »Mitte«, »nationaler Sozialismus« und »Stand« sind in der Praxis des Dritten Reiches nichts als propagandistische Gemeinplätze.

Von seinem ureigensten Prinzip aus ist der NS-Staat sogar das völlige Gegenteil des kleinbürgerlichen Traums. Der innerste Kern der NS-Ideologie besteht in ihrem biologischen Auslesetheorem der überlegenen Rasse. Dieses aber ist ein seit dem 19. Jahrhundert bekannter Reflex auf den ökonomischen Mechanismus der liberalen Konkurrenz. Nun fürchtet der Kleinbürger nichts so sehr wie die kapitalistische Konkurrenz, die Auslese der Großen, wirtschaftlich Stärkeren und die Ausmerzung der Kleinen, wirtschaftlich Unterlegenen. Als sozial Schwächerer fühlt er sich erst sicher in der Identifikation mit der starken Rasse. Die im Nationalsozialismus sich ereignende Parteinahme des Kleinbürgers für das sozialdarwinistische Prinzip bleibt paradox, ein seiner sozialen Identität entspringender Widerspruch. Die objektive Struktur dieses Widerspruchs ist enthalten in der Differenz von Nationalsozialismus und kleinbürgerlichem Faschismus. Dessen theoretischer Hintergrund bildet der Korporatismus.

3
Faschismus und Korporatismus

In einem nach der Machtübertragung an die Nationalsozialisten eingefügten Nachwort einer vor 1933 verfaßten mittelstandssoziologischen Untersuchung heißt es:

> »... und wie kann man daran zweifeln, daß die Führung des deutschen Volkes irgend etwas tut, was einer dem deutschen Volke so wichtigen Schicht wie dem Mittelstande schaden kann? Allerdings verschwindet der Mittelstand als eine einheitliche Gruppe, die ökonomisch als Gegensatz zu dem bedrohenden Monopolkapitalismus, sozial als Gegensatz zu der drohenden Gesellschaftsauffassung durch kulturell zersetzende Einflüsse, verständlich war. In einer echten Volksgemeinschaft, die ja der NS. zu sein beansprucht, fallen damit die alten Funktionen des Mittelstandes weg...« (In: Karfiol 1934: 121)

In der Volksgemeinschaft erfüllt sich der alte kleinbürgerliche Traum von der Universalisierung der Mitte: wo Klassen und »soziale Gegensätze«, wo »zersetzende Einflüsse« waren, soll Volk werden. Die Rolle der Mitte als Schmelztiegel aller sozialen Gegensätze übernimmt das Volk; das Volk ist die neue, die eigentliche Mitte. Es ist ein Volk von Kleinbürgern, denn im Beispiel des Mittelstandes ist dieser völkischen Erhebung Maß und Vorbild gegeben. Die Tugend des Mittelstandes ist aber vornehmlich das »Ständische«, das Beharren gegen alle Differenzierung der modernen Welt. Dieses ständische Prinzip ist von jeher auch das wahre Wesen des Staates, »das staatliche Innenverhältnis drängt seinem Wesen nach auf Ordnung und Festigkeit, es ist statisch, ›ständisch‹, denn ein Stand ist der natürlich gewachsene Teil eines umfassenden Organismus« (vgl. Heitmüller 1933: 70). Diese Behauptung aus einem Werk über *Das Handwerk in der neuen Zeit* gehört zu den unmittelbaren Reaktionen auf die nationalsozialistische Machtübernahme aus dem Umkreis korporatistischen Denkens, wie es anhand der Beispiele O. Spanns und des *Tat*-Kreises vorgestellt wurde. Kleinbürgerlicher Korporatismus erwartet von den neuen Machthabern die Lösung der sozio-ökonomischen Probleme durch die politische Tat, einen letztgültigen Gesell

schaftsumbau durch die politische Zügelung des wild wuchern-
den ökonomischen Prozesses.

»Die Herrschaft des Wirtschaftslebens ist zwar groß und umschließt
weite Teile unseres sozialen Lebens. Aber sie ist keine Alleinherrschaft,
und sie darf es nie und nimmer werden, es sei denn, man gäbe sie aber-
mals der marxistischen Ideologie preis… Wohin diese Wirtschaftsüber-
heblichkeit führen kann, das mag uns zur Genüge das Beispiel dieses letzten Zwischenreiches bewiesen haben, in dem rücksichtslose ökonomische Interessenverfolgung und ein dementsprechender Parteienklüngel
schließlich auch den Staat angreifen und zu einem bloßen ›Interessenhau-
fen‹ herabwürdigen konnten.« (Heitmüller 1933: 71)

Der kleinbürgerliche Akzent im korporatistischen Denken besteht darin, daß sein antidemokratischer Traum von der Wiedergewinnung gesellschaftlicher Harmonie im organischen Staatskör-
per durch ökonomische Statik an eine Wirtschaftsform der einfachen Warenproduktion und -zirkulation gebunden ist. In völliger
Verkennung der Ziele des Nationalsozialismus erwartet der kleinbürgerliche Faschist deshalb von der neuen Führung die antikapi-
talistische Aktion. Ein Beispiel:

»Ich erkläre hier ausdrücklich, der Gedanke des Nationalsozialismus
wird elend zugrunde gehen, das Volk wird vernichtet, zu Sklaven gestem-
pelt zusammenbrechen und Kapitalismus und Bolschewismus werden,
beide unter Führung des internationalen Judentums, ihre Herrschaft aufrichten, wenn der Nationalsozialismus nicht restlos in unerschütterli-
chem Glauben an seine göttliche Sendung sein Programm durchführt.
Diese Durchführung besteht in keinen Kompromissen. Marxistische und
großkapitalistische Wirtschaftsformen haben nicht neben einer mittelständischen Wirtschaftsform Platz.« (Roberts 1933: 15)

Korporatistische Ideen, wie sie in O. Spanns »Universalismus«
ausgebreitet sind, finden sich nicht erst seit Beginn der Weimarer
Zeit in der mittelständischen Interessen- und Verbandspolitik
(vgl. Winkler 1972: 111 ff./151 ff.). Die Vorstellung berufsständischer Interessenvertretungen als Konkurrenz zum demokratischen Parlamentarismus entspringt der Konzeption eines ständischen Staates im politischen Staat zur Neutralisierung der durch
das Mehrheitsvotum ausufernden »Massenwillkür« und der in
den Parteien ausgedrückten widerstreitenden Klassenegoismen.

Selten nur erscheinen solche Ideen in der Form durchgearbeiteter Theorien. Gängig sind Broschüren und Pamphlete, Zeitschriften und Bulletins einschlägiger Kongresse. Diese Form hat mit dem Inhalt unmittelbar zu tun, finden sich hier doch Belege für eine Art korporatistischen Präfaschismus als extremer Mittelstands-Irrationalismus, wie sie die »99 Thesen für das schaffende Volk«, genannt *Die Mission des Mittelstandes* schon 1925 enthalten.[70] Vom Grad der gedanklichen Konfusion solcher Schriften her bemißt sich die Fallhöhe des Kleinbürger-Problems überhaupt.

> »Ein anderes, lebendigeres Bewegen, wie ein Rauschen von Meeren in Urgrundtiefen, geht durch die Geister. Man suchte das Weltbauwort, das Weltkriegsausgang und Revolution übermächtigt. Es ist gefunden! Es lautet: Stand. Seine Träger seid Ihr, der Mittelstand.« (Wilhelm/Schlüter 1925: 576)

Die »Weltformel« des Nationalsozialismus, Rasse, Volk und Staat, ist hier noch der Mittelstand. Noch heißt es nicht: »Deutschland erwache!«, sondern: »Mittelstand erwache!« Von der ideenpolitischen Funktion her sind die Begriffe aber austauschbar. Die Politisierung des vom »System« betrogenen Standes (»gemartert von der Regierung, mißbraucht von den Parteien, gefoltert, geopfert von Fehlbesteuerungen und Inflation, vom feindlichen Auslande der Absicht nach auf Jahrhunderte zum Schuldsklaventum herabgebracht«) geschieht natürlich keinesfalls im eigenen Interesse, sondern es geht allein ums große Ganze: »Des Mittelstandes ewiger Beruf ist, Volk und Führung, Adel und Arbeit stets aufs neue zu einem geschlossenen Tatkörper in eins zu fügen.« (Wilhelm/Schlüter 1925: 105/23) Dieser »geschlossene Tatkörper« ist das deutsche Volk, die der »neu zur Standeswürde geadelte Mittelstand« durch seinen Gesamtkorporativismus »rasch im Innern und bald auch nach außen« befreit. Im Innern muß deshalb der »elastisch geeinte« Mittelstand »alles Undeutsche im Vaterlande übermächtigen«, nach außen hin leitet die »interkorporative Einigung des Mittelstandes« eine Epoche ein, die »die Deutschen so groß unter die Völker stellt wie noch keine Zeit zuvor« (Wilhelm/Schlüter 1925: 512/126/108).

Die ökonomische Konstante der mittelständischen »Weltbauformel« ist ein »mittelständischer Sozialismus«, ein Sozialismus nicht des Proletariats, sondern eines »mittelständischen Potentariats«, d.h. ein »Sozialismus der Produzenten und nicht Sozialisierung der Produktionsmittel«. Das Ergebnis ist eine Art klassenlose Gesellschaft, denn: »Der Standesadel des Mittelstandes verpflichtet zu Abbau der Klassen im Volksganzen.« Über nähere Einzelheiten zur Verwirklichung dieser Vorhaben schweigen sich die »99 Thesen« aus. Wie können auch Zweifel aufkommen an der Fähigkeit des Mittelstandes, solch immense Aufgaben zu bewältigen, wo er doch »Geniestand« ist, »die Quelle aller Genialität« (Wilhelm/Schlüter 1925: 480/488/175).

Irrationalismus und Vagheit solcher Entwürfe lassen es kaum zu, hier von halbwegs realistischen politischen Planspielen zu reden. Die »Mission des Mittelstandes« als konkret ausformulierte Rolle in einem korporativ geordneten Dritten Reich beschreibt hingegen in aller Deutlichkeit P. Jeschke in einer groß angelegten Studie zum *Handwerk an Deutschlands Scheideweg* (Berlin 1932/33). Hier sind quasi alle ideologischen Standards des Kleinbürgers in konzentrierter Form anzutreffen und zwar kondensiert zum Votum für den Faschismus, wobei vor allem das italienische Vorbild eine Rolle spielt. Dies macht diese Schrift zu einem Dokument, das auch als Zusammenfassung dessen gelesen werden kann, was bisher zum ideologisch-politischen Idealtypus des Kleinbürgers zusammengetragen wurde.

»Heute kämpft der deutsche Mittelstand um sein wirtschaftliches Dasein einen Verzweiflungskampf. Eingekeilt zwischen zwei übervölkischen Fronten steht er im Kreuzfeuer der beiden großen einander bekriegenden Mächte Kapital und klassenbewußter Arbeiterschaft. Handwerk, Kleinhandel und Bauernstand sind in Gefahr, von diesen beiden volksfeindlichen Mächten zermalmt zu werden.« (Jeschke 1932: 63)

Die bekannte Lagebeurteilung »zwischen den Fronten« erscheint hier von vornherein in völkischer Interpretation. Kapital und Proletariat als international organisierte Mächte bedrohen den Mittelstand, der so gesehen zum eigentlichen »Volk« avanciert. Bedrohung geht aus von den modernen Erzübeln, Kapitalismus und Demokratie, deren eigentlich zu überwindende ›gemeinschaftszerstörende Wurzel« aber aus den »Irrtümern des Aufklärungszeitalters und des Stoffwahns« (sc. des Materialismus) zu erklären ist (vgl. Jeschke 1932: 4f.). Die Rückbesinnung auf die Mitte als das ureigenste Wesen der Deutschen ist gefordert, denn:

> »Wir Deutschen sind nämlich nicht nur räumlich, sondern auch geistig das wahre Volk der Mitte. Dieser Mittelstellung ist das deutsche Volk untreu geworden, als es westlich wurde. Unvermittelt stehen sich deshalb heute die entfesselten Urkräfte des Ostens und die tote Kunstform des Westens gegenüber. Bleiben die Deutschen westlich verstandesbeherrscht, so gibt es keinen abendländischen Geist, kein Europa mehr. Die Rückbesinnung der Deutschen auf ihr eigenstes Wesen entscheidet sonach das Schicksal der alten Welt. ... So war Europas Höhepunkt das deutsche Mittelalter. Europas Rettung wird ein neues deutsches Mittelalter sein.« (Jeschke 1932: 71)

Grundlage dieses Programms ist eine nach dem binären Schematismus geordnete Welt, in der ein Reich des Guten gegen ein Reich des Bösen zum historischen Endkampf antritt: »Auf der einen Seite stehen freie Wirtschaft, Freihandel, Naturrecht, Liberalismus, Demokratie, Weltbürgertum, auf der anderen Seite Romantik, wahre Sozialpolitik, organische Staatsauffassung und der politische Gedanke.« (Jeschke 1932: 92f.) Da aus einem »ursprünglich deutsch–empfundenen Sozialismus« unter dem »Einfluß des jüdischen Marxismus« ein »entarteter Liberalismus« geworden ist, gilt die bürgerliche mit der proletarischen Alternative als spiegelbildlich identisch; beiden geht es um diesseitigen, materiellen Gewinn: »Der Marxismus entpuppte sich damit durch und durch als waschechter Kapitalismus. Er bekämpfte das Kapital nicht als solches, sondern weil er es haben wollte.« (Jeschke 1933: 196)

Mit der Überwindung von Liberalismus und Marxismus gelingt die Überwindung der Klassengesellschaft durch eine ständische, d.h. das »mittelalterliche Ständewesen« muß »nach dem Zusammenbruch des Parlamentarismus in der Form der berufsständischen Volksvertretung wieder aufgenommen werden«, denn die ständische Gliederung ist »jener Fels, an dem sich die Brandung liberaler, demokratischer, sozialistischer und kommunistischer Wogen notwendig brechen muß, heute ebenso, wie es schon hundertmal in der Geschichte geschah« (Jeschke 1932: 174/214).[71] An diesem Fels eines neugebildeten Ständestaates zerschellt schließlich auch die verhängnisvolle »Nebenregierung der Wirtschaft sowohl des Kapitals als der Lohnarbeiter«. Es herrscht zuguterletzt wieder die »reinliche Scheidung von Wirtschaft und Staat«, die »jede Interessenverquickung unmöglich« macht (Jeschke 1932: 216). Der politische Träger dieses historischen Umbaus ist aber der Faschismus, wie in Italien bereits bewiesen:

> »Man spürt den Herzschlag der Geschichte und den Anbruch einer neuen Zeit. Der Faschismus hält den körperschaftlichen Gemeinschaftsgedanken mit seinen völkischen und gesellschaftlichen Grundgedanken einem entarteten Liberalismus entgegen und erweist damit seine höhere Lebensform und sein tieferes Verständnis für die Wirklichkeit. « (Jeschke 1932: 125)

Die historische Einmaligkeit des Faschismus, aus der er die Kraft zu dieser Aufgabe schöpft, ist derjenigen verwandt, die auch den Mittelstand zu seiner einzigartigen und unersetzlichen Rolle als soziales Vorbild befähigt; es ist die klassen- und interessenjenseitige Herkunft und Zielsetzung einer Bewegung, die nicht Partei ist. Wie der Mittelstand der Stand ist, der als einziger noch für das ganze Volk eintritt, so tritt der Faschismus als einzige politische Kraft für alle Stände zugleich ein:

> »Der Faschismus will nämlich der Anwalt aller Stände und Berufe sein. Der Mittelstand hat am Faschismus genau soviel wie die Arbeiter oder Bauern. Faschismus ist weder Partei noch Standesbewegung, sondern eine große erschütternde Volksbewegung. Der Faschismus will die Parteiunterschiede, die Standesgegensätze überwinden. « (Jeschke 1932: 127)

Dies ermöglicht der Faschismus durch die Wiederherstellung des Primats des Staates, der wieder »als höchste ausgleichende und richtende Gewalt befriedend über der Gesellschaft« walten wird und weder, wie im Sozialismus, »an der Seite der Gesellschaft« steht, noch, wie der Liberalismus, sich »gleichgültig von der Gesellschaft zurückziehen und den in ihr wirkenden Kräften allein das Feld überlassen« kann (Jeschke 1932: 240f.). Das Grundübel ist dabei immer die Vermengung von Politik und Ökonomie, die Interessenverflechtung des modernen Monopolkapitalismus, die der Ständestaat ordnungspolitisch wieder auflösen soll.

> »Wer dagegen den Staat verwirtschaftet und die Wirtschaft verstaatlicht, verwirtschaftet Staat und Wirtschaft. Wer die natürliche Ausgliede-

rung zwischen Staat und Wirtschaft künstlich stört, begeht ein Verbrechen.« (Jeschke 1933: 185)

Hierin ist eines der wichtigsten Motive des kleinbürgerlichen Korporatismus ausgedrückt, eines, das zugleich die Differenz zum späterhin wirklich werdenden Nationalsozialismus beinhaltet. Die ökonomische Grundannahme dieses faschistischen Korporatismus, diejenige, die ihn eindeutig als kleinbürgerlich qualifiziert, ist die Verankerung in der Kategorie des Arbeitseigentums, die Jeschke aus dem germanischen Recht (in Opposition zum römischen) entnimmt: »Das germanische Eigentumsrecht beruhte auf dem selbsteigenen Tun und Schaffen... Immer sollte das Recht der Arbeit folgen.« (Jeschke 1933: 139) Aus dieser Überlegung gelingt schließlich sogar die (wenngleich verfälschende) Übernahme der marxistischen Formel »gegen die Wertung (sic!) der Arbeit als Ware« (vgl. Jeschke 1933: 162), wenn es heißt:

»Der Segen der Arbeit muß wieder erkannt werden. Der uralte Fluch des Goldes, von dem bereits die germanische Sage erzählt, hat uns ins Elend gestürzt. Nur der Segen treuer Arbeit, die Werte schafft und nicht schiebt, kann uns davon erlösen.« (Jeschke 1933: 162)

Bei solcher Beschwörung urgermanischer Weisheit kann der Antisemitismus nicht weit sein. Es geht Jeschke unmittelbar um »wirksame Maßnahmen zur Hebung rassisch wertvoller Bestandteile des deutschen Volkes und zur Verhinderung minderwertigen Zustromes aus dem Osten.« Gegen das »rassisch und geistig minderwertige Osttum«, gegen den »zersetzenden Einfluß, den das Judentum im Völkerleben noch immer und überall ausgelebt hat«, gilt es im ständischen Geist zu kämpfen, denn die »Juden selbst sind dem Geiste, der die Stände geschaffen, der sie beseelt, urfremd« (Jeschke 1932: 77ff.). »Das Fremdtum, das sich bisher der rein arischen Kraft rein geistigen Denkens in Irrtum, Lüge, Vorurteil und Zwang entgegenwarf, muß deshalb in jeder Gestalt beseitigt werden.« (Jeschke 1932: 84)

So steht germanisch-kleinbürgerliches Arbeitseigentum gegen orientalisch-kapitalistisches Raffertum, welches über den jüdischen Marxismus die Arbeiterbewegung für seine Zwecke zu instrumentalisieren versteht: »Heute ist die Tatsache unbestreitbar, daß *Marx* mit seinen Anhängern den alle Völker aussaugenden

jüdischen Finanzkapitalismus gerettet hat.« (Jeschke 1933: 195)
Doch damit nicht genug, letzte Stufe der »Neueinrichtung des
deutschen Hauses nach urdeutschen Grundsätzen« ist die »Wie-
deraufnahme der deutschen Führeraufgabe im Osten«. Die zugleich wahrhaft völkische und mittelständische Politik »gipfelt daher im großdeutschen Gedanken und in dem Ziel eines germanischen Großreiches« (Jeschke 1933: 260).

»Fassen wir die germanischen Staaten unter unserer Führung zusammen, im nordischen Gedanken den Acker, das Geld, die Wehrmacht, das
Recht, den Glauben. Zerschlagen wir die dem Gedanken feindlichen Ge-
bilde zunächst einmal geistig und gliedern wir die nordischen Teile uns
an, führen wir Europa und so die Welt, erschließen wir Asien aus nor-
dischem Willen und nordischer Kraft.« (Jeschke 1933: 261 f.)

Aus der »Mission des Mittelstandes« ist die deutsche Mission
im Osten geworden, eine kriegerische Mission, deren Elite gleichfalls nur das Handwerk bilden kann. Ob im Eroberungskrieg
oder im Kampf gegen den inneren Feind, allein dem Handwerk
gelingt die Errettung des geknechteten deutschen Volkes:

»Verbindet es doch in der Unternehmertätigkeit seiner persönlich mit-
schaffenden Betriebsinhaber Kapital und Arbeit auf das glücklichste. Das
deutsche Handwerk ist daher der Berufsstand, von dem aus dieser an
Volk und Wirtschaft nagende Krebsschaden wieder geheilt werden
kann.« (Jeschke 1933: 165)

Hiermit schließt sich der Kreis. Der Ausgangspunkt ist wieder
erreicht: Am deutschen Handwerk sollen Volk und Staat, an deren
Wesen wiederum die Welt genesen. Der korporatistische Akzent
besteht in der harmonistischen Reintegration von Volk und Staat,
wie sie zwar in der nationalsozialistischen Rhetorik ein gängiger
Standard ist, wohingegen sie in dessen faktischer Herrschaftspraxis niemals auch nur ansatzweise verwirklicht wird. Nicht nur die
von Anbeginn nüchtern vollzogene Aufrüstung, Zentralisierung,
Bürokratisierung und Technisierung der Machtmittel des totalen
Staates spricht dem korporativ-harmonistischen Traum Hohn,
dessen Grenzen sogar Jeschke sieht: »Ständische Vertretung, auch
wahre berufsständische Vertretung ist deshalb unmöglich im
Zwangsstaate.« (Jeschke 1932: 217)
Die dem industriellen und kapitalistischen System verpflichtete

NS-Wirtschaft, die unter Kriegsbedingungen zum planwirtschaftlichen Staatskapitalismus ausgebaut wird, besiegelt die eindeutige Divergenz von kleinbürgerlich-korporatistischem Faschismus und nationalsozialistischer Herrschaftspraxis. So mutet es nachgerade naiv an, wenn Jeschke den frisch inthronisierten NS-Machthabern rät: »Wohl ist die faschistische Wirtschaft mit dem Staat verbunden, sie gehört aber nur zum Staat, ohne selbst Staat zu sein. Ihre Aufgaben dürfen niemals durch Staatsbeamte wahrgenommen werden.« (Jeschke 1933: 186)

In seiner Analyse der nationalsozialistischen Wirtschaftspolitik kommt Franz Neumann zum Ergebnis einer vorwiegend pragmatischen Organisation des ökonomischen Systems nach Effizienzgesichtspunkten. Der Korporatismus der NSDAP hat demnach ausschließlich propagandistischen Hintergrund, eine Funktion, die mit der vollen Etablierung des NS-Staats eigentlich erfüllt ist. Ständewesen und Nationalsozialismus sind, so Neumann, nicht miteinander zu vereinbaren, denn für den Nationalsozialismus ist der »Primat der Politik entscheidend«: »Die ökonomische Organisation Deutschlands besitzt in der Tat keine Ähnlichkeit mit Korporations- und Ständeideen.« (Neumann 1977: 283f.)

Im Doppelcharakter des Dritten Reiches als kleinbürgerlich-korporatistische Utopie und als realer nationalsozialistischer Machtstaat scheint von hier aus ein Gutteil der Dialektik von sozialer Basis und sozialer Funktion des Nationalsozialismus ausgedrückt zu sein. Eine die kleinbürgerlichen Träume mobilisierende Massenbewegung verkörpert die eine Seite der Medallie, ein mit kapitalistischen Interessen verbündeter totalitärer Machtstaat die andere.

Über die theoretischen Differenzen von Nationalsozialismus und Korporatismus erteilt der NS-Soziologe J. Beyer klare Auskunft. Daß dem Nationalsozialismus von vornherein der Gedanke völlig fernliegt, den neuen Staat ständisch zu organisieren, ergibt sich aus dem »Wesen aller dieser Ständetheorien«, die »letztlich die Auflösung und Zersetzung jeder kraftvollen Führung« ins Auge fassen (Beyer 1941: 323). Diese Gefahr entspringt dem »Pluralismus«, dem ineffizienten, dezentralen Organisationsmuster des Korporatismus, ein grundsätzlicher Widerspruch zum zentralistischen Führerprinzip, welchem Beyer absoluten Vorrang einräumt: »Der nationalsozialistische Führer- und Ordensstaat trat in grundsätzlichen Gegensatz zum pluralistischen Ständestaat.« (Beyer 1941: 327)

Mit dem Ziel der Rückführung von Volk und Staat auf den Stand enthält nämlich der Korporatismus als grundlegendes Motiv die Idee der Überwindung des Politischen überhaupt, worin letztenendes die Hauptattraktion dieses Denkens für den Kleinbürger besteht. Wenn Politik als Sphäre der Vermittlung von Gesellschaft (bzw. Volk) und Staat zu begreifen ist, dann wird sie bei deren Reintegration einfach überflüssig. Für diesen regressiven Traum gibt es im Nationalsozialismus aber wenig Aussicht auf Verwirklichung. Sein Konzept ist ganz im Gegenteil die totale Gleichschaltung des Volkes und dies ist gleichbedeutend mit der totalen Politisierung: »Nicht Entpolitisierung des ständischen Bereiches, nicht Gewährung größtmöglichen Eigenlebens gegenüber der politischen Führung, sondern *Einsatz und Mobilisierung aller ständischen Kräfte durch die politische Führung.*« (Beyer 1941: 332)

Von hier aus kann von einer Wiederverschmelzung von Staat und Gesellschaft keine Rede mehr sein, sondern »der Staat übernimmt die politische Integration der Gesellschaft« (Marcuse 1934: 189). Über diese grundsätzliche Divergenz hinaus erweist sich der Nationalismus aber gegenüber dem Korporatismus mit seiner Orientierung an der Standeskategorie in der ökonomischen Dimension als ausgesprochen modern. Das anti-moderne Element im Korporatismus – politisch anti-demokratisch, ökonomisch anti-kapitalistisch – bedeutet aber exakt dessen Kleinbürgerlichkeit. Das Bild ist nicht ohne Ironie: Der Kleinbürger, der mit dem Faschismus vergangene Herrlichkeit zurücksehnt, ist am Ende auch im Nationalsozialismus wieder der Zurückgebliebene, der Reaktionär, ja der Spießer.

Nach Klaus Eder besteht im korporativen Organisationsmuster als »für die vorindustrielle, auf Herrschaft gegründete Gesellschaft« typische Form, ein zum mit der Aufklärung verbundenen Assoziationswesen konträrer antidemokratischer Typus (Eder 1985: 152ff.). So drückt sich im Beharren auf dem korporativen Zunftwesen bis weit ins 20. Jahrhundert der Protest des Kleinbürgers gegen die modernen, mit der Struktur der Assoziation verknüpften Prinzipien des Egalitären und Diskursiven aus. Damit ist der präfaschistische Korporatismus als Versuch anzusehen, die gesellschaftliche Moderne als Prozeß der schrittweisen Durchsetzung des egalitär-diskursiven Prinzips nicht nur im politischen Bereich, sondern insgesamt durch eine doppelte Revision rückgängig zu machen: durch Abbau der politischen Demokratie und des modernen Industriekapitalismus zugleich. Im erträumten korporativen »Dritten Reich« sollen beide, Wirtschaft und Staat wieder nach mittelalterlichem Vorbild organisiert werden als patriarchalisch-feudales System der kleinen Einheiten der Zünfte und der sicheren mittelständischen Existenz.

Die Herrschaft des Nationalsozialismus ist hingegen eine völlig andere. Sie bedient sich des für moderne Großflächenstaaten erforderlichen bürokratischen Zentralismus und eines privat- und monopolkapitalistischen Wirtschaftssystem. So ist der Nationalsozialismus tatsächlich im Vergleich zum Korporatismus ein überaus modernes System, dessen Effizienz durch den rational kalkulierten Einsatz von Gewalt auf ein Höchstniveau gebracht wird. So zeigt sich schließlich die Idee eines korporativen Faschismus, wie ihn der Kleinbürger ersehnt, als unrealisierbar, denn dem ständischen Prinzip widerspricht eines der Hauptziele des Faschismus strukturell: die Prärogative, der Primat des Machtstaates.[72] So unmöglich, wie der nach kleinbürgerlicher Wirtschaftsutopie gezähmte, »ständische Kapitalismus« ist demnach auf politischem Sektor ein in seiner totalen Machtvollkommenheit gezügelter »ständischer Faschismus«, was durchaus im Zusammenhang mit dem Wort Max Horkheimers zu begreifen ist, wonach, wer vom Kapitalismus nicht reden will, auch vom Faschismus schweigen sollte (vgl. Horkheimer 1939: 115).

Die Unmöglichkeit eines korporativen Nationalsozialismus zeigt sich schließlich aus theoriegeschichtlicher Perspektive auch daran, daß nicht der kleinbürgerliche »Universalist« O. Spann, sondern viel eher C. Schmitt, der Vertreter des autoritären Dezisionismus, zum politischen Theoretiker des NS-Regimes avanciert. Das Wesen dieses Regimes beschreibt Karl Mannheim:

»Im Zentrum seiner Lehre und seiner Praxis steht die Apotheose des unmittelbaren Eingreifens, der Glaube an die ausschlaggebende Tat, an die Bedeutung der Initiative einer führenden Elite. Das Wesen der Politik ist, zuzugreifen, das Gebot der Stunde zu erkennen.« (Mannheim 1978: 117)

Diesem Gesetz des politischen Handelns fällt schließlich auch der kleinbürgerliche Faschismus in der nationalsozialistischen Bewegung zum Opfer. Der plebejisch-»sozialistische« Flügel der sogenannten Parteilinken und der SA, über dessen Rücken man emporgestiegen ist, wird in der Mordnacht des 30. Juni 1934 dem Machtkalkül geopfert. Die kleinbürgerlichen Phantasien vom Dritten Reich sind damit auf den Boden der Tatsachen zurückgekehrt, ihre Protagonisten endgültig in die Schranken gewiesen.

Epilog
Zur Kultur
der Normalität

Wieder einmal ist der Kleinbürger das Opfer der großen Politik. So hat er es nicht gewollt, vor allem nicht, daß er schließlich, Jahre später, zur Kasse gerufen wird für die Untaten der Großen, die ihren Kopf schon irgendwie aus der Schlinge zu ziehen wissen. Und natürlich hat er von alledem, was »die da oben« getrieben haben, auch nichts gewußt. Jetzt muß er es allein ausbaden. Man hat ihn mal wieder reingelegt, den kleinen Mann; in dieser Gewißheit überlebt er auch die Katastrophe des Dritten Reichs.

Denn eigentlich ist der Kleinbürger völlig unpolitisch. Sein wahres Talent, darüber sollten die vorstehenden Analysen nicht hinwegtäuschen, besteht in der systematischen Ausgrenzung und Verdrängung des Politischen aus seiner Welt. Seine gute Nase für Machtverhältnisse und die Fähigkeit der Mimikry verhelfen ihm dazu. Der Preis hierfür ist der Verlust der pragmatischen Perspektive. Ohne kontinuierliche Teilnahme am politischen Prozeß, ohne Sensorium für das Spiel gesellschaftlicher Interessengegensätze, ohne die Erfahrung der Partizipation am öffentlichen Diskurs kann die Politik nur noch als Schicksal wahrgenommen werden, etwa aus der Stammtischperspektive: resigniert zynisch oder enttäuscht aufbrausend. Nur höchst selten, aber dann zumeist im Format von Naturkatastrophen, im Ausnahmezustand von Revolution und Krieg, von Krise und Inflation, kommt die Politik zum Kleinbürger – unvorhergesehen und entsprechend irrationale Reaktionen hervorrufend. An diesen Reaktionen war er hier zu studieren.

Sein Zuhause ist aber in Wirklichkeit das Reich der apolitischen Normalität. Dort findet der Kleinbürger Unterstand in Zeiten relativer Ruhe und Schutz vor der Politik, die doch nur ein »schmutziges Geschäft« ist. In der gepflegten Privatheit von Familie, Haus und Garten, wie sie das biedermeierliche Idyll als statischen Gegenentwurf zum bedrohlichen Gewühl des modernen Massenzeitalters bietet, fristet der Kleinbürger ein sich dezidiert unpolitisch gebendes Leben – solange man ihn in Ruhe läßt. Nicht einer Partei gilt sein Engagement, sondern dem Verein. Nicht gegeneinander, miteinander heißt es hier, und es geht um den guten Zweck; etwa um die Natur (vom Schreberverein bis zur Freikörperkultur) und um die »Brauchtumspflege« (vom Männergesangs- bis zum Schützenverein). Natur und Brauchtum aber sind die Sphären der bedrohten Normalität, zu deren Rettung sich der Kleinbürger immer berufen fühlt.

Er selbst strotzt vor Normalität, ja er ist geradezu die Inkarnation einer in Gefahr geratenen Normalität, nämlich der des echten Mittelmaßes. Immer im Dienste des Allgemeinen, des Sittlichen und Natürlichen, immer im Namen der Mitte und des Durchschnitts, sieht sich der Kleinbürger zu idealistischer Opferbereitschaft und unermüdlichem Einsatz gefordert. Seine Maßstäbe der Genügsamkeit und Strebsamkeit, der Bodenständigkeit und Heimatliebe, des gesunden Volksempfindens, der Gediegenheit und Geradlinigkeit stellen in Wirklichkeit nichts Allgemeines, sondern etwas höchst Spezielles dar. Sie sind die universalisierten Reflexe seines überhöhten Selbstbildes.

Deshalb steht die kleinbürgerliche Kultur der Normalität auf schwankendem Boden, sie ist eigentlich nichts anderes als der aus Verdrängung gewonnene Schein einer Normalität, die, je selbstgewisser sie propagiert wird, desto offenkundiger die ihr zugrundeliegende Unsicherheit, nämlich die prekäre Lage des Mittelstands im Kapitalismus, preisgibt. Normal ist, daß man sich anstrengen muß, um es zu etwas zu bringen. Die Konkurrenz schläft nicht. Wer wachsam ist und seine Pflicht erfüllt, hat jedoch nichts zu befürchten.

Diese Wachsamkeit hat der Kleinbürger vornehmlich sich selbst gegenüber zu erfüllen; er ist sein eigener Aufseher und Vorgesetzter. Faulenzerei kann er nicht dulden. Normal ist also, daß er sich selbst zur Rechenschaft zieht, sich selbst bestraft oder belohnt, je nachdem wie die Geschäfte gehen. Erfolg oder Niederlage, für beides ist er allein verantwortlich. Deshalb ist er immer auf der

Hut und pedantisch bis auf die zweite Stelle hinter dem Komma. Also kauft sich der kleine Händler, wenn er welche braucht, seine eigenen Schnürsenkel ab: nicht aus Schizophrenie, sondern damit abends die Kasse stimmt. Er findet das ganz normal.

Nie ist der Kleinbürger idealistischer als in Zeiten materieller Not. Doch schon in normalen Zeiten trägt jede der ostentativen Gesten, mit denen er die fragwürdig gewordenen Maxime seiner Lebensführung festzurrt, den tiefen Zweifel in sich, daß es mit diesem festen Korsett aus Werten, Regeln und Ritualen vielleicht gar nicht so weit her sei. Je tiefer die Ungewißheit, desto rigider wird der Kodex kleinbürgerlicher Normalität verteidigt.

So bleiben die Fetische des Alltagslebens, die Symbole einer verlorengegangenen Sekurität und Integrität des Daseins, an die er sich mit ganzer Sentimentalität klammert. Da ist der Jägerzaun um das eigene Häuschen, jene Scheidelinie zwischen der grausamen Welt draußen und der Insel der privaten Behaglichkeit (die notfalls mit der Flinte verteidigt wird, wenn die Staatsorgane zum nötigen Schutz nicht willens oder fähig sind). Gleiches gilt für den Schrebergarten, der Ort, an dem die Natur auf ein ordentliches, gefälliges Maß zurechtgestutzt werden darf und wo geharkte Kieswege, akkurat abgestochene und gnadenlos gejätete Beete und der mit den obligatorischen Gartenzwergen angereicherte Blick ins Grüne einen Feierabend voll penibler Zwanglosigkeit garantieren. Da ist die Familie, in der der Vater noch das Sagen hat, in der Sauberkeit und Ordnung herrschen und Dankbarkeit mehr als nur Pflichtübung ist. Und wenn überhaupt niemand mehr zu trauen ist, bleibt immer noch der »beste Freund«, der brave und respekterzeugende deutsche Schäferhund.

Für die Erbauung und den nötigen spirituellen Hintergrund gibt es natürlich noch die Kunst; die wahre Kunst, d.h. die Kunst von gestern. Der Kleinbürger hegt hier zwei Leidenschaften. Er liebt das Heimatkundliche, das Anrührend-Provinzielle, und er verehrt das Erhabene, das Monumental-Heroische. In der Provinz kennt er sich aus: hier möchte er sich und seinesgleichen wiedererkennen, von Fremden ungestört. Im Monumentalen, in den »ewigen Werken« der Titanen deutscher Genialität erlebt der Kleinbürger die Größe und den Glanz, die seiner eigenen Existenz nun einmal fehlt. Immer beides, das Kleine und das Große, der

Kleinbürger kennt sich da aus. Im Theater liebt er die Verwechs-
lungskomödie in mancherlei Mundart und Wagners Meistersin-
ger oder den Parsifal. In der Musik hat er es gerne volkstümlich
oder militärisch; aber selbstverständlich liebt er auch die »Fünfte«
und hat von Beethoven womöglich eine Büste im Regal. In der Literatur verehrt der Kleinbürger natürlich Goethe und Schiller als
Nationalhelden. Darüber hinaus pflegt er seine aus der Kindheit
trotzig ins Erwachsenenalter hinübergerettete Passion für die In-
dianermärchen von Karl May. Und sein Heim ziert nicht nur das
obligatorische Landschaftsgemälde in Öl, sondern unvermeidlich
Dürers »Betende Hände«.

Gerade in seiner Kunstbeflissenheit zeigt der ganz normale
Kleinbürger sein ungeschminktes Gesicht. Geschmack, die ge-
heimnisvolle und schwer erlernbare bürgerliche Kompetenz der
Differenzierung ist seinem Kunstgenuß eher hinderlich. Es geht
um innere Einkehr und Erbauung; es geht um die Bewahrung von
Grenzen, nicht um deren Überschreitung.

Daß er diese Grenzen objektiv noch fetischisiert, darin offenbart sich vielleicht die Natur des Kleinbürgers am deutlichsten.
Auch als Gebildeter vollzieht er dieses Gesetz mit Konsequenz.
Die Struktur kleinbürgerlicher Bildung ist eher die von Bildungs-
beflissenheit. Sie ist exakt bestimmt in der von Theodor W.
Adorno geprägten Formel der »Halbbildung«, jener Bildung, die
»gereizt und böse«, deren allseitiges »Bescheidwissen immer zugleich auch ein Besserwissen-Wollen« ist; sie ist »die Sphäre des
Ressentiments schlechthin, dessen sie jene zeiht, welche irgend
noch einen Funken von Selbstbesinnung bewahren« (Adorno
1959: 116).

Der Kleinbürger ist ein Sammler, auch im Geistigen: auf seinem Gebiet unschlagbar. Daten, Zahlen, Fakten; dieses eine Feld
zumindest beherrscht er, da macht ihm niemand was vor, er gewinnt jedes Ratespiel. Alles oder nichts: »Dem Halbgebildeten
verzaubert alles Mittelbare sich in Unmittelbarkeit, noch das über-
mächtige Ferne.« (Adorno 1959: 118) Kleinbürgerliche Halbbildung mündet unmittelbar in Weltanschauung. Lernen heißt Inbe-
sitznehmen, Aneignung führt zur Identifizierung, zum Glauben.
Spielerische Distanz zu Wissen und Denken ist feiger Intellektualismus. Der Kleinbürger verachtet das Abwägen als rationalisti-

sche Taktiererei; etwas zu lernen bedeutet vor allem, eine Entscheidung zu treffen und ihr nicht auszuweichen wie in der ironischen Kunst der Doppelzüngigkeit, als welche ihm Dialektik erscheint.

Das Denken in festgefügten Weltbildern, in Offenbarungs- und Erlösungskategorien enthält die Angst des Zurückgebliebenen vor der Offenheit der Welt, die ihm die eigene Begrenztheit ein ums andere Mal vor Augen führt. Das Wissen des Kleinbürgers ist dahingegen absolute und ultimative Entscheidung, seine Wissenschaft ist die der hermetischen Systeme: Welteislehre und Hohlwelttheorie, Anthroposophie und Astrologie, Naturheilkunde und Vegetariertum, orientalische Mystik und germanischer Ritterkult, all das kann dem Kleinbürger zum Evangelium werden, von dem aus er der unerträglichen Relativität der modernen Welt wieder mit der Gelassenheit des Glaubenden entgegentreten kann.

»Die obersten Antworten und Theoreme der Halbbildung jedoch bleiben irrational: daher ihre Sympathien mit dem Irrationalismus jeglicher Farbe, zumal dem depravierten, der Verherrlichung von Natur und Seele. Sie ist geistig prätentiös und barbarisch anti-intellektuell in eins. Die Wahlverwandtschaft von Halbbildung und Kleinbürgertum liegt auf der Hand; mit der Sozialisierung der Halbbildung aber beginnen auch ihre pathetischen Züge die ganze Gesellschaft anzustecken, entsprechend der Instauration des auf Touren gebrachten Kleinbürgers zum herrschenden Sozialcharakter.« (Adorno 1959: 118)

Anmerkungen

1 Im maßgebenden Lexikon zur politisch-sozialen Sprache in Deutschland, den von O. Brunner, W. Conze und R. Koselleck herausgegebenen *Geschichtlichen Grundbegriffen*, fehlt bezeichnenderweise ein entsprechender Artikel.

2 Zum marxistischen Sprachgebrauch bemerkt Trotzki: »Erinnern wir uns daran, wie oft die Marxisten beschuldigt wurden, die verschiedenartigsten und gegensätzlichsten Erscheinungen dem Kleinbürgertum zuzuordnen. Und tatsächlich muß man der Kategorie ›Kleinbürgertum‹ auf den ersten Blick vollkommen unvereinbare Tatsachen, Ideen und Tendenzen subsumieren. Kleinbürgerlichen Charakter besitzt die Bauernbewegung wie die radikale Strömung in der städtischen Reformation; kleinbürgerlich waren die französischen Jakobiner und die russischen Narodniki; kleinbürgerlich die Proudhonisten, aber auch die Blanquisten; kleinbürgerlich ist die heutige Sozialdemokratie, aber auch der Faschismus; kleinbürgerlich sind: die französischen Anarchosyndikalisten, die ›Heilsarmee‹, die Ghandibewegung in Indien usw. usw. Ein noch bunteres Bild ergäbe sich, würden wir auf das Gebiet von Philosophie und Kunst übergehen. Heißt das, daß der Marxismus mit der Terminologie spielt? Nein, es bedeutet nur, daß das Kleinbürgertum durch außerordentliche Mannigfaltigkeit seiner sozialen Natur gekennzeichnet ist. Nach unten hin fließt es mit dem Proletariat zusammen und geht ins Lumpenproletariat über, nach oben in die kapitalistische Bourgeoisie. Es kann sich auf alte Produktionsformen stützen, sich aber auch auf Grundlage der modernen Industrie rasch entfalten (der neue ›Mittelstand‹). Kein Wunder, wenn es ideologisch in allen Farben des Regenbogens spielt.« (Trotzki 1971: 257)

3 Zur ersten Gruppe vgl.: Stein 1985; Glaser 1985; Baden 1977: 30–36; Kodron-Lundgren/Kodron 1978. Zur zweiten Gruppe vgl.: Grießinger 1981; Volkov 1978; Lebovics 1969; Schumacher 1972; Winkler

1972. Einen guten Überblick sowie aufschlußreiches Material zu diesem bislang am besten ausgearbeiteten Forschungsstrang liefert: Haupt, 1985. Wichtige Informationen sind darüber hinaus der Angestelltensoziologie zu entnehmen (vgl. in erster Linie die im Literaturverzeichnis enthaltenen Angaben zu den Arbeiten Kockas). Zur Wirtschafts- und Sozialgeschichte vgl.: Engelhart 1984; Stürmer 1979.

4 Zu Geiger vgl. Kap. 2.4. Bezüglich des alten, selbständigen und des neuen, lohnabhängigen Kleinbürgertums stellt Poulantzas fest: »*Wenn wir trotz dieser beiden verschiedenen Gruppen von Vertretern des Kleinbürgertums von einer einzigen kleinbürgerlichen Klasse sprechen, so deshalb, weil dieser unterschiedliche Stellenwert in den gesellschaftlichen Produktionsverhältnissen ein und dieselben Auswirkungen auf der politischen und auf der ideologischen Ebene hat.* Dieses Element vereinigt die Klasse des Kleinbürgertums im Rahmen der politisch-ideologischen Verhältnisse.« (Poulantzas 1973: 253) Seine Analyse der kleinbürgerlichen Ideologie (»Antikapitalismus«, »Mythos vom individuellen Aufstieg«, »Fetischismus der Macht«) bleibt allerdings rudimentär (vgl. Poulantzas 1973: 257f.) Zur klassentheoretischen Kleinbürger-Theorie vgl. Leppert-Fögen 1974; Haupt 1978.

5 Zur Komparatistik des Kleinbürgers vgl.: Bechhofer/Elliot 1981; Crossick/Haupt 1984. Einen ähnlichen Ansatz wie Moore 1984 wählt: Grießinger 1981.

6 Zu Bloch vgl. Kap. 4.1

7 »Wenn richtig ist, daß der Kleinbürger in Wirklichkeit und nicht nur im Kopf des Soziologen ein ›Bürger im Kleinen‹ ist, wird deutlich, was man verlöre, gäbe man im Sinn einer objektivistischen Erfassung der Wirklichkeit den Begriff des Kleinbürgers auf.« (Bourdieu, 1984: 530)

8 Zu Marbach vgl. Kap. 2.4

9 Vgl. Puhle: 98–101. Moulin/Aertz (in: Haupt 1978: 41) erwähnen die Anzahl von über zweihundert verschiedenen Mittelstandsbegriffen. Vgl. auch: Haltern 1985: 82–88.

10 Für die Abgrenzung der Begriffe Bürger und Mittelstand gibt es allerdings nur prinzipielle Regeln. So stellt z.B. W. Conze fest: »Doch gilt allgemein, daß ›Bourgeoisie‹ oder ›Bürgertum‹/›Bürgerstand‹ den ›Mittelstand‹ weder in sich hineinziehen konnten noch zum abgrenzbaren Gegenbegriff desselben wurden. Hierfür kam vielmehr, vorwiegend im Sprachgebrauch der Sozialisten, das Wort ›Kleinbürger‹ auf.« (Conze 1978: 64)

11 Zur Doppeldeutigkeit des Mittelstandsbegriffs: »Die Mehrzahl (sc. der Liberalen) hätte sich wahrscheinlich als Angehörige des ›Mittel-

standes‹ eingeordnet. Dabei würden ihnen zwei sehr unterschiedliche Vorstellungen vorgeschwebt haben: Für einige war der Mittelstand eine ziemlich begrenzte Schicht der Besitzenden und Gebildeten, jene sozialen Gruppen, die normalerweise unter die Kategorie des ›Bürgertums‹ fallen. Für andere umfaßte jedoch der Mittelstand nicht nur die Wohlhabenden und Gebildeten, sondern auch die kleinen Ladenbesitzer, selbständigen Handwerker und andere kleine Kaufleute. Ferner wurde dieser Begriff in Bezug auf einen bestimmten Teil der Gesellschaft verwendet, aber auch auf den von den Liberalen so bezeichneten ›Kern der Nation‹, das heißt, den moralischen Ort jener, die das Beste für die Gesellschaft als Ganze repräsentierten.« (Sheehan 1980: 222)

12 Dieser Kleinbürgerbegriff entspricht exakt dem bis hierhin entwickelten Mittelstandsbegriff. Gleichwohl soll damit nicht umgeschwenkt werden. O. v. d. Gablentz verwendet hier den in der Einleitung bereits untersuchten schichtungssoziologischen Kleinbürgerbegriff, für den viel eher der des Mittelstands zu reservieren wäre. Parallel dazu: »Dem Wortsinn nach zählt zum M. (sc. Mittelstand) alles, was nicht den Grenzschichten angehört. Bezeichnen wir die obere Grenzschicht als das Großbürgertum, die untere als die breite Masse der Nur-Lohnarbeiterschaft..., so lassen sich die Mittelschichten auch unter der Bezeichnung Klein- (und Mittel-)Bürgertum zusammenfassen.« (Nell-Breuning 1960: 784)

13 »Während man nämlich... bis um die Mitte des Jahrhunderts unter Mittelstand die Bourgeoisie und das gebildete Bürgertum verstand und zwar unter Ausschluß der gesamten Handwerkerklasse... ist es seitdem Mode geworden, gerade die Handwerkerklasse in Stadt und Land als Mittelstand anzusprechen und zu verherrlichen. Zum ersten Male in den Mittelstand einbezogen, finde ich das gewerbliche Handwerk in einer Rede Bismarcks vom 18. Oktober 1849: ›während der Handwerkerstand den Kern des Mittelstandes bildet‹.« (Sombart 1903: 537f.)

14 »Obwohl die Erde und alle niederen Lebewesen allen Menschen gemeinsam gehören, so hat doch jeder Mensch ein Eigentum an seiner eigenen Person. Auf diese hat niemand ein Recht als nur er allein. Die Arbeit seines Körpers und das Werk seiner Hände sind, so können wir sagen, im eigentlichen Sinne sein Eigentum. Was immer er also dem Zustand entrückt, den die Natur vorgesehen und in dem sie es belassen hat, hat er mit seiner Arbeit gemischt und ihm etwas eigenes hinzugefügt. Er hat es somit zu seinem Eigentum gemacht.« (Locke 1977: 216) Zu den Grenzen: »Das Maß des Eigentums hat die Natur durch die Ausdehnung der menschlichen Arbeit und durch die An-

nehmlichkeiten des Lebens festgesetzt... Dieses Maß beschränkte den Besitz jedes Menschen auf einen sehr bescheidenen Anteil, nämlich auf das, was er sich aneignen konnte, ohne irgend jemandem einen Schaden zuzufügen.« (Locke 1977: 221)

15 »Die Zwecke der Handlungen sind gewollt, aber die Resultate, die wirklich aus den Handlungen folgen, sind nicht gewollt, oder soweit sie dem gewollten Zweck zunächst doch zu entsprechen scheinen, haben sie schließlich doch ganz andre als die gewollten Folgen.« (Engels, MEW 21: 297)

16 Bedeutsam ist in diesem Zusammenhang die soziale Rekrutierung großer Teile der ersten Generationen der Angestelltenschaft aus dem »alten Mittelstand« (vgl. Lederer 1979: 60–63; Speier 1977: 44–51). Allerdings ist die Reichweite dieser Beziehung damit historisch beschränkt.

17 Diese Terminologie verweist auf die Sozialpsychologie. Vgl. hierzu: Institut für Sozialforschung 1936; Adorno 1976; Freud 1982; Fromm 1980a; Fromm 1980b: 166–177; Reich 1983: 57–63.

18 Eine systematische Betrachtung des pathogenen Modernisierungsprozesses Deutschlands liefert: Eder 1985. Vgl. Grebing 1986.

19 »...daß der gesellschaftliche Stand für Menschen nur vorteilhaft ist, soweit sie alle etwas besitzen und niemand zu viel besitzt.« Rousseau 1977: 26. Vgl. Gall 1980: 164 ff.

20 Von der preußischen Bürokratie zum ersten Mal 1810 eingeführt, wird die Gewerbefreiheit in den folgenden Jahren nach heftigen Protesten regional unterschiedlich wieder zurückgenommen und erst 1869 endgültiger Bestandteil der Gewerbeordnung des Norddeutschen Bundes. Vgl.: Schmoller 1870: 49 ff.; Rohrscheidt 1898; Hennig, Friedrich W.: Die Einführung der Gewerbefreiheit und ihre Auswirkung auf das Handwerk in Deutschland. In: Abel 1978: 147–178.

21 Zur »zünftischen Mentalität« vgl. Thamer, Hans-Ulrich: Arbeit und Solidarität. Formen und Entwicklungen der Handwerkermentalität im 18. und 19. Jahrhundert in Frankreich und Deutschland. In: Engelhart 1984: 472–480. Zur Protestforschung vgl. Volkmann/Bergmann 1984

22 »Aus eben dieser *klein*kapitalistischen Schicht aber und *nicht* etwa aus den Händen der großen Finanzleute: Monopolisten, Staatslieferanten, Kolonialunternehmer, promotors usw. ging das hervor, was dem Kapitalismus des Okzidents *charakteristisch* war: die bürgerlich-privatwirtschaftliche Organisation der gewerblichen Arbeit.« (Weber 1981a: 272) Ähnlich Hendrik de Man: »Das Ideal, auf das sich der Protestantismus richtet, ist nicht mehr bürgerlich schlechthin in der zu-

gleich antifeudalen und antikapitalistischen Betonung des Hochmittelalters; es ist vielmehr kleinbürgerlich, es vertritt die Sache einer aufsteigenden Schicht, die in Bezug auf die Einheit von Arbeit und Besitz unsicher geworden ist und an die Stelle der ehemaligen äußeren Schranken ihres Aufstiegs innere Normen und Rechtfertigungen zu setzen sucht.« (Man 1933: 94f.)

23 Zum familiensoziologischen Aspekt dieses Syndroms vgl. Rosenbaum 1982: 121 ff. Zur Sozialgeschichte der »Sekundärtugenden«: Münch 1983. Zum »Untertanengeist«: Mann 1918

24 »Sosehr der Handwerker über die Schäden der schrankenlosen Konkurrenz zu schelten pflegt, sosehr ist er bis ins Mark hinein voll von Konkurrenzgedanken... Der Handwerker hat nicht das Gefühl, daß die Welt weit ist, denn die Welt, von der er lebt, ist tatsächlich eng.« (Naumann 1964,3: 351)

25 Vgl. Jaeggi, Urs: Zwischen den Mühlsteinen. Der Kleinbürger oder die Angst vor der Geschichte. In: Kursbuch 45, 1976: 151–168

26 Hauptmotiv Röpkes in diesem Zusammenhang ist vehementer Antirationalismus, sodaß es schwerfällt, dieses Konzept überhaupt als liberales anzusprechen. Seine Warnung vor den Folgen schrankenlosen Vernunftgebrauchs: »Dann kommen wir zu einem *Relativismus*, der alle Werte und Normen in der Säure des nur noch sich selbst setzenden Verstandes auflöst, zu einem *Materialismus*, der vom ›geistigen Überbau der materiellen Produktionsverhältnisse‹ spricht, zu einem *Psychologismus*, der die Ideen als Schlammblasen des Trieblebens entlarven zu können meint, zu einem *Positivismus*, der am Recht, zu einem *Ästhetizismus*, der am objektiv Schönen, zu einem *Pragmatismus*, der am objektiv Guten und Bösen, zu einem *Ideologismus*, der am Ideellen zweifelt. Wir gelangen dann zu einem wirklichkeitsfernen *Intellektualismus*, dessen innere Haltlosigkeit der entwurzelten Existenz des Intellektuellen selbst entspricht, zu einem von sozialem Ressentiment erfüllten *Ideologismus*, in dem ein bestimmter ›Fortschrittsgeist‹, ein politischer ›Sinistrismo‹ die Brücke zum Kommunismus schlägt, zu einem naiven *Phraseologismus*.« (Röpke 1950: 27)

27 »Wahrscheinlich wird alles, was wir für das Kleine, Mittlere, Dezentralisierte tun, nur Flick- und Stückwerk bleiben, wenn es uns nicht gelingt, eine moralische Umwälzung herbeizuführen, die unsere quantitative Kultur durch eine qualitative ersetzt und diejenigen Werte wieder zu Ehren bringt, die das eigentliche Element des Kleinbetriebes bilden: Qualität, Ehrlichkeit, Dauer, Noblesse, Maß und einfache Schönheit. In diesem Augenblick taucht in meiner Erinnerung die

ehrwürdige Gestalt eines alten Tischlermeisters meines hannover-
schen Heimatdorfes auf...« (Röpke 1950: 194)

28 Zur »Magie der Mitte« in der politischen Kultur der Bundesrepublik
vgl. Lenk/Franke 1987: 97–101.

29 Noch weniger als im Zusammenhang mit Liberalismus, Sozialismus,
Konservatismus und Faschismus kann es hier um die Klassen- oder
Schichtgebundenheit einer politischen Idee bzw. Bewegung gehen.
Der Anarchismus scheint unter den genannten am ungeeignetsten für
eine Einreihung unter die klassischen politischen »Ismen«. Nicht ein
vermeintlicher Klassencharakter des Anarchismus steht also in diesem Exkurs zur Debatte, sondern die anarchistische Tendenz in der
kleinbürgerlichen Politikoption, die womöglich auch in ganz anderen
Horizonten – etwa des Sozialismus, der Konservativen Revolution
oder des Faschismus – aktualisiert wird.

30 Marx und Engels differenzieren ihre Anarchismus-Kritik nach zwei
Hauptsträngen, deren einer – auf Proudhon zurückgehende – auch
unter dem Signum des »kleinbürgerlichen Sozialismus« abgehandelt
wird (Vgl. Kap. 2.1). Der andere Strang wird repräsentiert durch Max
Stirner: »Soweit die Freunde der Anarchie nicht von den Franzosen
Proudhon und Girardin abhängig sind, soweit ihre Anschauungs-
weise germanischen Ursprungs ist, haben sie alle eine gemeinsame
Quelle: *Stirner*.« (Engels, MEW 7: 418) Bezüglich Bakunin stellt
Marx später nur »proudhonisierten Stirnerianismus« fest (vgl. Marx,
MEW 31: 229). Engels schreibt: »...Stirner blieb ein Kuriosum,
selbst nachdem Bakunin ihn mit Proudhon verquickt und diese Ver-
quickung ›Anarchismus‹ getauft hatte...« (Engels, MEW 21: 291).

31 Die Auseinandersetzung mit dem Proudhonschen Werk seit der
Schlüsselschrift »Das Elend der Philosophie« (1846) ist grundlegend.
Bis hin zur Diskussion in der Bismarck-Ära variiert der »wissenschaftliche Sozialismus« seine Kritik am »kleinbürgerlichen Sozialismus« anhand der an Proudhon erarbeiteten Kriterien. So z.B. bei der
Kritik an Lassalle: »Er fiel in den Fehler Proudhons, die reelle Basis seiner Agitation nicht aus den wirklichen Elementen der Klassenbewe-
gung zu suchen, sondern letzterer nach einem gewissen doktrinären
Rezept ihren Verlauf vorschreiben zu wollen.« (Marx, MEW 32: 569)

32 Andere Variationen des »Papst-Motivs«: »Danach beurteile man die
Pfiffigkeit des kleinbürgerlichen Sozialismus, der die Warenproduktion verewigen und zugleich den ›Gegensatz von Geld und Ware‹, also
das Geld selbst, denn es ist nur in diesem Gegensatze, abschaffen will.
Ebensowohl könnte man den Papst abschaffen und den Katholizis-
mus bestehen lassen.« (Marx, MEW 23: 102) »Ihr schafft alle Übel ab.

Oder vielmehr erhebt alle Waren zu dem nun exklusiv von Gold und Silber beseßnen Monopol. Laßt den Papst bestehn, aber macht jeden zum Papst.« (Marx, MEW 42: 62)

33 Zum Tonfall von Marx und Engels schreibt das »Kritische Wörterbuch des Marxismus« über deren Briefwechsel, »in welchem ganz offensichtlich das Wort ›Kleinbürger‹ eher als Schimpfwort denn als soziologische Kategorie verwendet wird« (vgl. Art. Kleinbürgertum... 1986: 640).

34 So »... brauchen wie ein noch rascheres Tempo in der Umwälzung in den Produktionsmethoden, mehr Maschinerie, mehr Arbeiterverdrängung, mehr Bauern- und Kleinbürgerruin, mehr Handgreiflichkeit und Massenhaftigkeit der unvermeidlichen Resultate der modernen großen Industrie.« (Vgl. Engels, MEW 38: 64)

35 »Hier die Arbeit selbst noch halb künstlerisch, halb Selbstzweck etc. Meisterschaft. Kapitalist selber noch Meister. Mit dem besondren Arbeitsgeschick auch der Besitz am Instrument gesichert etc. etc. Erblichkeit dann gewissermaßen der Arbeitsweise mit der Arbeitsorganisation und dem Arbeitsinstrument. Mittelaltriges Städtewesen. Die Arbeit noch als seine eigene...« Marx, MEW 42: 405)

36 »Dieser Kleinbauer, wie der kleine Handwerker, ist also ein Arbeiter, der sich vom modernen Proletarier dadurch unterscheidet, daß er noch im Besitz seiner Arbeitsmittel ist; also ein Überbleibsel einer vergangenen Produktionsweise.« (Engels, MEW 22: 488)

37 »Daß es Zustände gibt, worin selbstarbeitende Eigentümer miteinander austauschen, wird certainly nicht geleugnet. Solche Zustände sind aber nicht die Zustände der Gesellschaft, worin das Kapital als solches entwickelt existiert; sie werden daher auch an allen Punkten durch seine Entwicklung vernichtet.« (Marx, MEW 42: 214)

38 MEW 8: 198. Interessant der Nachsatz: »Sie sind daher unfähig, ihr Klasseninteresse im eigenen Namen... geltend zu machen. Sie können sich nicht vertreten, sie müssen vertreten werden.« (Marx, MEW 8: 198)

39 »Wenn der kleine Kapitalist, der seine Arbeit fast selbst verrichtet, sehr hohe Profitrate im Verhältnis zu seinem Kapital zu genießen scheint, so das factum, daß er in der Tat, soweit er nicht einige Arbeiter beschäftigt, deren Surplus er aneignet, *gar keinen Profit* macht und nur *nominell* kapitalistisch produziert (sei es industriell oder merkantil). Er zeichnet sich dadurch vom Lohnarbeiter aus, daß er in seinem nominellen Kapital in der Tat Herr und Eigentümer seiner eigenen Arbeitsbedingungen ist, daher keinen master über sich hat, und daher seine ganze Arbeitszeit sich selbst aneignet, statt daß sie von einer drit-

ten Person angeeignet wird. Was hier als Profit erscheint, ist bloß der Unterschied von den common wages, der eben herauskommt durch diese Aneignung der eignen surplus labour. Indes gehört diese Gestalt nur den Sphären an, deren sich die kapitalistische Produktionsweise realiter noch nicht bemächtigt hat.« (Marx, MEW 26.3: 349)

40 »Ist dieser Schmelztiegel (sc. der Übergangsklasse) nicht recht eigentlich der Ort des Klassenkampfs? Oder auf jeden Fall die ständige zentrale (die ›Mitte‹ betonende) Erinnerung daran, daß die wesentliche Zweipoligkeit im Kapitalismus – das Sich-gegenüber-Stehen der besitzlosen und der besitzenden Klasse –, weit davon entfernt, die gesellschaftlichen Protagonisten in dieser Zweipoligkeit erstarren zu lassen, selbst in einem immer schon verwobenen Geflecht eingeschlossen ist? Bildet dann aber das Kleinbürgertum im Inneren der Theorie nicht den Zwang der Geschichte selbst ab?« (Art. Kleinbürgertum.. 1986: 643)

41 Die Gleichung (auch wenn sie nicht in jedem Fall zutrifft) ist plausibel: Der proletarische Sozialist (als Praktiker) träumt vom Kleinbürgerdasein, welches der bürgerliche Sozialist (als Theoretiker) verdammt; ». . . .so stellt sich in der Praxis gewöhnlich die merkwürdige Tatsache heraus, daß man die. . . ›kleinbürgerlichste‹ Auffassung bei Leuten findet, die, selbst der Arbeiterklasse angehörig, in intimster Berührung mit der wirklichen proletarischen Bewegung stehen, während der bürgerlichen Klasse angehörige oder in bürgerlichen Verhältnissen lebende Leute, die entweder gar keine Fühlung mit der Arbeiterwelt haben, oder sie nur aus politischen, von vornherein auf einen gewissen Ton gestimmten Versammlungen kennen, von proletarisch-revolutionärer Stimmung überfließen.« (Bernstein 1921: 58f.)

42 »Der Kleinbürger ist mitunter ›wütend‹ über das Kapital, ist aber seine Wut verraucht, so hat er gleich wieder Vertrauen zu den Kapitalisten, setzt er seine Hoffnungen wieder auf den ›Staat‹. . . der Kapitalisten!« (Lenin, 1970,3: 283f.)

43 Ähnlich: ». . . offenbaren sie ihre Kleinbürgerlichkeit gerade dadurch, daß sie die kleinbürgerliche Anarchie als den *Haupt*feind des Sozialismus bei uns *nicht sehen*.« (Lenin, 1970,4: 394) »In der Tat entscheidet alles der Ausgang des Kampfes des Proletariats gegen die Bourgeoisie, während die Zwischen-, die Mittelklassen (einschließlich des ganzen Kleinbürgertums und also auch der ganzen ›Bauernschaft‹) unvermeidlich zwischen diesem und jenem Lager schwanken. Es geht um den Anschluß dieser Zwischenschichten an eine der Hauptkräfte, an das Proletariat oder an die Bourgeoisie. Etwas anderes *kann es gar nicht geben*: wer das ›Kapital‹ von Marx gelesen und das nicht begriffen hat,

der hat von Marx gar nichts begriffen..., der ist in Wirklichkeit ein Philister und Kleinbürger, der blind hinter der Bourgeoisie einhertrottet.« (Lenin 1970, 5: 148f.)

44 Vgl. auch: Aufhäuser 1931; Dreyfuß 1933; Fromm 1980a; Lederer: Die Umschichtung des Proletariats und die kapitalistischen Zwischenschichten vor der Krise. In: Lederer 1979: 172–185.

45 »... die theoretische Feststellung ›Eure Proletarisierung liegt auf dem Weg zu unsrem Ziel‹ und das sichtliche Eintreffen der Voraussage legten den Mittelschichten den Gedanken nahe, vielen Maßnahmen der Sozialdemokratie geradezu die Absicht der Förderung dieses Verelendungsprozesses unterzuschieben.« (Geiger 1931b: 624)

46 »Wenn Zwei- und Dreiklassentheorie als These und Gegenthese auftreten, so kommt das nur daher, daß beide von vornherein schon bestimmte pragmatische Absichten enthalten. Die eine lautet ›Eroberung des expropriierten Bürgertums für den Sozialismus‹, die andere ›konservierende Mittelstandspolitik‹.« (Geiger 1932: 124)

47 Die fiktiv gewordene Bürgerlichkeit des Angestelltendaseins schildert Marbach ähnlich Kracauer: »Die Bügelfalten des kleinen Angestellten sind ein Protest gegen dieses kollektive Schicksal (sc. der Proletarisierung) und eine Demonstration des Willens, am alten gesellschaftlichen Range wenigstens ideell noch festzuhalten.« (Marbach 1942: 390) »Am Samstagabend legt er sein gutes Kleid unter die Matratze, um es am anderen Morgen gratis ›gebügelt‹ vorzufinden. Am Sonntag scheint es neu zu sein, es ist aber immer noch das alte.« (Marbach 1942: 388)

48 Vgl. Mannheim 1984: 92–98. Allerdings meint Mannheim zunächst nicht die Ideologie: »*Traditionalistisches* Handeln ist *fast rein reaktives Handeln. ›Konservatives‹ Handeln ist sinnorientiertes Handeln...*«[97]

49 »Gerade in Deutschland blieben bekanntlich das Prestige-Status-System und das kulturelle Leben bis ins Dritte Reich hinein durch vorkapitalistisch-ständische Elemente zutiefst geprägt.« (Kocka 1979: 148)

50 Die ausführlichste Analyse zu den einzelnen mittelständischen »Schutzverbänden«, speziell der kleinen Kaufleute, bietet: Gellately 1974. Vgl. auch: Hamel 1967; Volkov 1978.

51 Der Grund: »... wohl trägt der ganze Stand die Schuld Jahrhunderte langer Lethargie und kleinlicher Spießbürgerei« (vgl. Schmoller 1870: 671).

52 Die harmonistische Zielvorstellung Schmollers ist entsprechend ein »historischer Kompromiß« zwischen Monarchie und Arbeiterbewegung, wie er ihn im »Burgfrieden« nach 1914 in Ansätzen verwirk-

licht sieht. So ».. . wird mit der Zeit eine große politische radikale Arbeiterreformpartei entstehen, die auf den Boden des heutigen Staates sich stellt, ihn politisch und sozial reformieren, aber nicht mehr die Diktatur des Proletariats anstreben will.« (Schmoller 1918: 619)

53 »So wäre denn das Endergebnis der sozialen Revolution des neunzehnten Jahrhunderts für Deutschland dieses: in den Niederungen des Volkes ist eine grundstürzende Veränderung zu verzeichnen: eine große Klasse, das Proletariat, ist neu entstanden und bildet jetzt die breite Basis des gesellschaftlichen Baues. Das Handwerkertum hat sich annähernd in seinem Bestande erhalten, ist aber in die Defensive gegenüber dem Kapitalismus gedrängt. Auf den Höhen der Gesellschaft wandeln statt der ehedem einzigen Klasse jetzt zwei. Zwischen diesen ist eine Art von Teilung der äußeren Güter eingetreten: die eine hat das Geld, die andere Macht und Ansehen.« (Sombart 1903: 547)

54 »Welche Bilder steigen da vor unserem geistigen Auge auf! Die abends schon um neun oder zehn Uhr stille, ausgestorbene Stadt, mit den lauschigen Winkeln und Gäßchen, in die verstohlen der Mond hineinlugt, und wo im Schatten eines Brunnens, eines Erkers ein verspätetes Liebespaar sich scheu zusammenduckt und nur hier und da ein Nachtschwärmer mit seinem Lichtchen wie ein Irrwisch vorüberhuscht. Es waren große Ereignisse, wenn in diese Stille hoch vom Turm die große Glocke ihr dumpfes Feuersignal ertönen ließ und die schlaftrunkenen Bürger aus den Betten an die Wassertonnen und ungefügen Handfeuerspritzen rief. Für gewöhnlich störte den Frieden der ruhenden Stadt nichts als das Gestöhne verliebter Kater und der Ruf des Käuzchens, das um die Kirchengemäuer flatterte. Und dann freilich: von Stunde zu Stunde die getragene Weise, die der langsam daherwandelnde Hüter der nächtlichen Ordnung seinem Horne entlockte. Ich möchte sagen: wenn der Omnibus und heute elektrische Straßen-, Hoch- und Untergrundbahn Wahrzeichen der modernen Großstadt sind, so war eine Art von Symbol altstädtischen Wesens, wie es sich bis in die Mitte des neunzehnten Jahrhunderts in Deutschland erhielt: der *Nachtwächter* mit Spieß und Horn. Ausdruck einer kindlichen Unbeholfenheit und Rückständigkeit in technischen Dingen. Aber dafür noch voller Ursprünglichkeit und Naturzugehörigkeit, wie wir sie heute nicht mehr kennen.« (Sombart 1903: 21)

55 Hoermanns »Definition« des Mittelstandes enthält drei Kriterien (vgl. Hoermann 1912: 10ff.): 1. Sichere Existenz (Stand); 2. Verbindung von Kapital und Arbeit (diese »ergänzen sich wie Mann und Weib«); 3. Mittleres Maß in Einkommen und Besitz.

56 »Man glaubt der Idee, daß ein heutiges Volk durch eigenen Willen über sich herrschen wolle, nicht mehr trotzen zu können, aber man meint, diesem Gedanken seine mechanische Gewalt nehmen zu können, wenn man an seiner Stelle den ›organischen‹ Gedanken der berufsständischen Vertretung setze.« (Tönnies 1959: 628). Vgl. Berdahl 1982: 263–287

57 Zu Spann vgl. (neben Lebovics 1969: 109–138; Schneller 1970) Siegfried 1974. Seine Feststellung: »In keinem Fall läßt sich eine eindeutige Beziehung zwischen der universalistischen Lehre Spanns und den kleinbürgerlichen Mittelschichten feststellen…« (Siegfried 1974: 14), ändert nichts am kleinbürgerlichen Charakter dieser Lehre.

58 Spanns Zukunftsvision ist, »…daß es im Ständestaat auch *keine politischen Parteien im heutigen Sinne* geben kann, da es dann, indem die Interessenkämpfe größtenteils in den engeren Ständekampf abgeschoben sind, um die Idee, die Sache als solche, um die Kulturfragen als solche geht, nicht aber um die staatskonstruktiven Grundpositionen wie: aufgeklärter Absolutismus, monarchischer Liberalismus, Demokratie, Sozialpolitik, Kommunismus, auf denen die heutigen Parteien vornehmlich beruhen… Neben dem Ständehaus bedarf es daher keines politischen Volkshauses mehr, es sei denn übergangsweise.« (vgl. Spann 1972: 315f.)

59 »Wir haben alle diese romantischen Phantasien, welchen ja für den Kundigen der Ehre ernster Widerlegung nicht wert sind, hier nur erwähnt, weil diese ganz ungeschichtlichen Konstruktionen immerhin den einen Schaden anrichten: die Wasserscheu des deutschen Spießbürgertums (aller Schichten) vor dem Eintauchen in die spezifisch *moderne* Problemlage noch zu steigern, es noch weltfremder und unpolitischer zu machen. Ob denn wohl… einer von diesen Tintenfaßromantikern vom Wesen des *wirklichen* ›Ständestaats‹ der Vergangenheit eine klare Anschauung hat? Verworrene Vorstellungen über eine ›Gliederung der Gesellschaft‹ nach den ›natürlichen Berufen‹ in ›ständischen Gemeinschaften‹, den Trägern ›christlicher Brüderlichkeitsethik‹, und von einem ›stufenförmigen Aufbau‹ mit dem geistlichen Weltmonarchen an der Spitze verhüllen die *absolute Unkenntnis* über das, was hinter diesem, teils den Ideologien der philosophischen Literatur, teils aber sehr modern rationalistischen Organisationsbegriffen entnommenen Bilde an Realitäten wirklich stand. Denn diese sahen anders aus.« (Weber 1981 b: 296)

60 Vgl. die Spann-Kritik des NS-Soziologen J. Beyer (1941: 173–239). Auch Lebovics verweist auf die Differenzen zur NS-Ideologie:

»...Korporatismus (sogar Spanns Version) und Totalitarismus sind inkompatibel, zum mindesten in der Theorie« (vgl. Lebovics 1969: 134; Übers. B.F.). Es bleibt zu fragen, ob nicht erst die Berücksichtigung auch der indirekten, praktischen Effekte solcher Ideologien deren ganze Wahrheit zu Tage fördert.

61 Die »sprachphysiognomische« Arbeit Adornos enthält die Ideologiekritik auch des kleinbürgerlichen Jargons der Eigentlichkeit. (Ihr Beispiel, die Philosophie Martin Heideggers, soll damit freilich keineswegs mit der O. Spanns auf eine Stufe gestellt werden.) Die tatsächliche Unsicherheit des kleinbürgerlichen Antirationalismus zeigt sich immer, wo der Widerpart ins Visier genommen wird. Hier regiert reines Ressentiment, wie Spanns Einlassungen zum »Dämon Marx« und dessen Persönlichkeit (»Machtverlangen, Herrschsucht, Groll, Gleichheitspsychose«) verraten. (Vgl. Spann 1972: 187) »Der Materialist, der Skeptiker ist nie genial, denn er ist kalten Herzens, er fühlt nicht die innere Größe der Dinge, er vermag daher das Unerläßliche, die Ehrfurcht vor dem Wirklichen nicht zu erringen; er hat der Menschheit nichts zu sagen.« (Spann 1972: 189)

62 Als besten Überblick vgl. Saage 1976: 85–148. Ferner: Falter 1982 (Zur Kritik an Lipset u.a.); Grebing 1974: 82–110; Grebing 1986; 187–191; Jaschke 1982: 134–244; Leppert-Fögen 1974: 259–329; Lipset 1962: 135–161; Schweitzer 1964: 60–110 (Deutsch: Schweitzer 1970); Winkler 1972: 157–182.

63 Zur Soziologie der Parteimitglieder vgl. Mann 1980; Kater 1971; zur Wählersoziologie vgl. Childers 1976; Hamilton 1982; Falter 1982/1984; Falter/Lindenberger/Schumann 1986. Bislang wenig beachtet sind die vielen Klein- und Kleinstparteien der 20er Jahre. Hier scheint (bis 1932!) ein nicht unbeträchtliches kleinbürgerliches Potential beheimatet gewesen zu sein, etwa unter den diversen »Aufwertungs-«, »Inflationsgeschädigten-« und Hausbesitzer-Parteien (vgl. Falter/Lindenberger/Schumann 1986: 49–60).

64 Zur Sozialpsychologie der Freikorps vgl. Theweleit 1980,2: 144–340.

65 »Antimassen-Psychose als Massenpsychose, idealistische Verachtung des ›Materialismus‹ wie ihn sich die Spießer vorstellen als Spiegelbild ihrer eigenen Praxis, ›Volk‹ als Gefolgschaft der Herren mit zünftigem Aufmarsch auf der Festwiese von Nürnberg, eine schöne Sonntagserhebung, die Spitzen der Nation sind dabei, Reaktion mit Eichenlaub und Schwertern plus Krummkreuz und 48er Maibäumen, geblümt als Revolution, schließlich pure Existenznot, Chaosangst als Unterwerfungshysterie unter den ›Führer‹, das alles brachte ›sein‹ Volk zu Hitler und diesen an die Seite der Herren; Revolution mit Erlaubnis

des Herrn Reichspräsidenten. Erst aus dieser unheimlich geschürten Psychose und Komplexbereitschaft derer, die eben mehr zu verlieren haben als ihre Ketten, erst aus dieser Praxis des tatsächlichen Klassenkampfes (der viel mehr birgt als nur Klassen-›Bewußtsein‹, nämlich Klassenhaß und Klassenhysterie) folgt an zweiter und dritter Stelle die Blindheit für die Theorie der Arbeiterbewegung. Angst, die das ›Unten‹ blutrot malt, Blindheit, die es schwärzt, sind deshalb auch nicht rein theoretisch widerlegbar, aber auch nicht durch simple ›Praxis‹ ohne aufgewiesenen Leitstern... Die Angst vor der ›allgemeinen Proletarisierung‹ nach erfolgter Umwälzung stammt nämlich aus der Vorstellung eines Rattenzuges, der über die vorhandenen Vorräte herfällt und alles ratzekahl hinterläßt, um dann übereinander herzufallen.« (Schumacher 1937: 126)

66 Zum Problem politischer Angst und sozialer Entfremdung vgl.: Neumann 1954

67 Vgl. hierzu die von Jäckel (1981) vorgenommene Dreigliederung der Weltanschauung Hitlers: »Die Eroberung von Raum; die Entfernung der Juden; der Staat als Mittel zum Zweck«. Poulantzas (1973: 277 ff.) faßt elf Aspekte der Konvergenz kleinbürgerlicher und faschistischer Ideologie zusammen:

   1. Die Überhöhung des Staatsgedankens
   2. Ablehnung des bestehenden bürgerlichen Rechtssystems
   3. Elitedenken
   4. Rassismus-Antisemitismus
   5. Nationalismus
   6. Militarismus
   7. Antiklerikalismus
   8. Die spezifische große Rolle der »Familie«
   9. Die besondere Rolle der Erziehung
  10. »Obskurantismus« und »Anti-Intellektualismus«
  11. Der ständische Aspekt in seiner spezifisch kleinbürgerlichen Form.

68 »Unter der deutschen Republik hat eine ganze Reihe von echten Kleinbürgerbewegungen eine politische Rolle gespielt: die Wirtschaftspartei des Mittelstandes, die Aufwertungspartei, die verschiedenen Bauernverbände usw. Man braucht die Praxis dieser wirklichen Kleinbürgerparteien nur mit den Nazis vergleichen, um sofort den Unterschied zu erkennen.« (Rosenberg 1934: 1448)

69 »Antisemitismus läßt sich nicht einfach als Reaktion auf ökonomisches Mißgeschick erklären. Bauern, Handwerker, Gewerbetreibende, Studenten, Professoren, Offiziere und Beamte wurden von der wirtschaftlichen Entwicklung auf ganz verschiedene Weise betrof-

fen. Gemeinsam aber war diesen Gruppen ein ausgeprägtes Bewußtsein ihrer gesellschaftlichen Stellung und deshalb die Furcht vor der ihnen drohenden Deklassierung. Um ihre soziale Position verteidigen zu können, entwickelten sie undemokratische Ideologien. Verdächtig erschien ihnen zumal das parlamentarische Herrschaftssystem nach westlichem Muster, weil es eine gesellschaftliche und politische Umschichtung gebracht und die Standesgesellschaft beseitigt hatte, von der ihre Position abzuhängen schien. Sie waren standesbewußt, nicht klassenbewußt, und die wachsende Diskrepanz zwischen den materiellen Bedingungen ihres Lebens und den gesellschaftlichen Vorrechten ihrer Stellung verstärkte das erst recht. Je ärmer sie wurden, desto entschiedener widersetzten sie sich ihrer Proletarisierung.« (Massing 1959: 1241 f.)

70 Vgl. Wilhelm/Schlüter 1925. Bedeutungsvoll ist diese Schrift weniger durch ihren sachlichen Gehalt als durch ihren irrationalistischen Gestus, eine Art sich überschlagende lebensphilosophische Pose, in der die prekäre Lage des Mittelstandes voll durchbricht: »Zivilisation werde wieder Zuchtgefüge. Ein Zuchtgefüge ist ein Formen-Insgesamt als Träger gruppenlebenseigener Ideen, die in der allseitigen Durchdringung der Volksmasse einen lebensbeherrschenden Einfluß auf alle Einzelglieder des Gruppenganzen ertätigen. Hirnleben ist ein Insgesamt von Führungsformen, die als Träger seellebenseiniger Ideen in allseitiger Durchdringung des Lebenszumals eine beherrschende Steuerungsgewalt über alle Einzelerlebnisformen ausüben. Echtes Standesleben als Gesamtzuchtführung und Hirnleben als Selbstzuchtführung sind darum organisch aufeinander bezogen, sind, wenn Gesundheit auf beiden Seiten waltet, einander zu- und eingepaßt im lebendigen Zumal der Selbstentfaltung und Gruppenentfaltung.« (Wilhelm/Schlüter 1925: 84f.) Zu den Autoren, sächsischen Funktionären der Wirtschaftspartei (später »Reichspartei des deutschen Mittelstandes«), vgl. Schumacher 1970: 50.

71 Die Begründung: »Der Klassengedanke findet im menschlichen Körper kein Gegenstück. Er ist daher im Grunde genommen gegen die Gesellschaft und das Volk gerichtet.« (Jeschke 1932: 65)

72 Zu der sich hier anschließenden faschismustheoretischen Frage des »Primats der Politik« vgl. Saage 1976: 138–148

Literatur

Abel, Wilhelm (Hg.), 1978: *Handwerksgeschichte in neuer Sicht.* Göttingen

Abendroth, Wolfgang (Hg.), 1967: *Faschismus und Kapitalismus.* Theorien über die sozialen Ursprünge und die Funktion des Faschismus. In: Kleine Bibliothek des Wissens und des Fortschritts Bd. 3. Frankfurt/M. 1982: 1311–1494

Adorno, Theodor W., 1958: *Philosophie der neuen Musik.* In: Ders.: Gesammelte Schriften 12. Frankfurt/M. 1975.

Adorno, Theodor W., 1959: *Theorie der Halbbildung.* In: Ders.: Gesammelte Schriften Bd. 8. Frankfurt/M. 1980: 93–121

Adorno, Theodor W., 1964: *Jargon der Eigentlichkeit.* In: Ders.: Gesammelte Schriften Bd. 6. Frankfurt/M. 1984: 413–526

Adorno, Theodor W., 1976: *Studien zum autoritären Charakter.* Frankfurt/M.

Angel-Volkov, Shulamit, 1974: *Popular Anti-Modernism.* Ideology and Sentiment Among Master-Artisans During the 1890s. In: Jahrbuch des Instituts für Deutsche Geschichte 3. Tel-Aviv: 202–225

Aristoteles, 1975: *Die Grundlage der relativ besten Verfassung: Ein breiter Mittelstand.* In: Bergstraesser, A./Oberndörfer, D. (Hg.): Klassiker der Staatsphilosophie Bd. 1 Stuttgart: 46–48

Aufhäuser, Siegfried, 1931: *Ideologie und Taktik der Angestelltenbewegung.* Berlin

Aycoberry, Pierre, 1979: *La question nazie.* Les interpretations du nationalsozialisme. Paris

Baden, Hans-Jürgen, 1977: *Rechtfertigung des Bürgers.* Probleme eines verkannten Standes. Frankfurt/M. Berlin Wien

Barthes, Roland, 1964: *Mythen des Alltags.* Frankfurt/M. 1981

Bauer, Otto, 1936: *Der Faschismus.* In: Abendroth 1967: 1451–1475

Bechhofer, Frank/Elliot, Brian, 1976: *Persistance and Change: the petite bourgeoisie in industrial society.* In: Archives Européennes 17: 74–99

Bechhofer, F./Elliot, B. (Hg.), 1981: *The petite bourgeoisie.* Comparative studies of the uneasy stratum. London

Berdahl, Robert u.a., 1982: *Klassen und Kultur. Sozialanthropologische Perspektiven in der Geschichtsschreibung*. Frankfurt/M.

Berend, Alice, 1962: *Die gute alte Zeit*. Bürger und Spießbürger im 19. Jahrhundert. Hamburg

Bergmann, Jürgen, 1971: *Das »Alte Handwerk« im Übergang*. In: Büsch, O. (Hg.): Untersuchungen zur Geschichte der frühen Industrialisierung. Berlin: 224–269

Bergmann, Jürgen, 1984: *Das Handwerk in der Revolution von 1848*. In: Engelhart 1984: 320–346

Bernstein, Eduard, 1921: *Die Voraussetzungen des Sozialismus und die Aufgaben der Sozialdemokratie*. Stuttgart Berlin (Neudruck Bonn-Bad Godesberg 1977)

Beyer, Justus, 1941: *Die Ständeideologien der Systemzeit und ihre Überwindung*. Darmstadt

Bloch, Ernst, 1923: *Geist der Utopie*. Frankfurt/M 1980

Bloch, Ernst, 1935: *Erbschaft dieser Zeit*. Frankfurt/M. 1972

Bloch, Ernst, 1959a: *Das Prinzip Hoffnung*. 3 Bde. Frankfurt/M. 1979

Bloch, Ernst, 1959b: *Spuren*. Frankfurt/M. 1985

Bloch, Ernst, 1970: *Politische Messungen*. Pestzeit. Vormärz. Frankfurt/M.

Bloch, Ernst, 1972: *Vom Hasard zur Katastrophe*. Politische Aufsätze aus den Jahren 1934–1939. Frankfurt/M.

Bloch, Ernst, 1978: *Über Ungleichzeitigkeit, Provinz und Propaganda*. In: Ders.: Tendenz-Latenz-Utopie. Ergänzungsband zur Gesamtausgabe. Frankfurt/M.: 209–220

Böhme, Helmut (Hg.), 1968: *Probleme der Reichsgründung 1848–1870. Köln Berlin*

Bourdieu, Pierre, 1984: *Die feinen Unterschiede*. Kritik der gesellschaftlichen Urteilskraft. Frankfurt/M.

Bracher, Karl-Dietrich, 1971: *Die Auflösung der Weimarer Republik*. Villingen

Brauer, Theodor, 1927: *Mittelstandspolitik*. In: Grundriß der Sozialökonomik 9/II Tübingen: 368–410

Braun, Siegfried/Fuhrmann, Jochen, 1970: *Angestelltenmentalität*. Berufliche Position und gesellschaftliches Denken der Industrieangestellten. Neuwied Berlin

Braunthal, Alfred, 1930: *Die ökonomischen Wurzeln des nationalsozialistischen Wirtschaftsprogramms*. In: Die Gesellschaft 7/2: 486–499

Broszat, Martin, 1973: *Soziale und psychologische Grundlagen des Nationalsozialismus*. In: Feuchtwanger, Edgar J. (Hg.): Deutschland – Wandel und Bestand. S. 129–154. Frankfurt/M.

Brunner, Otto, 1968: *Neue Wege der Wirtschafts- und Sozialgeschichte*. Göttingen.

Brupbacher, Fritz, 1979: *Hingabe an die Wahrheit*. Berlin

Childers, Thomas, 1976: *The social Bases of the National Socialist Vote*. In: Journal of Contemporary History 14: 17–42

Clemenz, Manfred, 1972: *Gesellschaftliche Ursprünge des Faschismus*. Frankfurt/M.

Conze, Werner, 1978: *Art. Mittelstand*. In: Brunner, Otto u.a. (Hg.): Geschichtliche Grundbegriffe Bd. 4. Stuttgart: 49–92

Croner, Fritz, 1928: *Die Angestelltenbewegung nach der Währungsstabilisierung*. In: Archiv für Sozialwissenschaft und Sozialpolitik Bd. 60: 103–147

Crossick, Geoffrey (Hg.), 1977: *The Lower Middle Class in Britain 1870–1914*. London

Crossick, G./Haupt, H.-G. (Hg.), 1984: *Shopkeepers and master artisans in nineteenth century Europe*. London New York

Daheim, Hans J., 1960: *Die Vorstellungen vom Mittelstand*. In: Kölner Zeitschrift für Soziologie und Sozialpsychologie 12: 237–277

Dahrendorf, Ralf, 1961: *Gesellschaft und Freiheit*. München

Dahrendorf, Ralf, 1965: *Gesellschaft und Demokratie in Deutschland*. München

Dittrich, Manfred, 1939: *Die Entstehung der Angestelltenschaft in Deutschland*. Stuttgart

Dreyfuß, Carl, 1833: *Beruf und Ideologie der Angestellten*. München Leipzig

Eder, Klaus, 1985: *Geschichte als Lernprozeß?* Zur Pathogenese politischer Modernität in Deutschland. Frankfurt/M.

Engelhart, Ulrich (Hg.), 1984: *Handwerker in der Industrialisierung*. Lage, Kultur und Politik vom späten 18. bis ins frühe 20. Jahrhundert. Stuttgart.

Engels, Friedrich: Siehe Marx, Karl

Engelsing, Rolf, 1973: *Zur Sozialgeschichte deutscher Mittel- und Unterschichten*. Göttingen

Falter, Jürgen, W., 1982: *Radikalisierung des Mittelstandes oder Mobilisierung der Unpolitischen?* Die Theorien von Seymour Martin Lipset und Reinhard Bendix über die Wählerschaft der NSDAP im Lichte neuerer Forschungsergebnisse. In: Steinbach, Peter (Hg.), 1982: Probleme politischer Partizipation im Modernisierungsprozeß. Stuttgart 438–469

Falter, Jürgen W., 1984: *Die Wähler der NSDAP 1928–1933*. Sozialstruktur und parteipolitische Herkunft. In: Michalka, Wolfgang (Hg.): Die nationalsozialistische Machtergreifung. Paderborn München Wien: 47–59

Falter, J.W./Lindenberger, T./Schumann, S., 1986: *Wahlen und Abstimmungen in der Weimarer Republik*. Materialien zum Wahlverhalten 1919–1933. München

Fischer, Wolfram, 1964: *Das deutsche Handwerk in den Frühphasen der Industrialisierung*. In: Zeitschrift für die gesamte Staatswissenschaft. Bd. 120. Göttingen

Fischer, Wolfram, 1972: *Wirtschaft und Gesellschaft im Zeitalter der Industrialisierung*. Göttingen

Freud, Anna, 1982: *Das Ich und die Abwehrmechanismen*. München

Freyer, Hans, 1931: *Revolution von rechts*. Jena

Freyer, Hans, 1959: *Art. Bürgertum*. In: Handwörterbuch der Sozialwissenschaften Bd. 2. Stuttgart Tübingen Göttingen: 452–456

Friedemann, Peter (Hg.), 1978: *Materialien zum politischen Richtungsstreit in der deutschen Sozialdemokratie 1890–1917* 2 Bde. Frankfurt/M. Berlin Wien

Fritzsche, Klaus, 1976: *Politische Romantik und Gegenrevolution*. Fluchtwege in der Krise der Gesellschaft: Das Beispiel des ›Tat‹-Kreises. Frankfurt/M.

Fromm, Erich, 1980a: *Arbeiter und Angestellte am Vorabend des Dritten Reiches*. Stuttgart

Fromm, Erich, 1980b: *Die Furcht vor der Freiheit*. Frankfurt/M.

Gablenz, Otto Heinrich v.d., 1961: *Art. Mittelstand*. In: Handwörterbuch der Sozialwissenschaften Bd 7. Stuttgart Tübingen Göttingen

Gabriel, Alexander (i.e. Baran, Paul), 1932: *Kryptomarxismus*. In: Die Gesellschaft 9/1.: 415–428

Gall, Lothar, (Hg.), 1980: *Liberalismus*. Königstein/Ts.

Gall, Lothar/Koch, Rainer (Hg.), 1981: *Der europäische Liberalismus im 19. Jahrhundert*. 4 Bde. Frankfurt/M. Berlin Wien

Geiger, Theodor, 1930: *Panik im Mittelstand*. In: Die Arbeit 7: 637–654

Geiger, Theodor, 1931a: *Zur Kritik der Verbürgerlichung*. In: Die Arbeit 8: 534–553

Geiger, Theodor, 1931b: *Die Mittelschichten und die Sozialdemokratie*. In: Die Arbeit 8: 617–635

Geiger, Theodor, 1932: *Die soziale Schichtung des deutschen Volkes*. Stuttgart (Neudruck 1967)

Geiger, Theodor, 1949: *Die Klassengesellschaft im Schmelztiegel*. Köln Hagen

Gellately, Robert, 1974: *The politics of economic despair.* Shopkeepers and German Politics 1890–1914. London Beverly Hills

Giddens, Anthony, 1984: *Die Klassenstruktur fortgeschrittener Gesellschaften.* Frankfurt/M.

Glaser, Hermann, 1985: *Spießer-Ideologie.* Frankfurt/M.

Grebing, Helga, 1974: *Aktuelle Theorien über Faschismus und Konservatismus.* Stuttgart u. a.

Grebing, Helga, 1986: *Der ›deutsche Sonderweg‹ in Europa 1806–1945. Eine Kritik.* Stuttgart Berlin Köln Mainz

Grießinger, Andreas, 1981: *Das symbolische Kapital der Ehre.* Streikbewegungen und kollektives Bewußtsein deutscher Handwerksgesellen im 18. Jahrhundert. Frankfurt/Main Berlin Wien

Groh, Dieter, 1972: *Cäsarismus, Napoleonismus, Bonapartismus, Führer, Imperialismus.* In: Brunner, Otto u. a. (Hg.): Geschichtliche Grundbegriffe Bd. 1. Stuttgart 726–771

Grossmann, Henryk/Grünberg, Carl, 1971: *Anarchismus, Bolschewismus, Sozialismus.* Aufsätze aus dem »Wörterbuch der Volkswirtschaft (Hg. C. Pozzoli). In: Kleine Bibliothek des Wissens und des Fortschritts Bd. 2. Frankfurt/M. 1982/ 0007–0347

Grünberg, Emil, 1932: *Der Mittelstand in der kapitalistischen Gesellschaft.* Leipzig

Guérin, Daniel, 1967: *Anarchismus.* Begriff und Praxis. Frankfurt/M.

Hahn, Manfred (Hg.), 1974: *Vormarxistischer Sozialismus.* Frankfurt/M.

Haltern, Utz, 1985: *Bürgerliche Gesellschaft: Sozialtheoretische und sozialhistorische Aspekte.* Darmstadt

Hamel, Iris, 1967: *Völkischer Verband und nationale Gewerkschaft.* Der deutschnationale Handlungsgehilfenverband 1893–1933. Frankfurt/M.

Hamilton, Richard F., 1982: *Who voted for Hitler?* Princeton

Hartfiel, Günter, 1961: *Angestellte und Angestelltengewerkschaften in Deutschland.* Berlin

Haupt, Heinz-Gerhard (Hg.), 1978: *»Bourgeois und Volk zugleich?«* Zur Geschichte des Kleinbürgertums im 19. und 20. Jahrhundert. Frankfurt/M. New York

Haupt, Heinz-Gerhard (Hg.), 1985a: *Die radikale Mitte.* Lebensweise und Politik von Handwerkern und Kleinhändlern in Deutschland seit 1848. München.

Haupt, Heinz-Gerhard, 1985b: *Sind Mittelklassen Mittelklassen?* Handwerker und Kleinhändler in Frankreich zwischen 1850 und 1915. In: Prokla 61: 1239–153

Hegel, Georg Wilhelm Friedrich, 1976: *Grundlinien der Philosophie des*

Rechts. Frankfurt/M.

Heimel, Barbara, 1977: *Mittelschichten – Brutstätten des Faschismus?* In: Kühnl, R./Hardach, G. (Hg.): Die Zerstörung der Weimarer Republik. Köln: 181–213

Heitmüller, Wilhelm, 1933: *Das Handwerk in der neuen Zeit.* Berlin

Helms, Hans G., 1966: *Die Ideologie der anonymen Gesellschaft.* Köln

Hennig, Eike, 1977: *Bürgerliche Gesellschaft und Faschismus in Deutschland.* Ein Forschungsbericht. Frankfurt/M.

Hoermann, Franz, 1912: *Glücklicher Mittelstand.* Mittelstandsbilder und Mittelstandspolitik. Trier

Horkheimer, Max, 1939: *Die Juden in Europa.* In: Zeitschrift für Sozialforschung 8: 115–137

Horkheimer, Max/Adorno, Theodor W., 1947: *Dialektik der Aufklärung.* Amsterdam

Hüfner, Adam, 1930: *Wandlungen der Wirtschaftsideologie des Nationalsozialismus.* In: Die Arbeit 7: 190–195

Institut für Sozialforschung (Hg.), 1936: *Studien über Autorität und Familie.* Paris

Jäckel, Eberhard, 1981: *Hitlers Weltanschauung.* Entwurf einer Herrschaft. Stuttgart

Jaschke, Hans-Gerd, 1982: *Soziale Basis und soziale Funktion des Nationalsozialismus.* Studien zur Bonapartismustheorie. Opladen

Jeschke, Paul, 1932: *Das Handwerk an Deutschlands Scheideweg.* 1. Band: Volk und Staat. Berlin

Jeschke, Paul, 1933: *Das Handwerk an Deutschlands Scheideweg.* 2. Band: Recht und Wirtschaft. Mannheim Berlin Leipzig

Jobst, Rudolf, 1930: *Die deutsche Angestelltenbewegung in ihrer grundsätzlichen Stellung zu Kapitalismus und Klassenkampf.* Jena

Jochmann, Werner, 1985: *Struktur und Funktion des deutschen Antisemitismus 1878–1933.* In: Strauss, H.A./Kampe, N. (Hg.): Antisemitismus. Bonn: 99–142

Jung, Dirk, 1982: *Vom Kleinbürgertum zur deutschen Mittelschicht.* Analyse einer Sozialmentalität. Saarbrücken

Kadritzke, Niels, 1976: *Faschismus und Krise.* Zum Verhältnis von Politik und Ökonomie im Nationalsozialismus. Frankfurt/M. New York

Kadritzke, Ulf, 1975: *Angestellte – Die geduldigen Arbeiter.* Zur Soziologie und sozialen Bewegung der Angestellten. Frankfurt/M. Köln

Karfiol, R., 1934: *Mittelstandsprobleme.* Köln

Kater, Michael H., 1971: *Zur Soziographie der früheren NSDAP.* In: Vierteljahreshefte für Zeitgeschichte 19: 124–159

»Kleinbürgertum, Kleinbourgeoisie, Mittelstand«, 1986. Artikel in: Kritisches Wörterbuch des Marxismus Bd. 4 (Hg. W. F. Haug) Berlin

Klemm, Volker, 1968: Größe und Grenzen der kleinbürgerlich-demokratischen Bewegung in der Revolution von 1848/49 in Deutschland. Berlin

Kocka, Jürgen, 1969: Unternehmensverwaltung und Angestelltenschaft am Beispiel Siemens 1847–1914. Stuttgart

Kocka, Jürgen, 1977: Angestellte zwischen Faschismus und Demokratie. Göttingen

Kocka, Jürgen, 1979: Stand – Klasse – Organisation. Strukturen sozialer Ungleichheit in Deutschland vom späten 18. bis zum frühen 20. Jahrhundert im Aufriß. In: Wehler 1979: 173–165

Kocka, Jürgen, 1981 a: Ursachen des Nationalsozialismus. In: Aus Politik und Zeitgeschichte Bd. 25: 3–15

Kocka, Jürgen, 1981 b: Die Angestellten in der deutschen Geschichte 1850–1980. Göttingen

Kocka, Jürgen, 1983: Lohnarbeit und Klassenbildung. Berlin Bonn

Kodron-Lundgren, Christa/Kodron, Christoph, 1978: 20 000 000 unterm Regenbogen. München

Kofler, Leo, 1976: Zur Geschichte der bürgerlichen Gesellschaft. Darmstadt Neuwied

Kool, F./Krause, W. (Hg.), 1967: Die frühen Sozialisten. Olten

Kowalski, Werner (Hg.), 1967: Vom kleinbürgerlichen Demokratismus zum Kommunismus. Zeitschriften aus der Frühzeit der deutschen Arbeiterbewegung (1834–1847) Berlin

Kracauer, Siegfried, 1971: Die Angestellten. Frankfurt/M.

Kracauer, Siegfried, 1977: Das Ornament der Masse. Frankfurt/M.

Kühnl, Reinhard (Hg.), 1979a: Texte zur Faschismusdiskussion I. Reinbek b. Hamburg

Kühnl, Reinhard (Hg.), 1979b: Faschismustheorien. Reinbek b. Hamburg

Küstermeier, Rudolf, 1931: Die Proletarisierung des Mittelstandes und die Verwirklichung des Sozialismus. In: Die Arbeit 8: S. 761–774

Küstermeier, Rudolf, 1933: Die Mittelschichten und ihr politischer Weg. Potsdam

Kursbuch 45, 1976: Wir Kleinbürger (Hg. K. M. Michel/H. Wieser). Berlin

Lassalle, Ferdinand, 1970: Reden und Schriften (Hg. F. Jenaczek) München

Lobovics, Herman, 1969: Social Conservatism and the Middle Classes in Germany 1914–1933. Princeton

Lederer, Emil, 1912: Die Privatangestellten in der modernen Wirtschaftsentwicklung. Tübingen

Lederer, Emil, 1979: *Kapitalismus, Klassenstruktur und Probleme der Demokratie in Deutschland 1910–1940*. Göttingen

Lederer, Emil/Marschak, Jakob, 1926: *Der neue Mittelstand*. In: Grundriß der Sozialökonomik 9/1, Tübingen: 120–141

Lenin, Wladimir Iljitsch, 1970ff.: *Ausgewählte Werke*. 6 Bde. Frankfurt/M.

Lenk, Kurt, 1971: *»Volk und Staat«*. Strukturwandel politischer Ideologien im 19. und 20. Jahrhundert. Stuttgart Berlin Köln Mainz

Lenk, Kurt, 1981: *Theorien der Revolution*. München

Lenk, Kurt, 1983a: Das Paradoxon des Nationalsozialismus. In: Geschichte und Gegenwart, 1: 3–23

Lenk, Kurt, 1983b: *Der ungewollte Flankenschutz*. Konservative in der Weimarer Republik. In: Neue Gesellschaft 12: 1133–1137

Lenk, Kurt/Franke, Berthold, 1987: *Theorie der Politik*. Eine Einführung. Frankfurt New York

Leppert-Fögen, Annette, 1974: *Die deklassierte Klasse*. Studien zur Geschichte und Ideologie des Kleinbürgertums. Frankfurt/M.: 44–65

Leppert-Fögen, Annette, 1976: *Arbeiterbewegung und Kleinbürgertum vor dem deutschen Faschismus*. In: Jahrbuch der Arbeiterbewegung 4 (Hg. C. Pozzoli) Frankfurt/M.

Lepsius, Rainer M., 1966: *Extremer Nationalismus*. Stuttgart Berlin Köln Mainz

Lessing, Theodor, 1986: *Ich warf eine Flaschenpost ins Eismeer der Geschichte*. Essays und Feuilletons (Hg. R. Warwedel). Darmstadt Neuwied

Lipset, Seymour M., 1962: *Faschismus – rechts, links und in der Mitte*. In: Ders.: Soziologie der Demokratie. Neuwied und Berlin

Locke, John, 1977: *Zwei Abhandlungen über die Regierung* (Hg. W. Euchner). Frankfurt/M.

Lukács, Georg, 1979: *Geschichte und Klassenbewußtsein*. Darmstadt Neuwied

Man, Hendrik de, 1931: *Sozialismus und Nationalfascismus*. Potsdam

Man, Hendrik de, 1933: *Die sozialistische Idee*. Jena

Mann, Heinrich, 1918: *Der Untertan*. München 1974

Mann, Reinhard (Hg.), 1980: *Die Nationalsozialisten*. Stuttgart

Mannheim, Karl, 1978: *Ideologie und Utopie*. Frankfurt/M.

Mannheim, Karl, 1984: *Konservatismus*. Ein Beitrag zur Soziologie des Wissens (Hg. Kettler, D. u.a.). Frankfurt/M.

Marbach, Fritz, 1933: *Gewerkschaft, Mittelstand, Fronten*. Bern

Marbach, Fritz, 1942: *Theorie des Mittelstandes*. Bern

Marcus, Hermann, 1977: *Der Spießerstaat*. Hamburg

Marcuse, Herbert, 1934: *Der Kampf gegen den Liberalismus in der totalitären*

Staatsauffassung. In: Zeitschrift für Sozialforschung 3: 161–195

Marx, Karl/Engels, Friedrich, 1956ff.: *Werke* (MEW) 42 Bde. Berlin

Massing, Paul W., 1959: *Vorgeschichte des politischen Antisemitismus*. In: Kleine Bibliothek des Wissens und des Fortschritts Bd. 3. Frankfurt/M. 1982: 1015–1309

Mauke, Michael, 1970: *Die Klassentheorie von Marx und Engels*. Frankfurt/M.

Meusel, Alfred, 1959: *Bürgertum*. In: Vierkandt, A. (Hg.): Handwörterbuch der Soziologie. Stuttgart: 90–99

Meyer, Ahlrich, 1977: *Frühsozialismus*. Theorien der sozialen Bewegung 1789–1848. Freiburg München

Michels, Robert, 1970: *Zur Soziologie des Parteiwesens in der modernen Demokratie*. Stuttgart

Möller, Helmut, 1969: *Die kleinbürgerliche Familie im 18. Jahrhundert*. Verhalten und Gruppenkultur. Berlin

Moeller van den Bruck, Arthur, 1931: *Das Dritte Reich*. Hamburg

Möser, Justus, 1970: *Patriotische Phantasien*. Stuttgart

Mommsen, Hans u.a. (Hg.), 1974: *Industrielles System und politische Entwicklung in der Weimarer Republik*. Düsseldorf

Moore, Barrington, 1984: *Ungerechtigkeit*. Die sozialen Ursprünge von Unterordnung und Widerstand. Frankfurt/M.

Morazé, Charles, 1968: *The Triumph of the Middle Classes*. A Political and Social History of Europe in the Nineteenth Century. New York

Müffelmann, Leo, 1913: *Die moderne Mittelstandsbewegung*. Leipzig

Mühlen, Patrick v.z., 1979: *Rassenideologien*. Berlin Bonn

Münch, Paul (Hg.). 1983: *Ordnung, Fleiß und Sparsamkeit*. Texte und Dokumente zur Entstehung der ›bürgerlichen Tugenden‹. München

Naumann, Friedrich, 1964: *Werke* 6 Bde. Köln Opladen

Nell-Breuning, Oswald v., 1960: *Art. Mittelstand*. In Staatslexikon (Hg. Görres-Gesellschaft) Bd. 5. Freiburg: 783–790

Neisser, Hans, 1930: *Sozialstatistische Analyse des Wahlergebnisses*. In: Die Arbeit 7: 654–659

Neumann, Franz L., 1954: *Angst und Politik*. In: Ders.: Wirtschaft, Staat, Demokratie (Hg. A. Söllner). Frankfurt/M. 1978: 424–459

Neumann, Franz, L., 1977: *Behemoth*. Struktur und Basis des Nationalsozialismus 1933–1944. Frankfurt/M.

Niekisch, Ernst, 1953: *Das Reich der niederen Dämonen*. Hamburg

Niekisch, Ernst, 1965: *Politische Schriften*. Köln Berlin

Nipperdey, Thomas, 1983: *Deutsche Geschichte 1800–1866*. München

Noll, Adolf, 1969: *Sozioökonomischer Strukturwandel in der zweiten Phase der Industrialisierung unter besonderer Berücksichtigung der Regierungsbezirke*

Arnsberg und Münster. Diss. Münster

Nolte, Ernst (Hg.), 1979: *Theorien über den Faschismus.* Köln Berlin

O'Boyle, Leonore, 1966: *The Middle Class in Western Europe 1815–1848.* In: American Historical Review: 826–845

Offermann, Toni, 1984: *Mittelständisch-kleingewerbliche Leitbilder in der liberalen Handwerker- und handwerklichen Arbeiterbewegung der 50er und 60er Jahre des 19. Jahrhunderts.* In: Engelhart 1984: 528–551

Ossowski, Stanislav, 1962: *Klassenstruktur im Sozialbewußtsein.* Neuwied Berlin

Pesl, Ludwig D., 1926: *Mittelstandsfragen.* In: Grundriß der Sozialökonimik 9/1. Tübingen: 70–119

Peter, Klaus (Hg.), 1985: *Die politische Romantik in Deutschland.* Stuttgart

Pöls, Werner (Hg.), 1973: *Deutsche Sozialgeschichte.* Dokumente und Skizzen Bd. 1: 1815–1870. München

Poulantzas, Nicos, 1973: *Faschismus und Diktatur.* München

Priamus, Heinz-Jürgen, 1979: *Angestellte und Demokratie.* Die national-liberale Angestelltenbewegung in der Weimarer Republik. Stuttgart

Proudhon, Pierre-Joseph, 1963: *Ausgewählte Texte* (Hg. T. Ramm). Stuttgart

Puhle, Hans-Jürgen, 1975: *Agrarische Interessenpolitik und preußischer Konservatismus im Wilhelminischen Reich 1893–1914.* Bonn-Bad Godesberg

Ramm, Thilo (Hg.), 1968: *Der Frühsozialismus.* Quellentexte. Stuttgart

Reich, Wilhelm, 1983: *Die Massenpsychologie des Faschismus.* Frankfurt/M.

Riedel, Manfred, 1972: *Art. Bürger, Staatsbürger, Bürgertum.* In: Brunner, O. u.a. (Hg.): Geschichtliche Grundbegriffe Bd. 1. Stuttgart: 672–725

Riehl, Wilhelm Heinrich, 1976: *Die bürgerliche Gesellschaft* (Hg. P. Steinbach). Frankfurt/M. Berlin Wien

Riemer, Svend, 1932a: *Zur Soziologie des Nationalsozialismus.* In: Die Arbeit 10: 101–118

Riemer, Svend, 1932b: *Mittelstand und sozialistische Politik.* In: Die Arbeit 10: 265–272

Ritter, Gerhard/Kocka, Jürgen (Hg.), 1974: *Deutsche Sozialgeschichte.* Dokumente und Skizzen 1870–1914 Bd 2. München

Roberts, Helmuth, 1933: *Untergang des Mittelstandes?* Eine philosophische und wirtschaftliche Studie zur Frage der mittelständischen Wirtschaftsform. Stuttgart

Rochau, Ludwig A., 1972: *Grundsätze der Realpolitik* (Hg. H.-U. Wehler). Frankfurt/M. Berlin Wien

Röpke, Wilhelm, 1948: *Die Gesellschaftskrisis der Gegenwart*. Erlenbach-Zürich

Röpke, Wilhelm, 1950: *Maß und Mitte*. Erlenbach-Zürich

Rohrscheidt, Kurt v., 1898: *Vom Zunftzwange zu Gewerbefreiheit*. Berlin (Neudruck Glashütten im Taunus 1976)

Rössinger Max, 1930: *Der Angestellte von 1930*. Berlin

Rosenbaum, Heidi, 1982: *Formen der Familie*. Untersuchungen zum Zusammenhang von Familienverhältnissen, Sozialstruktur und sozialem Wandel in der deutschen Gesellschaft des 19. Jahrhunderts. Frankfurt/M.

Rosenberg, Arthur, 1934: *Der Faschismus als Massenbewegung*. In: Abendroth 1967: 1383–1449

Rosenberg, Arthur, 1962: *Demokratie und Sozialismus*. In: Kleine Bibliothek des Wissens und des Fortschritts Bd. 3. Frankfurt/M. 1982: 0007–0318

Rousseau, Jean-Jacques, 1977: *Vom Gesellschaftsvertrag oder Grundsätze des Staatsrechts* (Hg. H. Brockard). Stuttgart

Saage, Richard, 1976: *Faschismustheorien*. München

Saage, Richard, 1983: *Rückkehr zum starken Staat?* Studien über Konservatismus, Faschismus und Demokratie. Frankfurt/M.

Saldern, Adelheid v., 1979: *Mittelstand im »Dritten Reich«*. Handwerker – Einzelhändler – Bauern. Frankfurt/M. New York

Saposs, David J., 1935: *The Role of the Middle Class in Social Development*. Fascism, Populism, Communism, Socialism. In: Festschrift W. Mitchell. New York: 395–424

Schieder, Wolfgang (Hg.), 1976: *Faschismus als soziale Bewegung*. Deutschland und Italien im Vergleich. Hamburg

Schieder, Wolfgang (Hg.), 1983: *Liberalismus in der Gesellschaft des deutschen Vormärz*. Göttingen

Schifrin, Alexander, 1932: *Adelsfaschismus und Edelfaschismus*. In: Die Gesellschaft 9/2: 97–108

Schmoller, Gustav, 1870: *Zur Geschichte der deutschen Kleingewerbe im 19. Jahrhundert*. Statistische und nationalökonomische Untersuchungen. Halle

Schmoller, Gustav, 1897: *Was verstehen wir unter dem Mittelstande?* Hat er im 19. Jahrhundert zu- oder abgenommen? Göttingen

Schmoller, Gustav, 1918: *Die soziale Frage*. Klassenbildung, Arbeiterfrage, Klassenkampf. München Leipzig

Schneller, Martin, 1970: *Zwischen Romantik und Faschismus*. Der Beitrag Othmar Spanns zum Konservatismus der Weimarer Republik. Stuttgart

Schoenbaum, David, 1968: *Die braune Revolution*. Köln

Schulz, Gerhard, 1972: *Faschismus und Nationalsozialismus*. Frankfurt/M. Berlin ·Wien

Schulz, Gerhard, 1975: *Der Aufstieg des Nationalsozialismus*. Krise und Revolution in Deutschland. Berlin

Schumacher, Joachim, 1937: *Die Angst vor dem Chaos*. Über die falsche Apokalypse des Bürgertums. Frankfurt/M. 1978

Schumacher, Martin, 1972: *Mittelstandsfront und Republik*. Die Wirtschaftspartei – Reichspartei des deutschen Mittelstands 1919–1933. Düsseldorf

Schumann, Hans-Gerd, 1967: *Spießbürger – Philister – Spätbürger*. Kulturzerfall oder Dekadenz einer Klasse? In: Archiv für Kulturgeschichte Bd. 2/1. Koln Graz: 111–130

Schweitzer, Arthur, 1964: *Big Business in the Third Reich*. Bloominton London

Schweitzer, Arthur, 1970: *Die Nazifizierung des Mittelstandes*. Stuttgart

Sell, Friedrich C., 1981: *Die Tragödie des Deutschen Liberalismus*. Baden-Baden

Sheehan, James J., 1980: *Liberalismus und Gesellschaft in Deutschland 1815–1848*. In: Gall 1980: 208–231

Shorter, Edward, 1969: *Middle Class Anxiety in the German Revolution of 1848*. In: Journal of Social History 2: 189–215

Siegfried, Klaus-Jörg, 1974: *Universalismus und Faschismus*. Das Gesellschaftsbild Othmar Spanns. Wien

Sohn-Rethel, Alfred, 1975: *Ökonomie und Klassenstruktur des deutschen Faschismus*. Frankfurt/M.

Sombart, Werner, 1903: *Die deutsche Volkswirtschaft im neunzehnten Jahrhundert*. Berlin

Spann, Othmar, 1969: *Gesellschaftslehre*. In: Ders.: Gesamtausgabe Bd. 4. Graz

Spann, Othmar, 1972: *Der wahre Staat*. Vorlesungen über den Abbruch und Neubau der Gesellschaft. In: Ders.: Gesamtausgabe Bd. 5. Graz

Speier, Hans, 1977: *Die Angestellten vor dem Nationalsozialismus*. Ein Beitrag zum Verständnis der deutschen Sozialstruktur 1918–1933. Göttingen.

Spengler, Oswald, 1918/22: Der Untergang des Abendlandes 2 Bde. München

Stadelmann, Rudolf, 1948: *Soziale und politische Geschichte der Revoltuion von 1848*. München

Stadelmann, Rudolf, 1970: *Soziale Ursachen der Revolution von 1848*. In: Wehler 1970: 137–158

Stadelmann, Rudolf/Fischer, Wolfram, 1955: *Die Bildungswelt des deutschen Handwerkers um 1800. Studien zur Soziologie des Kleinbürgers im Zeitalter Goethes. Berlin

Stahl, Friedrich Julius, 1863: Die gegenwärtigen Parteien in Staat und Kirche. Neunundzwanzig akademische Vorlesungen. Berlin

Stein, Gerd (Hg.), 1985: Philister – Kleinbürger – Spießer. Normalität und Selbstbehauptung. Kulturfiguren und Sozialcharakter des 19. und 20. Jahrhunderts Bd. 4. Frankfurt/M.

Sticht, Artur, 1934: Stände und Klassen in der deutschen soziologischen und ökonomischen Literatur der letzten 80 Jahre. (Diss. Heidelberg) Bruchsal-Baden

Stirner, Max, 1981: Der Einzige und sein Eigentum (Hg. A. Meyer). Stuttgart

Stürmer, Michael (Hg.), 1979: Herbst des alten Handwerks. Zur Sozialgeschichte des 18. Jahrhunderts. München

Süssengut, Otto, 1927: Die Angestellten als Stand und Klasse. Halle

Thalheimer, August, 1979: Über den Faschismus. In: Kühnl 1979a: 14–29

Theweleit, Klaus, 1980: Männerphantasien 2 Bde. Reinbek b. Hamburg

Thompson, Edward P., 1980: Plebejische Kultur und moralische Ökonomie. Frankfurt/M. Berlin Wien

Tönnies, Ferdinand, 1931: Parteipolitische Prognosen. In: Die Arbeit 9: 774–785

Tönnies, Ferdinand, 1959: Art. Stände und Klassen. In: Vierkandt, Alfred (Hg.): Handwörterbuch der Soziologie. Stuttgart: 617–638

Trotzki, Leo, 1971: Schriften über Deutschland 2 Bde. (Hg. H. Dahmer). Frankfurt/M.

Turner, Henry A. jr., 1972: Faschismus und Kapitalismus in Deutschland. Göttingen

Victor, Max, 1931: Verbürgerlichung des Proletariats und Proletarisierung des Mittelstands. In: Die Arbeit 8: 17–32

Volkmann, Heinrich/Bergmann, Jürgen (Hg.), 1984: Sozialer Protest. Studien zu traditioneller Resistenz und kollektiver Gewalt in Deutschland vom Vormärz bis zur Reichsgründung. Opladen

Volkov, Shulamit, 1978: The Rise of Popular Antimodernism in Germany. The Urban Master Artisans, 1873–1896. Princeton

Weber, Max, 1980: Wirtschaft und Gesellschaft. Tübingen

Weber, Max, 1981a: Die protestantische Ethik I. (Hg. J. Winkelmann) Gütersloh

Weber Max, 1978: Die protestantische Ethik II. (Hg. J. Winkelmann) Gütersloh

Weber, Max, 1981 b: *Wahlrecht und Demokratie in Deutschland*. In: Gall/ Koch 1981,2: 279–324

Weber, Rolf, 1962: *Kleinbürgerliche Demokraten in der deutschen Einheitsbewegung 1863–1866*. Berlin

Weber, Rolf, 1965: *Die Beziehung zwischen sozialer Struktur und politischer Ideologie des Kleinbürgertums in der Revolution von 1848/49*. In: Zeitschrift für Geschichtswissenschaft: 186–193

Wehler, Hans-Ulrich (Hg.), 1970: *Moderne Deutsche Sozialgeschichte*. Köln Berlin

Wehler, Hans-Ulrich, 1974: *Sozialgeschichte heute*. Göttingen

Wehler, Hans-Ulrich, 1979: *Klassen in der europäischen Sozialgeschichte*. Göttingen

Weitling, Wilhelm, 1843: *Das Evangelium des armen Sünders*. In: Ramm, 1968: 404–442

Weitling, Wilhelm, 1845: *Die Menschheit wie sie ist und wie sie sein sollte*. Bern 1845. In: Kool/Krause 1967: 472–479

Weltsch, Felix, 1965: *Das Wagnis der Mitte*. Stuttgart Berlin Köln Mainz

Wernicke, Johannes, 1907: *Kapitalismus und Mittelstandspolitik*. Jena

Wiese, Leopold v., 1959: *Art. Klasse und Stand*. In: Handbuch der Sozialwissenschaften Bd. 6. Stuttgart Tübingen Göttingen: 1–4

Wilhelm, Walther W./Schlüter, Willy, 1925: *Die Mission des Mittelstandes*. 99 Thesen für das schaffende Volk (Hg. E. Fabricius). Dresden

Winkel, Harald (Hg.), 1979: *Vom Kleingewerbe zur Großindustrie*. Berlin

Winkler, Heinrich A., 1972: *Mittelstand, Demokratie und Nationalsozialismus*. Die politische Entwicklung von Handwerk und Kleinhandel in der Weimarer Republik. Köln

Wippermann, Wolfgang, 1976: *Faschismustheorien*. Darmstadt

Wippermann, Wolfgang, 1981: *Zur Analyse des Faschismus*. Die sozialistischen und kommunistischen Faschismustheorien 1921–1945. Frankfurt/M. Berlin München

Wippermann, Wolfgang, 1983a: *»Triumph des Willens« oder kapitalistische Manipulation*. Das Ideologieproblem im Faschismus. In: Bracher, K.D. u.a. (Hg.): Nationalsozialistische Diktatur 1933–1945. Bonn. 735–759

Wippermann, Wolfgang 1983b: *Die Bonapartismustheorie von Marx und Engels*. Stuttgart

Wulf, Peter, 1969: *Die politische Haltung des schleswig-holsteinischen Handwerks 1928–1932*. Köln

Joachim Raschke

Soziale Bewegungen

Ein historisch-systematischer Grundriß
Studienausgabe 1987. 501 S., broschiert.
ISBN 3-593-33857-2

Dieses Standardwerk zur Strukturgeschichte sozialer Bewegungen in Deutschland, das eine lebhafte Resonanz in den Medien erfahren hat, erscheint nun in einer preiswerten Studienausgabe.
So urteilte die Kritik:

»Das Werk Raschkes ist mehr als ein ›Grundriß‹… eine faktengesättigte Darstellung auf breitester Grundlage. Der Superlativ ist insofern gerechtfertigt, als sie Geschichte und Geschichtstheorie, Phänomenologie und Ätiologie, ideologische und organisatorische Aspekte gleichermaßen behandelt… In einigen Teilen leistet Raschke geradezu Pionierarbeit… Das Werk wird nicht nur die wissenschaftliche Diskussion bereichern; sein Überblickscharakter und die anschauliche Präsentationsweise empfehlen es einem breiten Leserkreis.«
Uwe Back in der *FAZ*

»In der Fachwissenschaft wurde das Werk des Hamburger Politikwissenschaftlers mit einiger Spannung erwartet. Das Warten wurde nicht enttäuscht: Es ist ein großer Wurf. Raschke hat tatsächlich einen ungemein anspruchsvollen systematischen Aufbau aus einem Guß vorgelegt, der das Zeug hat, in Zukunft als ›der Raschke‹ autoritativ zitiert zu werden.«
Ulrich von Alemann in *Das Parlament*

——————— Campus Verlag · Myliusstraße 15 · 6000 Frankfurt ———————

Roland Roth, Dieter Rucht (Hg.)

Neue soziale Bewegungen in der Bundesrepublik Deutschland

1987. 408 S., ISBN 3–593–33823–8

Aus dem Inhalt: Joachim Raschke, Zum Begriff – Karl-Werner Brand, Kontinuität und Diskontinuität – Roland Roth, Kommunikationsstrukturen und Vernetzungen – Dieter Rucht, Organisationsstrukturen der Ökologiebewegung – Lutz Mez, Von den Bürgerinitiativen zu den GRÜNEN – Jürgen Sosna, Netzwerk – Selbsthilfe – Nicholas Watts, Größenordnung und gesellschaftspolitische Relevanz – Ulrike C. Wasmuth, Friedensbewegung der 80er Jahre – Leonore Knafla/Christine Kulke, 15 Jahre neue Frauenbewegung – Wolfgang Beywl, Alternative Ökonomie – Anne Dudeck, Selbstorganisierte Bildungsarbeit im Wandel – Christian Wend, Neue Formen der Selbsthilfe – Richard Stöss, Parteien und soziale Bewegungen – Marie-Luise Weinberger, Alternativ und parlamentarisch-repräsentativ? – Winfried Steffani, An den Grenzen der Mehrheitsdemokratie – Bernd Guggenberger, Die Grenzen des Gehorsams – Klaus Schaper, Sozial- und arbeitsmarktpolitische Auswirkungen – Iring Fetscher, Demokratischer Sozialismus und ökologische Herausforderung – Elmar Wiesendahl, Die Krise der Elitentheorie.

Campus Verlag · Myliusstraße 15 · 6000 Frankfurt